십자가와 초승달

(주)죠이북스는 그리스도를 대신한 사신으로
문서를 통한 지상 명령 성취와 하나님 나라 확장을 위해 노력합니다.

***The Cross and the Crescent***
by Phil Parshall

# 십자가와 초승달

필 파샬 지음
이숙희 옮김

죠이북스 omf

# 차례

- 원서의 꾸란 인용문은 Mohammed Marmaduke Pickthall이 번역한 "The Meaning of the Glorious Koran"을 참조하였습니다.
- 한국어판의 꾸란 인용문은 사우디아라비아 파하드 국왕 꾸란 출판청에서 발행하여 배포한 「성 꾸란-의미의 한국어 번역」을 기준으로 하되 일부는 원서 내용에 맞게 수정하였습니다._편집자

# 추천사

이 놀라운 책은 그리스도인의 사고방식으로 무슬림을 이해하도록 돕는 책인가? 아니면 무슬림의 사고방식에 비추어 자신의 믿음을 더 깊이 이해하도록 돕는 책인가? 그것도 아니면 무지와 자만에서 벗어나도록 길을 열어주는 책인가? 이 책을 저술한 의도는 무엇인가?

아마도 무지보다는 감성을 깨우는, 다시 말해 자신의 냉담함과 위선을 깨닫고 꾸란에 따라 사는 사람들의 마음을 생생하게 느끼도록 하려 함일 것이다. 저자는 경험적인 신앙, 다시 말해 진정으로 그리스도를 따르는 사람이 되기를 원하고 있다.

저자의 의도가 무엇이든, 이 책을 통해 나는 그러한 결과를 얻었다. 이 책에서 우리는 그리스도인과 무슬림의 사고방식을 비교하고 대조해 볼 수 있는데, 비록 모든 분야를 총망라하지는 않지만 매우 다양한 내용을 다루고 있다. 이 책은 매우 사실적이며 정확하지만, 신학적인 논문이나 비교 종교학적인 연구 보고서와는 전혀 거리가 멀다. 저자 자신의 경험을 많이 썼기 때문에 저자가 본 진정한 무슬림과 위선적인 무슬림, 그리고 진정한 그리스도인과 위선적인 그리스도인의 영광과 비애를 공감할 수 있다. 아무쪼록 이 책에 관한 설명을 듣기보다는 직접 책을 열어 지적, 정서적, 영적인 흥분을 경험하길 바란다.

고(故) 로버트슨 맥퀼킨
컬럼비아 신학교 전 총장

# 감사의 글

이 책을 쓰면서 나는 '영성'이라는 주제를 다루기 위해 '조사'와 '관찰', '경험'을 활용하였다. 그중 '조사'는 가장 분명한 것이다. 책이나 논문을 인용하는 것은 가치 있는 자료를 찾아내는 통찰력과 시간, 복사기만 있으면 가능하다. 그러나 나는 특별히 마련한 설문지("부록" 참조)를 선교지에 배포하는 새로운 시도를 하였다. 37개 선교 단체 소속으로 32개국에서 사역하는 기독교 선교사 390명이 설문에 응답하였다. 바쁜 일정 가운데서도 시간을 내어 개인적이면서도 깊이 있는 내용을 묻는 질문에 답해 준 응답자들에게 특별히 감사한다. 또한 스튜어트 브리스코(Stuart Briscoe) 목사가 시무하는 엘름브룩 교회 교인을 대상으로 실시한 조사 결과도 도움이 되었다. 이 조사는 2,972명의 교인이 참석한 주일 아침 예배 후에 실시되었다. 이 두 조사 결과를 컴퓨터로 처리하여, 필요할 때마다 이 책에 적절하게 활용하였다.

'관찰'을 통해 영성을 평가하는 것이 가능할까? 이 질문은 영성이 추상적이고 주관적인 특성이 있는 만큼 대답하기가 쉽지 않다. 그러나 나는 이 책 전반에 걸쳐 직접 목격한 것을 인용할 것이다. 이러한 관찰에 대해 결론을 내리는 것은 당신에게 달려 있다. 한 가지 주의할 점은 우리가 선입견에 얽매이지 않아야 한다는 것이다. 새로운 자료를 대하는 자세가 중립적일수록 폭넓은 깨달음을 얻을 가능성이 높다.

나는 이 책에서 생생한 영적 '경험'을 많이 인용했다. 이러한 개인적인 실제 경험이 없었다면, 우리는 이론과 추측이라는 세계에서 둥둥 떠다녔을 것이다. 영성은 실제로 적용되어야 한다.

십자가와 초승달

내 생애에 긍정적인 영적 유익을 끼친 사람을 모두 열거할 수는 없을 것이다. 그러나 대표적으로 나에게 이루 말할 수 없는 의미를 준 여덟 사람과 두 기관에 이 책을 바친다. 추천사를 써 준 로버트슨 맥퀼킨에게 특히 감사한다. 신변 보호를 위해 익명으로 쓴 내용도 있음을 밝혀 둔다.

편집에 탁월한 협조를 아끼지 않은 틴데일 하우스 출판사의 스티븐 랭에게도 감사한다.

++++        서문        ++++
++++               ++++
++++               ++++
++++               ++++
++++               ++++

처형과 고문의 도구였던 십자가는 예수의 희생적인 사랑 때문에 영원한 사랑의 상징이 되었다. 그리스도인도 십자가를 비극이 아닌 승리의 상징으로 생각한다. 십자가에 달린 예수 그리스도께서 거룩한 하나님과 죄 된 인간을 화목케 하셨기 때문이다. 그러하기에 그리스도인의 영성을 상징하는 것이 십자가라고 생각하는 것은 당연하다.

한 달 중 며칠 동안 달은 우주의 어둠에 도전이라도 하듯 활 모양으로 빛난다. 무슬림은 영광의 빛을 반사하는 은색 달을 이슬람교의 '초승달'이라고 말한다. 달이 해가 있음을 증거하는 것처럼, 이슬람교는 알라의 영광과 광채를 증거한다. 그리스도인이 십자가, 더 정확히 말하면 십자가가 상징하는 내용을 숭배하듯 무슬림은 초승달을 숭배한다. 십자가와 초승달은 모두 유일신과 인간의 관계를 말해 주는 상징물이다.

기독교와 이슬람교는 많은 점에서 비슷하다. 특히 유일신 사상은 두 종교에서 눈에 띄는 기본 진리다. 기독교의 하나님처럼 알라 역시 자비와 진리, 심판의 신이다. 알라의 99가지 이름은 대부분 성경에서 하나님을 묘사한 것과 일치한다. 이슬람교에서는 예수를 동정녀에게서 나고 기적을 행한 분으로 묘사한다. 그리고 예수는 지금도 하늘에 살아 계시며 마지막 때에 이 세상에 다시 오실 것이라고 한다. 무슬림의 윤리는 몇 가지 예외를 제외하고는 기독교의 윤리와 거의 유사하다. 이슬람교의 윤리적인 특징 중 신약과 어긋나는 것은 대체로 구약의 윤리와 일치한다.

그러나 세계의 2대 유일신 종교를 구별하는 요인도 많다. 무슬림은 죄를 유전되는 것이 아닌 선택이라고 보는 반면, 기독교는 죄에 그 두 요인이 모두 포함되어 있다고 본다. 무슬림에게 하나님은 친구가 아닌 하나의 힘이며, 성경이 아닌 꾸란이 하나님의 말씀을 그대로 받아쓴 것으로 무오하다고 여긴다. 예수 그리스도는 십자가에 못 박히지 않았다고도 한다. 그리고 무엇보다 중요한 차이는 그리스도가 구주도, 하나님의 아들도 아니라고 하는 점이다. 이처럼 뚜렷한 차이가 있는데, 과연 영성이라는 단어를 사용해서 두 종교의 중심 원동력을 설명할 수 있을까? 영성이라는 단어를 사용해서 이슬람교를 생각하는 것조차 불가능한 것은 아닐까? 무슬림은 하나님에 대한 자신들의 충성을 영성이라는 단어로 정의내리는 것이 합당하다고 생각할까?

기술적인 면에서 볼 때, '영성'이라는 단어를 이슬람교에 적용하는 것은 적합하지 않다. 아랍어에는 '영성'에 대응할 만한 단어가 없다. 무슬림은 영성보다 '복종'을 중시하기 때문이다. 대부분의 무슬림은 개인적으로 직접 '영의 세력'과 대화하기보다는 알라의 계시된 말씀에 절대 복종하는 것이 더 구체적이고 실제적이라고 생각한다. 꾸란에는 '영'이라는 단어가 대체로 무시되어 있다. 이와 같은 차이를 알면서도 나는 하나님을 추구하는 무슬림과 그리스도인의 동일한 마음을 설명하기 위해 일반적인 의미의 '영성'

이라는 개념을 사용하려 한다. 이러한 용어 사용에 있어서 무슬림의 지도 자격인 학자들이 1987년에 발간한 「이슬람교 영성의 기초」(*Islamic Spirituality: Foundations*)라는 책은 나에게 용기를 주었다. 그 책의 편집자들은 이슬람교에 있는 경건성을 묘사하기 위해 영성이라는 단어를 자유롭게 사용했다.

내가 그 책에서 용기를 얻어 하나님을 추구하는 마음을 영성이라고 표현하기는 하지만, 그것이 모든 것을 해결하는 것은 결코 아니다. 여전히 많은 질문이 남아 있다. 한 사람의 영적인 추구 뒤에 깔려 있는 동기는 무엇인가? 영적 체험의 기초가 되는 경전은 믿을 만하고 권위 있는 것인가? 이러한 영적 체험은 실제적으로 어떻게 행동으로 나타나는가? 종교적 신념이 다른 사람에 대해서는 어떻게 해야 하는가? 이 책은 이러한 질문을 다룰 것이며, 이슬람교와 기독교의 영적 개념과 실재를 비교할 것이다.

불과 몇 년 전만 하더라도 선교사나 비교 종교학을 공부하는 학생만이 이 책에 관심을 보였다. 미국이나 서유럽에는 개인적으로 무슬림을 아는 사람이 거의 없었기 때문이다. 그러나 상황이 급속도로 바뀌었다. 유럽과 북미로 이민 온 무슬림이 많아졌고, 미국의 여러 도시에서 모스크(이슬람 사원)를 볼 수 있으며, 미군에 있는 무슬림을 위해 군종으로 지원하는 무슬림도 있다. 이슬람교는 기독교와 마찬가지로 선교 정신이 있는 종교이기 때문에 우리는 이 종교의 실재를 접하며 대책을 마련해야 한다. 이슬람교에 대한 대책을 마련하려면 우선 이슬람교를 알아야 한다.

기독교와 이슬람교를 비교하고 대조하기란 쉽지 않다. 어떤 독자는 내가 이슬람교에 호의적인 태도를 보인다고 느낄 수도 있다. 나로서는 공정하려고 노력한 부분을 오해하는 성도도 있을 수 있다. 그러나 나는 중세 십자군식 태도보다는 사랑으로 실수를 범하는 편을 택하겠다. 십자군 정신은 그리스도께 이끌어야 할 많은 사람을 고립시키는 결과만 초래했기 때문이다. 그렇다고 해서 그리스도의 공로와 피의 희생을 통해서만 구원을 얻을 수 있다는 나의 견고한 믿음이 흔들리는 것은 결코 아니다. 예수 그리스도를 믿지 않는다면 무슬림은 영적으로 버려진 상태라는 사실을 나는 확실하게 말할 수 있다. 바로 이러한 확신이 내가 무슬림 가운데서 부활의 주를 섬기는 분명한 이유다.

기독교권 안에서도 신앙과 실천은 다양한 모습으로 나타난다. 복음주의 기독교인만 보더라도 놀랄 만큼 서로 다르다. 당신은 이 사실을 염두에 두기 바란다. 이슬람교 역시 사우디아라비아의 엄격한 정통주의부터 파키스탄, 인도, 방글라데시의 자유로운 수피(Sufi) 신비주의자까지 여러 부류가 있다. 이슬람교가 획일적이고 자유가 없는 종교라는 일반적인 생각은 사실이 아니다. 이 책을 통해 나는 이슬람교의 전통적인 면과 비전통적인 면 모두를 다룰 것이다. 또한 기독교와 이슬람교를 이론상의 이상적인 형태만이 아닌 실제 있는 그대로 살펴볼 것이다.


## 기독교인과 영성

「기독교 신학 사전」(Evangelical Dictionary of Theology)은 영성을 "하나님과 깊은 교제를 나누는 상태"(휴스톤 1984, 1046)라고 설명한다. 이러한 '깊은 교제'는 홀로 조용히 묵상하는 시간뿐 아니라 손뼉을 치고 발을 구르며 예배하는 시간에도 형성된다. 이는 대체로 개인과 기질에 따라 여러 형태로 표현된다.

오늘날의 세계는 영적인 실재를 거북해한다. 현대인은 물질적이고 자기도취적인 가치에 끊임없이 공격당하고 있다. 그들은 정치나 기술의 진보가 사회를 구원한다고 말한다. 알렉산드르 솔제니친(Alexander Solzhenitsyn)이

1978년 하버드 대학 졸업식에서 물질과 기술에 의존하는 세속적인 인생관을 비난한 연설은 유명하다.

> 우리는 정치와 사회 개혁에 지나친 희망을 품은 나머지 우리의 가장 귀중한 것, 즉 영적인 삶을 잃고 말았습니다. 동양에서는 정치적 분쟁 때문에, 서양에서는 상업성 때문에 영적 생명이 짓밟히고 있습니다. …… 이 세상 어느 누구에게도 다른 길은 남아 있지 않습니다. 오로지 위를 바라볼 때에만 희망이 있습니다.
>
> — 솔제니친 1978, 59, 61

솔제니친은 거시적으로 분석하여 간절히 호소한다. 그의 최대 관심사는 사회 개혁이었다. 그러나 사실상 개혁은 삶의 지극히 작은 부분, 즉 개인에서 시작된다. 영적인 성취는 개인적 갈등과 투쟁, 고통, 심지어는 실패를 겪어야만 얻을 수 있다.

그리스도인이 된 지 얼마 안 되었을 때 나는 죄를 짓고 자백하여 용서받은 후 반복적으로 죄를 짓는 행동을 깨뜨릴 수 없어서 깊이 상심한 적이 있다. 나는 로마서 8장의 실재를 경험할 수 없었다. 내가 아는 것이라고는 영적인 쇠약을 초래하는 일을 자주 범하는, 로마서 7장에서 말하는 실패의 경험뿐이었다. 이 시기에 나는 '더 깊은 영적인 생활'의 원리를 알게 되었다. 그것은 내 자아가 형편없는 존재라는 것과 그리스도만이 완전히 합당한 해결책이 되신다는 사실이었다. 싸움에 지친 내 영혼 속으로 뚫고 들어오는 한 줄기 강한 희망의 빛을 보게 된 것이다. 즉시 나는 간절한 마음으로 손을 내밀었다. 더 높은 차원의 지속적인 영적 생활을 얼마나 갈망했던가! 놀랍게도 내 마음은 충만하게 흘러 넘쳤다. 고달팠던 내 영혼은 석 달 동안 쉼을 누렸다. 참으로 은혜롭고 풍성한 경험이었다. 기도는 가장 친한 친구와 대화하는 것처럼 친밀했고, 성경 말씀은 나에게 박동하는 생명력으로 살아났다. 전도는 기쁨이었다.

그러나 그러한 감정은 서서히 사라졌다. 악한 생각이 다시금 공격해 왔다. 내면 깊은 곳에서 차가운 바람이 불기 시작했다. 내면적으로 나는 위축되고 있었다. 그것은 고속 엘리베이터를 타고 승리와 실패 사이를 끊임없이 빠르게 오르락내리락하는 것과 같았다. 영적인 승리를 향해 꾸준히 오르는 길은 없는가? 항상 승리하는 그리스도인의 삶에 대해 말하는 성경 말씀은 도대체 무슨 뜻인가? 요한복음 10장 10절의 풍성한 삶은 어떻게 해야 얻을 수 있는가? 내면에서 솟구치는 샘물은 시원하고 신선하며 맑은 물인가, 아니면 때때로 오염된 더러운 물이기도 하는가?

영적 승리란 케냐의 밤 사냥에서 경험한 것처럼 붙잡을 수 없는 환상인가? 먼지와 열기로 가득한 차 안에서 멀리 수목을 가로질러 보이는 아름다운 호수는 얼마나 신선한 광경이었던가! 햇살은 아름답고 평화로운 호수 표면에서 춤을 추고 있었다. 그러나 이내 그것이 신기루일 뿐이라는 사실을 분명히 알게 되었다. 영적 승리란 이처럼 사막에서 보는 환상과 같은 것인가?

다른 종교인과 마찬가지로 그리스도인도 자신을 객관적으로 보기가 어렵다. 우리 말과 행동에 대해 비그리스도인이 하는 비평을 듣는 것은 종종 도움이 된다. 평소 간디(Mohandas K. Gandhi)를 무척 존경하는 나는 그의 전기는 열 권이나 읽었고, 영화 〈간디〉(Gandhi)는 네 번이나 보았다. 작은 키의 그가 위대한 영혼을 지녔다는 사실은 의심할 여지가 없다. 간디 자서전에는 그가 만난 한 전도자가 기독교 신앙에 대해 다음과 같이 말했다는 내용이 실려 있다.

"간디 선생님은 우리 기독교의 아름다움을 이해할 수 없을 것입니다. 선생님은 자신의 허물을 매순간 생각하고 고치고 속죄해야 한다고 말씀하시는 것 같은데, 그런 일을 끊임없이 반복한들 어떻게 구원받을 수 있겠습니까? 선생님은 영원히 평화를 누리지 못할 것입니다. 선생님은 우리 모두가 죄인이라는 사실은 인정하십니다. 이제 우리 믿음의 완전함을 보십시오. 우리 스스로 개선하고 속죄하려는 시도는 헛된 것입니다. 그러나 우리에게는 여전히 구속이 필요합니다. 그렇다면 죄의 짐을 어떻게 벗을 수 있습니까? 그 짐을 예수께 맡겨 버리는 수밖에 없습니다. 그분만이 유일하게 죄 없으신, 하나님의 아들이십니다. 하나님은 예수를 믿는 사람은 영생을 얻으리라고 말씀하셨습니다. 그것은 바로 하나님의 말씀입니다. 여기에 하나님의 무한한 자비가 있습니다. 예수의 대속을 믿을 때, 죄는 우리를 묶어 두지 못합니다. 우리는 죄를 지을 수밖에 없습니다. 죄 없이 이 세상을 살아갈 수는 없습니다."

— 간디 1957, 124

이것이 하나님의 구속 계획을 제대로 전달한 것일까? 간디의 답변을 들어 보자.

그 전도자의 말은 전혀 설득력이 없었다. 나는 겸손하게 대답했다. "모든 그리스도인이 기독교를 그렇게 생각하고 있다면, 나는 기독교를 받아들일 수 없습니다. 나는 죄의 결과에서 구속되길 바라는 것이 아닙니다. 죄 그 자체에서의 구속, 더 정확히 말하면 죄에 대한 생각조차 하지 않을 수 있기를 바라는 것입니다. 그렇게 될 때

십자가와 초승달

까지 나는 결코 만족한 쉼을 누릴 수 없을 것입니다." 나의 이 말에 전도자는 이렇게 대답했다. "확실히 말씀드리지만, 선생님의 노력은 헛수고일 것입니다. 제가 말씀드린 것을 다시 생각해 보십시오." 그 전도자는 그가 한 말만큼이나 선해 보였다. 그러나 그는 죄를 범하는 것을 알면서도 아무렇지 않은 것 같았다.

— 간디 1957, 124-125

그리스도인이 악에 어떻게 대처하는가에 관해 간디가 정당하게 평가했다고 생각하지는 않는다. 그러나 중요한 점은 힌두교도인 간디가 죄의 계속적인 속박에 어떻게 저항하는지를 생각해 보아야 한다는 것이다. 그는 죄에서 자유로워지는 것뿐 아니라 죄에 대한 생각에서도 자유하기를 원했다. 참으로 높은 목표다!

## 무슬림과 영성

세예드 호세인 나스르(Seyyed Hossein Nasr)는 하버드 대학에서 강의할 정도로 학문적 소양을 갖춘 이란의 무슬림이다. 그의 신앙은 정통적이지만 저술에는 조금 신비적인 요소가 있다. 그는 이슬람교의 핵심 사상에 관해 다음과 같이 통찰적인 견해를 갖고 있다.

이슬람교는 통합적인 종교이기 때문에 영원한 것과 일시적인 것, 또는 종교적인 것과 세속적인 것 사이에 구별이 없다. 일시적이거나 세속적인 것에 해당하는 적당한 단어가 아랍어, 페르시아어, 그 밖의 이슬람 언어에 없다는 사실은 이슬람교에 그에 상응하는 개념이 없다는 것을 보여 주는 가장 좋은 예다. 그러한 구분이 존재하지 않기 때문에 이슬람의 사고에서는 카이사르의 왕국도 카이사르에게 준 것은 아니라고 생각한다. 통합에 기초를 둔 이슬람교는 어느 것도 배제하지 않는 통합적인 삶의 방식을 지향한다.

— 나스르 1966, 30

이슬람교는 '통합적인 삶의 방식'을 강조한다. 무슬림의 세계관은 통합적이고 응집력이 있으며 삶을 구별하여 조각내는 것에 반대한다. 알라가 모든 존재와 행동에 개입한다는 생각이 한 사람의 행동을 지배한다. 알라에 대한 관심 말고는 아무것도 없다. 무슬림이 '알라'라는 말을 끊임없이 반복하는 것은 개인의 삶과 사회 전반을 총괄하는 신권 통치를 개인적으로 인정하고 확인하는 것이다. 최근 무슬림 가운데서 사역하는 친구가 이런 말을 했다.

수피 신비주의를 포함하여 다른 이슬람에 영향받지 않은 정통 무슬림이라면 엄격하고 편협하며 무정해서 이슬람교도가 아닌 외부인에 대해 근본적으로 지하드(*Jihad*), 즉 성전(holy war)의 태도를 갖고 있을 것이다. 그러한 태도는 꾸란의 가르침과 무함마드의 본을 따르는 것이기 때문이다. 그런 태도와 행동은 무슬림 사회에서 환영받는다. 진정한 무슬림의 모습은 인도 등 아시아 국가의 무슬림 신비주의자보다 이란의 혁명주의 근위대에서 더 잘 볼 수 있다. 이와 달리 진정으로 그리스도를 따르는 사람은 사랑이 많고 겸손하고 인내하며, 기독교를 믿지 않는 다른 사람들에게도 관대하다.

그가 심도 있게 관찰한 것이 사실이라면, 그것은 이슬람교의 '일점일획'까지 따르려고 헌신한 수백 명의 무슬림에 대한 강력한 비난이 될 것이다. 그러나 사실이 아니라면 호메이니(이란의 시아파 무슬림이자 1979년 이란 이슬람 혁명의 정치 지도자 겸 종교 지도자로, 이슬람교 율법 강화를 주장하였다_편집자) 같은 유의 무슬림을 이슬람교의 이단이라고 말할 수 있을 것이다. 이 책을 더 읽다 보면 당신은 무슬림 영성의 다양한 특성과 의미를 더 깊게 파악할 수 있을 것이다.

## 혼돈인가, 귀결인가

기독교 영성에는 분명하지 않은 것이 많이 있다. 한 예로 내가 그리스도께로 돌아오는 데 도움을 준 사람을 들 수 있다.

내가 고등학생이던 1955년 3월 어느 목요일 저녁, 한 친구의 초청으로 플로리다주 마이애미 교외에 있는 한 사업가의 집을 방문했다. 그 집 뒷마당에서 농구를 하고 핫도그를 먹은 후, 집으로 돌아갈 준비를 하는데 아이들이 응접실로 몰려 들어가는 것이 보였다. 나는 여자 아이들과 춤을 추고 노는 시간인 줄 알고 따라 들어갔다. 그런데 놀랍게도 그곳에 있던 모든 십대 아이가 영감에 찬 복음성가를 부르기 시작했다. 그리고 그들은 삶 속에 살아 계신 예수 그리스도를 간증하기 시작했다. 나에게는 매우 새로운 경험이었다. 나는 '그리스도'(Christ)를 구주라는 의미는커녕 저주할 때나 쓰는 말로 알고 있었기 때문이다.

그 집 주인인 레이 아저씨는 사업가였는데, 죄 많은 인간을 위해 하나님이 마련해 놓으신 놀라운 계획에 관해 간단히 전했다. 아무것도 모르던 내 마음에 요한복음 3장과 에베소서 2장의 말씀이 깊이 들어왔다. 그날 저녁 나는 그리스도 안에서 새로운 피조물이 되어 그 집을 나왔다. 나는 극적으로 하나님에게 돌아왔다.

얼마 후 레이 아저씨는 사업을 그만두고 목사가 되었으며 플로리다 신학교의 설립자이자 교장이 되었다. 얼마 지나지 않아 그 학교는 북미에서 학생 수가 가장 많은 신학교가 되었다. 레이 목사가 시무하는 교회는 나와 아내가 1962년 동파키스탄(지금의 방글라데시)에 파송되었을 때, 우리의 후원자가 되어 주었다. 우리가 첫 안식년을 맞았을 때 레이 목사와 그 교회 집사들은 나의 안수 예배를 집전해 주었는데, 매우 감동적이었다.

몇 년 후, 나는 방글라데시에서 나의 영적 아버지인 레이 목사의 타락을 전하는 편지를 받았다. 처참하도록 쓸쓸한 날이었다. 레이 목사는 수년 동안 비서와 불륜 관계에 있었다. 그는 훌륭한 전도자였다. 레이 목사의 아내와 성장한 세 자녀는 그의 사역을 돕고 있었다. 그런데 갑자기 그의 부정과 위선이 드러난 것이다. 결과적으로 레이 목사는 아내와 이혼하고 사역을 버렸으며, 서른 살 연하의 여성과 결혼했다.

내 아내는 오하이오주 한 시골의 안정된 기독교 가정에서 성장했다. 아내가 다니던 교회 목사는 활기 있고 풍채가 좋았다. 그 목사의 영향을 받아 아내는 테네시 템플 대학에 진학했으며 우리는 그 대학에서 만났다. 1961년, 우리는 그 목사의 주례로 결혼했다. 그 후로도 우리는 그 목사와 연락하며 지냈다.

첫 안식년에 우리가 그 목사 가정을 방문했을 때, 그는 큰 교회의 부목사로 있었다. 어느 날 저녁 우리는 그 목사를 따라 한 교인 가정에서 저녁을 먹었다. 그곳에서 교제를 나누는 동안 나는 목사와 그 집 안주인에게 불편한 느낌이 들었다.

방글라데시에 돌아오고 나서 나와 아내는 그 목사의 영적 패배에 관한 서신을 받았다. 역시 처참하도록 쓸쓸한 날이었다. 예상한 대로, 목사는 아이까지 있는 그 젊고 아름다운 부인을 사랑한 것이다. 교회는 그를 의심하기 시작했고, 그 의심을 확인하고자 흥신소에 의뢰했다. 사실이 확인되자 목사는 그 관계를 시인하고 교회를 떠났다. 그는 이혼 후에 다른 여자와 결혼했고, 결국 하나님에게서 멀리 떠났다. 그는 사역을 포기했고 믿음을 저버렸다.

이 두 사건이 나와 아내의 영적인 삶에 큰 영향을 끼쳤다. 하나님이 우리를 의의 길로 인도하는 데 사용하신 바로 그 사람들이 사탄의 도구가 되어 가정을 파괴하고 예수 그리스도의 교회에 끔찍한 치욕을 불러일으켰다.

'영성'이라는 주제가 아주 복잡하다는 것은 분명하다. 변덕스런 날씨 같은 성화(聖化)가 정당한 것인가? 이러한 성화가 지속될 수 있는가? 감정이 고조되거나 침체되는 것을 어떻게 다루어야 하는가? 인생의 메마른 시기가 영적으로 성숙하는 기회가 될 수 있는가? 간디처럼 죄의 멍에에서 구속될 뿐 아니라 죄를 생각조차 하지 않는 해방을 구하고 있는가? 그렇다면 영적 거인들의 타락에 대해 우리는 무엇이라 말할 수 있는가? 우리의 영적 인도자도 큰 죄에 빠지는데, 하물며 우리에게 무슨 소망이 있는가?

이슬람교는 어떠한가? 무슬림의 영성을 정의내리고 평가할 수 있는가? 이스마엘의 정통 후계자들은 정말 잔인하고, 무정하며, 폭력적인가? 이슬람교 안에서 수피교도의 영향력은 어떠한가? 무슬림 신비주의자는 신비주의적인 그리스도인에 해당하는가? 이슬람교를 믿어서 마음의 깊은 평안을 찾았다고 고백하고, 지속적으로 본을 보이는 생활로 그 고백을 입증하는 무슬림을 어떻게 설명할 수 있는가?

우리는 혼돈의 늪 속으로 가라앉을 수밖에 없는가? 아니면 주의 깊게 연구하여 영적, 지적으로 흡족한 결론에 도달할 수 있는가? 나는 당신이 이 책을 통해 이러한 것을 밝히 알고 영적인 강건함을 소유하길 바란다. 나는 상당히 개인적이며 감정적으로 이 책을 썼다. 이 책은 학술적인 논문이 아니라 '감상문' 같은 것이다. 내가 이전에 쓴 책이 선교학적 경향이 있는 반면 이 책은 좀 더 묘사적이다.

나는 이 책을 통해 그리스도인과 무슬림이 서로를 더 깊이 이해하게 되기를 간절히 바란다. 또한 이 책으로 말미암아 그리스도인이 거룩함을 더욱 갈구하고, 그 결과 유일한 길과 진리와 생명 되신 그리스도를 대신하여 더 능력 있게 무슬림에게 전도하기를 바란다.

# 1장

# 그리스도인의 하나님, 무슬림의 알라

기독교와 이슬람교는 모두 유일신에 대한 믿음에 기초하고 있다. 이러한 공통된 중심 요소를 주제로 한 토론도 많이 있었다. 이슬람교의 알라는 이름이 여러 개인데, 대부분 성경에 묘사된 하나님의 속성과 부합된다. 많은 학자가 이러한 공통점을 강조하면서 세계에서 가장 빠르게 성장하고 있는 이 두 종교가 종교적으로 휴전해야 한다고 제안한다. 그들은 이 두 종교가 공통점에 유념해야 한다고 주장하며, 예수와 무함마드 두 사람 모두 빛을 가져온 사람으로 높이 평가되어야 한다고 말한다. 두 사람 모두 유일하신 참 하나님을 바라보도록 자신의 사명을 성공적으로 수행한 인물로 존중되어야 한다는 것이다.

그런데 과연 그럴까? 나는 기독교로 개종한 많은 무슬림에게 다음과 같은 질문을 여러 번 던져 보았다. "당신은 그리스도인이 되고 나서 무슬림이었을 때 섬기던 신과는 다른 신을 섬기기 시작했다고 생각하거나 느끼십니까?" 이 질문에 그들은 예외 없이 단호하게 "아니요"라고 대답했다. 이와 같은 중요한 논점에 대해 무슬림에서 개종하여 존경받는 성공회 신부가 된 H. B. 데카니 타프티(Dehqani-Tafti)는 이렇게 말했다.

> 어떤 이들은 무슬림과 그리스도인이 서로 다른 하나님을 믿고 있다고 생각한다. 이 두 개념은 물론 대단히 상이하지만, 나는 이 두 종교가 서로 전혀 다른 두 신을 섬기고 있다는 의견에는 동의하지 않는다. 내 경우에도, 기독교의 하나님에 대한 신앙은 어릴 적 무슬림의 하나님에 대해 가졌던 신앙과 연관되어 있다. 시편과 욥기를 통해 하나님에 대한 믿음이 의미하는 바를 새롭게 배우고, 십자가 아래에서 하나님을 경배할 때, 그 새로운 깨달음의 근저에는 같은 하나님이 계셨다. 내 형제가 '빛의 커다란 바구니'라는 비유를 들어 나에게 가르쳐 주려 한 분과 나의 아버지가 무슬림의 철학적 용어로 가르치려 한 분은 같은 하나님이었다. 하나님에 대한 과거의 내 믿음은 결코 세뇌당한 적이 없으며, 그럴 필요도 느끼지 못했다. 진정으로 하나님을 믿게 된 후 나는 그 두 종교 사이의 서로 다른 개념을 연구하고 체험하게 되었다. 나는 내 인간적인 지성과 논리와 이론으로 정의할 수 있는 하나님은 하나님이라고 할 수 없다고 생각했었다. 그럼에도 기독교의 하나님을 믿는 내 신앙이 내 안에 있던 이전 신앙과 전혀 무관한 것은 아니었다.
>
> — 데카니 타프티 1959, 66-67

나는 개종한 무슬림이 이렇게 말하는 것이 성경의 하나님을 믿는 자신의 유일무이한 신앙에 어떤 타협을 하는 것으로 생각하지 않는다. 무슬림은 유년기부터 하나님이라는 존재의 영원성을 배우고, 토라(*Torah*, 율법서), 자

부르(*Zabur*, 시편), 인질(*Injil*, 복음서), 꾸란(*Quran*)의 가르침에 따라 행동한다. 두 종교 사이의 갈등은 기독교가 예수를 신성시하여 유일신 개념을 왜곡시켰다고 가르치는 이슬람교의 교리 때문에 일어난다. 반면 그리스도인은 이슬람교가 그리스도의 구속 사역을 부인하여 하나님의 핵심 메시지를 삭제해 버렸다고 주장하며 응수한다.

나는 이 문제에 대해 독선적인 태도를 지양하며, 데카니 타프티의 견해에 동조한다. 이슬람교는 하나님에 대해 부적합하고 불완전한 (그렇다고 전적으로 잘못 이해한 것도 아닌) 견해를 갖고 있다. 그러나 이슬람교의 하나님이 성경의 하나님과 전혀 다른 분이라고 주장하는 것은 부당하다. 더 중대한 문제는 성경이 하나님의 아들 예수 그리스도를 통해서만 하나님을 알고 경험할 수 있다고 분명하게 가르친다는 점이다. 바로 이 점에서 이슬람교와 기독교는 서로 용납할 수 없는 갈등 상황에 빠지게 된다.

그럼에도 그리스도인과 무슬림은 되도록 서로를 깊이 이해하려고 노력해야 한다. 이를 위해 우리는 이슬람교의 사원 모스크로 가야 한다. 그러나 거기에 머무를 것이 아니라 넘어서야 한다. 다시 말해 우리는 무슬림의 기도와 금식, 순례 여행의 의식을 세밀하게 조사할 뿐 아니라 그러한 외형적 의식이 각각 어떤 **의미**를 지니는지도 깊이 알아보아야 한다. 무슬림은 지금도 계속해서 **알라**를 부른다. 끊임없이 밤낮으로 그 귀한 이름을 부를 때, 더 깊은 정신세계에서는 어떤 일이 진행되는 것일까?

이슬람교와 기독교를 어느 한 가지 정신으로 말하기란 결코 쉽지 않다. 그러나 곰곰이 생각한 끝에 나는 이슬람교에서는 '하나님을 아는 지각'을, 기독교에서는 신앙과 실천의 중심으로 보이는 '믿음'을 강조하려고 한다.

# 이슬람교의 하나님을 아는 지각

"너희들의 하나님은 한 분이사 그분 외에는 신이 없으며"(꾸란, 수라 2:163)와 "무함마드는 하나님의 선지자이시며"(수라 48:29)는 이슬람교의 핵심이 되는 고백(샤하다[Shahadah])이다. 꾸란의 이 두 구절은 세상의 어느 구절보다 사람들이 많이 암송하는 말씀이다. 이 구절은 사우디아라비아 국기에도 적혀 있다. 무슬림에게 이 구절은 꿀보다 달고 금보다 귀하다. 이 말씀은 그들 내면의 안식과 조화, 평안을 의미한다. 이 말씀은 세계에서 두 번째로 큰 종교로 들어가는 동시에 낙원의 영원한 기쁨으로 들어갈 수 있는 입장권이다.

7장에서 샤하다의 두 번째 문장을 다룰 것이다. 이슬람교에서 예언자 무함마드가 차지하는 절대적 지위는 그들 신앙의 중심 고백인 샤하다에 그의 이름이 사용된 것만 보아도 확실히 알 수 있다. 그의 이름은 알라의 이름 바로 뒤에 언급된다. 그러나 여기에서는 이슬람교의 하나님을 아는 지각에 초점을 맞추려고 한다.

언어상으로 볼 때, 알라(Allah)는 알-일라(al-ilah)의 준말이다. 이 아랍어에서 주의해야 하는 것은 그저 '일라'(ilah, 신)가 아니라 '알-일라'(유일신)라는 점이다. 이 용어의 배타성이 이슬람교 신학의 기초가 된다. 알라와 견줄 만한 신은 결코 없으며, 있을 수도 없다. 무슬림 작가 F. R. 안사리(Ansari)가 알라에 대해 말한 내용을 살펴보자.

> 알라는 모든 차원의 소유주이시며 완전한 분이다. 그분은 모든 가치와 이상의 근원이시다. 전지전능하시고, 무소부재하시며, 무한하시고, 절대적이시며, 유일하시고, 나뉠 수 없는 분이다. 그분은 육신을 입고 오신 적이 없으며, 협력자나 아들이나 동료도 없으시

십자가와 초승달

다. 그분은 초월적인 존재이시며, 그분의 사랑과 지성과 능력으로 우주 어디에나 존재하신다. 그분은 창조주요, 운행자이시며, 우주를 조성하시고, 모든 것을 지탱하시며, 발전시키시는 분이다.

— 안사리 1944, 212-213

### 알라의 임재

꾸란은 신이 무소부재하다고 선언한다. "동쪽과 서쪽이 하나님에게 있나니 너희가 어느 방향에 있던 간에 하나님의 앞에 있노라 진실로 하나님은 모든 것을 알고 계심이라"(수라 2:115). "하나님은 …… 인간의 목에 있는 혈관보다 …… 더 인간에게 가까이 있노라"(수라 50:16). 알라가 무슬림의 삶에 임재한다는 것은 그리스도인 안에 성령이 거하신다는 것과 같은 의미다. 그러나 정통 이슬람의 경우, 알라가 **내재한다**기보다 곁에 **가까이 거한다**는 생각에 수긍하는 것으로 보인다. 반면 6장에서 살펴보겠지만, 신비주의 무슬림은 성령 하나님이 신자 안에 거하신다는 그리스도인의 견해에 더 가까운 경향이 있다. 그러나 하나님에게 가까이 갈 수 있다는 사실은 모든 무슬림에게 영적 삶의 원동력이 되고 있다. 쉼멜(Schimmel)은 이에 대해 이렇게 말한다.

신자는 매순간 하나님의 임재 안에 있다는 사실을 느껴야 하고, 경외감을 가지고 행동해야 하며, '부주의의 잠' 속에 다시 빠져 들어서는 안 되고, 모든 것을 품고 계시는 하나님의 임재를 결코 잊어서는 안 된다.

— 쉼멜 1975, 29

바그다드의 신비주의자 쉬비(Shibi)는 하나님을 아는 지각에 대한 깊은 묵상을 시로 표현했다.

> 나의 팔과 다리는 쉼 없이 움직입니다. 그것은 내 열정을 당신을 향해 쏟는 데 몰두해 있기 때문입니다.
> 당신은 아십니다. 당신에 관한 말이 아니고서는 내 혀가 움직인 적이 없음을.
> 내 눈에는 당신의 형상이 새겨져 있습니다. 당신이 가까이 계시든 아니든, 내 눈은 당신을 봅니다!
>
> — 그램리히 1979, 138

쉬비는 하나님의 형상을 실제로 보고 있다. 그러나 하나님을 전적으로 영이라고 보는 이슬람의 주장에 비추어 볼 때, 쉬비의 이러한 생각은 무슬림에게 우상 숭배로 느껴질 수 있다. 이 시에서 쉬비는 무한한 알라를 대면하는 신비스러운 정신의 체험을 회상하고 있다. 이러한 대면을 인간의 제한된 언어로 어떻게 묘사할 수 있겠는가? 그는 신이 자신에게 직접 나타난 것 같은 감동을 받은 것이다. 신비주의 무슬림은 이러한 상징에 익숙하지만 정통 무슬림은 이에 반발한다.

바그다드의 나이 많은 한 신비주의자는 다음과 같이 상상력 넘치는 시를 썼다.

> 나의 마음은 세상과 그 쾌락에서 자유합니다.
> 어떤 것도 당신과 나의 마음을 갈라놓을 수 없습니다.
> 졸음이 몰려와도 눈을 감지 않습니다.

그리고 나는 내 눈과 눈꺼풀 사이에서 당신을 발견합니다.

— 쉼멜 1982, 27

시적 감각이 없는 사람은 눈과 눈꺼풀 사이에 계신 하나님을 상상하기 힘들 것이다. 신비주의자에게 이것은 깊은 영혼의 언어를 표현한 것이다. 신을 찾는 자에게 알라는 얼마나 가깝고 친밀한가. 자랄 알-딘 루미(Jalal al-Din Rumi)는 영원토록 가까이 존재하시는 하나님을 표현하려고 노력한 위대한 작가다. 그는 1260년경에 다음과 같은 시를 썼다.

태초부터 그분은 나의 인도자이시며, 내 안에 계셔서 내 마음을 빼앗아 가신다.

내가 평화를 갈구할 때, 그분은 나를 위해 중보하시며

내가 전쟁에 나갈 때, 그분은 나의 단검이시다.

내가 만찬에 갈 때, 그분은 포도주와 맛있는 고기이시며

내가 정원에 들어갈 때, 그분은 수선화이시다.

내가 광산에 내려갈 때, 그분은 루비와 홍옥수이시며,

내가 바다 깊이 들어갈 때, 그분은 진주이시다.

내가 사막을 지날 때, 그분은 오아시스이시며

내가 하늘에 오를 때, 그분은 별이시다.

내가 용기를 낼 때, 그분은 나의 심장이시며,

내 마음이 번민에 타오를 때, 그분은 향로이시다.

내가 전쟁터로 나갈 때, 그분은 전열(戰列)을 유지하며 군대를 지휘하신다.

내가 기쁨의 연회에 갈 때, 그분은 즐거움과 노래와 기쁨의 잔이시다.

내가 친구에게 편지를 쓸 때, 그분은 종이요, 펜이요, 잉크이시다.

내가 깨어날 때, 그분은 나에게 새롭게 다가오시며, 내가 잘 때, 그분은 내 꿈으로 들어오신다.

내가 시를 쓰려고 운율을 찾을 때, 그분은 내 생각의 길을 넓게 여신다.

당신이 최선을 다해 무엇을 그리든 그분은 저 위에 계신다.

당신이 아무리 높은 곳을 바라보아도 그분은 당신의 '더 높은 곳'보다 높이 계신다.

당신의 말이나 책을 내어 버리라. 그분을 말하고 읽는 것이 훨씬 나을 것이니.

잠잠하라! 그분의 빛은 모든 방향을 비추나니,

그대가 그 방향을 따라 지나갈 때, 그분이 곧 통치하신다.

— 치틱 1983, 234

## 하나님을 기억함

꾸란은 무의식에서조차 항상 알라를 품고 있는 것이 신자의 의무라고 거듭 이야기한다. "서 있을 때나 앉아 있을 때나 누워 있을 때나 하나님을 염원하고"(수라 3:191). 이것은 모든 것을 함축하는 명령이다. 또 다른 예로 "너희가 나를 염원하매 나는 너희를 잊지 아니하리니"(수라 2:152), "하나님을 염원하라 그리하면 너희가 승리하리라"(수라 8:45)가 있다(이 말씀들은 적극적인 사고방식에 관한 서적에서 볼 수 있음직한 권고다).

이슬람의 전승(하디스[Hadith])을 편찬한 책 중 가장 권위 있는 것은 알-부카리(al-Bukhari, 주후 810-870)의 사히(Sahih)다. 알-부카리의 사히는 예언자 무함마드의 말과 행적에 대한 기억을 모아 쓴 책으로, 생각해 볼 수 있는 주제에 관한 내용이 전부 기록되어 있다(원서에 인용된 하디스의 대부분은 아홉 권으로 구성된 총 4,705쪽 분량의 부카리의 영어-아랍어판에서 인용하였다). 그가 수집한 자료는 거의 모든 문제에 관한 언급을 담고 있다.

알라를 기억해야 하는 신자의 의무 중 한 가지는 음식을 먹을 때 "알라의 이름을 말한 후 먹으라"(부카리 9권, 366)는 구절을 적용하는 것이다. 무슬림의 일반 수칙은 음식을 먹기 전에 "비스밀라르 라마너 라힘"(*Bismillahr Rahmaner Rahim*, '자비롭고 사랑 많으신 신의 이름으로')이라고 말하는 것이다. 이른바 '비스밀라'(*Bismillah*)와 '알-함두-릴-라'(*Al-Hamdu-li-llah*, '하나님을 찬양하라')는 이슬람에서 사용되는 가장 일반적인 종교 문구다.

부부 관계에 있어서도 신의 이름을 주문처럼 외운다. "너희 중 누구든지 아내와 성관계를 할 때 '알라의 이름으로. 오 알라여! 당신이 우리에게 주시려는 것을 사탄이 빼앗지 못하도록 우리를 지켜 주소서'라고 말하면, 그때 얻게 될 아이는 사탄이 결코 해치 못할 것이다"(부카리 9권, 365). 이러한 명령은 이슬람의 통합적인 세계관을 잘 드러낸다. 신실한 무슬림은 가장 은밀한 인간 행위에 있어서도 신의 이름을 기꺼이 부른다.

묵주의 기원은 오래되어 잊혔지만, 요즘은 가톨릭과 무슬림이 널리 사용하고 있다. 마닐라 거리에서는 수백 명의 필리핀 무슬림이 30개의 구슬로 만들어진 묵주를 세 번씩 돌리며 조용히 걷는다(무슬림 사이에서는 묵주 사용을 타스비[*tasbih*]라고 한다). 수많은 그리스도인과 무슬림이 묵주를 사용하여 정신이 집중되고 경건 생활이 향상되었다고 증언한다. 이 열성적인 신자들이 정신 집중 의식을 행하면서 동시에 정상적으로 대화하는 것을 보면 놀랍다(중동의 무슬림 사이에서 살고 있는 많은 아랍 그리스도인이 묵주를 사용한다는 것은 흥미롭다. 다른 점은 그리스도인은 그 묵주를 '염려 구슬'[worry beads]이라고 부르며, 긴장된 에너지를 해소하는 데 사용한다는 것이다).

하디스를 보면, "알라는 백에서 하나 부족한 99개의 이름을 가지고 있다. 마음을 다해 그 이름을 외운 사람은 낙원에 들어갈 것이다"(부카리 9권, 363)라는 구절이 있다. 구전에 따르면, 100번째 이름을 알고 있는 존재는 낙타인데, 그 때문에 낙타가 그렇게 오만하고 지배자 같은 걸음걸이로 걷는다는 것이다. 자신만이 가장 위대한 그 마지막 이름을 알고 있다고 주장하는 신비주의자도 몇 명 있다. 그리고 알라에 대한 이러한 미스터리에 접근해 보려는 사람도 있다.

쉼멜은 99개의 이름을 분류했다. "그 이름은 신의 아름다움과 사랑에 관련된 '러트피야'(*lutfiyya*)와 신의 진노와 위엄에 관련된 '카리야'(*qahriyya*)로 나뉜다. 이 두 가지는 지속적으로 상호 작용하여 세상의 구조를 만들어 내며, 인류와 신비롭게 관련되어 있다"(쉼멜 1975, 177). 우리는 하나님의 사랑과 진노라는 두 가지 힘이 이슬람교와 기독교 안에서 작용하는 것을 볼 수 있다. 무슬림은 아마도 '사랑'이라는 쉼멜의 표현보다는 '자비'라는 용어를 더 좋아할 것이다.

영국인 대학생 허니는 무슬림이 끊임없이 알라를 기억하는 것에 감동받아 이슬람에 귀의하였다.

> 무슬림은 무엇을 하든 알라의 이름을 부른다. 알라의 이름을 기억하면서 자기 자신을 돌아보고, 그렇게 함으로써 높은 수준에 도달하려고 노력한다. 이 방법으로 날마다 세상의 삶과 종교적 요구 사이에서 생기는 간격에 다리를 놓는다. 일상과 종교는 조화와 균형을 이루고 서로에게 필수적인 요소가 된다.
>
> ― 허니, 연도 미상, 30

십자가와 초승달

허니를 비롯한 수많은 무슬림에게 알라를 끊임없이 부르는 것은 경건한 일이다. 반면에 유대교인은 하나님의 이름이 매우 거룩하기 때문에 그 이름을 부르지 않는 것으로 하나님을 향한 경외감을 나타낸다. 그리스도인은 이 양극의 중간쯤 된다(개신교 사이에서도 차이가 많다. 예를 들어 장로교인은 하나님이라는 용어를 자유롭게 사용하는 반면, 오순절파 교인은 예수의 이름을 더 중시한다).

'디크르'(*Dhikr*)는 '회상' 또는 '기억'이라는 뜻인데, 무슬림의 예배에서 매우 중요한 위치를 차지한다. 디크르는 집중하여 알라의 이름이나 짧은 종교적 구절을 암송하는 것이다. 디크르는 모스크나 특별한 모임에서 단체로 행한다. 신의 속성을 반복하여 암송함으로 헌신할 마음을 갖게 된 사람들이 감정의 물결 속으로 휩쓸려 들어간다. 세상은 잊히고, 일상적인 삶의 고통은 일시적으로 사라지며, 알라만이 살아 숨 쉬는 역동적인 실체가 된다. 이러한 신과의 만남은 감정적이며 압도적이다. 나이 든 수피교도에게는 디크르를 한 후 물을 먹으라고 권한다. 디크르 중에 생긴 내적 열기를 식히기 위해서다. 디크르의 영향은 무슬림의 구전에서도 쉽게 찾아볼 수 있다.

살 이븐 압달라는 한 제자에게 깨어 있는 동안 쉬지 않고 "알라! 알라!"라고 말하는 노력을 하라고 명했다. 제자가 그렇게 말하는 데 숙달되자, 살은 잘 때 그 말이 입에서 나올 때까지 같은 말을 반복하라고 했다. 그 후 그는 제자에게 "이제 조용히 그 이름을 묵상하는 데 전념하라"고 했다. 마침내 제자의 전 인격이 알라에 대한 생각으로 가득 차게 되었다. 그러던 어느 날 통나무가 그의 머리 위로 굴러 떨어졌는데, 그 상처에서 떨어지는 핏속에 "알라, 알라"라는 글자가 쓰여 있었다.

— 니콜슨 1975, 45-46

의식이나 습관은 그 영향력을 잃기 쉽고, 반복은 무감각을 불러올 수 있다. 헌신된 무슬림은 방심할 수 없는 이러한 위험이 영적인 생활에 끼치는 결과를 아주 잘 알고 있다. 나의 무슬림 친구들은 알라의 이름을 반복해서 말할 때, 깊이 집중하려고 노력한다. 그런데 이것에 관해 한 가지를 꼭 짚고 넘어가야 할 것 같다.

대부분의 무슬림은 신의 이름을 지속적으로 부른다. 그들은 앉을 때 천천히 "알라아아"라고 말한다. 일어설 때도 마찬가지다. 대화 중에 끼어 들어온 "알라"라는 말은 어떤 중요한 일에 감탄했음을 뜻하는 것이 보통이다. '알-함두-릴-라'는 기쁨의 표식이다. '인샬라'(Inshallah, '하나님의 뜻이라면')는 대체로 미래를 나타내는 말과 함께 쓰인다(무슬림 소유의 항공기에서 승무원이 착륙 시간을 알리면서 "인샬라"라고 말하면 좀 불안할 것이다. 33,000피트 상공에서는 그 말보다는 안심시키는 말이 좀 더 나을 것이다).

무슬림은 기억되지 않는 알라는 신일 수 없다고 생각한다. 이슬람교에서 가르치는 바에 따르면, 구원은 말에 좌우된다. 그렇다면 이것은 다분히 마술적이고, 미신적이며, 조작적인 경향이 있지 않은가 하는 의문이 일어난다. 그러나 이에 대해 무슬림은 "그런 의문은 전문가에게 맡기고, 우리는 그저 알라, 알라, 알라, 알라, 알라……를 부르면 돼"라고 대꾸한다.

## 기독교의 믿음

신약에 계속 등장하는 한 가지 주제가 있다. 바로 믿음이다. 과거에도 그랬고 현재에도 그렇지만 앞으로도 믿음은 기독교의 모퉁잇돌일 것이다. 마리아가 천사와 대화하는 중 단호한 음성으로 "말씀대로 내게 이루어지이다"

십자가와 초승달

(눅 1:38)라고 스스로 말한 것은 마리아의 믿음의 표현이다. 세례 요한은 "보라 하나님의 어린양이로다"(요 1:29, 36)라고 외친다. 제자들은 이러한 믿음의 합창에 합세하여 "주여, 우리가 믿나이다"라고 말한다. 바울은 믿음으로 말미암아 믿음의 용사의 대열에 서게 되었는데, 그 믿음은 맹렬한 핍박자이던 그를 순식간에 열심 있는 신자로 바꾸어 놓았다. 다른 이들도 믿음의 대열 속으로 전진해 나가 "나라들을 이기기도 하며 의를 행하기도 하며 약속을 받기도 하며 …… 다 믿음으로 말미암아 증거를 받았[다]"(히 11:33, 39). 앞으로 심판의 날이 되면, 믿음에서 모호한 부분이 영광스럽게 빛나는 광채 가운데 밝히 드러날 것이다.

> 이 일 후에 내가 보니 각 나라와 족속과 백성과 방언에서 아무도 능히 셀 수 없는 큰 무리가 나와 흰옷을 입고 손에 종려 가지를 들고 보좌 앞과 어린양 앞에 서서 큰 소리로 외쳐 이르되 구원하심이 보좌에 앉으신 우리 하나님과 어린양에게 있도다 하니.
>
> ― 계 7:9, 10

믿음은 보상을 받는다!

## 의심

앞에서 말한 것처럼 우리는 삶의 여정이 항상 영광스럽기를 바라지만, 어두운 지하 감방에 갇혀 있던 세례 요한처럼 깊은 실망의 순간에 예수의 정체를 보고 싶어 외칠 때가 있다. 우리는 초기의 제자들처럼 "주여 믿습니다만, 믿음 없는 것을 도와주소서"라고 작은 소리로 말한다. 의심의 진창길에 빠져서, 흰옷이나 종려 가지와 같은 밝은 생활이 장차 있을지에 대해서뿐만 아니라 천국과 지옥 같은 것이 실제로 존재하는지를 질문해 보는 사람도 한두 명이 아닐 것이다.

키가 훤칠하고 잘생긴데다 영어를 상당히 잘하는 중국인 대학 졸업생을 기억한다. 그의 직업은 만리장성을 보러 오는 외국인 관광객을 안내하는 일이었다. 열 명의 복음주의자로 이루어진 우리 여행 팀은 우연히 그의 안내를 받게 되었다.

우리 여행 팀 인도자가 중국에서는 말로 전도하는 것을 삼가야 한다고 각자에게 이미 경고한 터였다. 그 안내원을 만나기 전까지 우리는 그 경고를 잘 따랐다. 만리장성에서 베이징으로 돌아가는 버스에서 나는 그 젊은 안내원이 종교에 대해 어떻게 생각하는지를 조심스럽게 탐색하기 시작했다. 그는 기독교에 대해 아는 것이 전혀 없었으며, 그리스도인을 만난 적도, 성경을 본 적도 없다는 사실이 금방 분명해졌다. 그에게 삶의 전제 조건은 전적으로 물질적인 것이었다. 그는 현재의 삶은 그것으로 끝이라는 무신론자였다. 마침내 나는 그에게 종교에 대해 어떤 견해를 갖고 있느냐고 물었다. 그의 대답은 잊을 수 없을 만큼 간결했다. 지성적인 이 젊은이는 나를 똑바로 쳐다보며 강하고 단호한 어조로 "종교는 상상입니다"라고 말했다.

상상! 에덴동산에서의 음성, 방주를 만들라는 명령에 대한 노아의 응답, 아브라함이 순종하여 알지 못하는 곳으로 이주한 것, 모세가 하나님 말씀을 담은 두 돌판을 들고 시내산에서 내려온 것, 여호수아가 여리고를 돌며 행진한 것, 그리고 모든 선지자가 전능하신 하나님의 이름으로 말하고 행한 것, 이 모든 것이 '상상'이라?

사탄은 우리로 더욱 혼란스러운 질문을 하게 만든다. 힌두교는 어떠한가? 헌신된 수많은 힌두교인이 하늘의 수많은 신을 달래기 위해 심혈을 기울여 남긴 풍부한 역사적 유산은 어떠한가? 전통적인 종교는 자연의 위력 가운데 신이 있다고 가정한다. 이러한 모든 종교와 기독교, 이슬람교의 형성은 단지 정신세계가 만들어 낸 산물인가?

A. W. 토저(Tozer)는 신앙과 불신앙 사이의 투쟁을 통찰 있게 설명했다.

> 우리가 사는 동안 내내 밤낮으로 우리의 관심을 침범해 들어오는 것은 감각의 세계다. 그 세계는 소란하고도 끈질기게 자기 자신을 드러낸다. 그 세계는 우리 신앙에 호소하는 것이 아니라 우리의 오감을 공격하여, 감각 세계가 실재하며 궁극적인 것이라고 생각하게 만든다. 게다가 죄가 우리 마음의 눈을 어둡게 하므로 우리는 우리의 실재, 즉 하나님의 도성이 우리 주위에서 빛을 발하는 것도 보지 못한다. 그리하여 감각의 세계가 승리한다. 보이는 것은 보이지 않는 것의 적이 되고, 일시적인 것은 영원한 것의 적이 된다. 비극적인 아담의 후손 모두에게 유전된 저주가 바로 이것이다.
>
> — 토저, 연도 미상, 56

그리하여 그리스도인은 원래 보지 못하는 것을 보고, 만질 수 없는 것을 느끼며, 들을 수 없는 것을 듣는 사람이면서도, 때로는 얼굴에 철판을 간 듯 하늘을 올려다보며 "하나님, 당신이 거기 계시다면, 진정으로 나를 사랑하신다면, 참으로 알고 계신다면, 저로 하여금 새롭게 보고, 만지고, 듣게 하여 주옵소서"라고 고함친다. 열정적으로 붉게 타오르던 신앙의 불꽃은 그렇게도 쉽게 덤덤한 잿빛으로 변한다. 영적인 세계는 무너져 버리고 감각의 세계가 승리를 거둔다.

선교사들에게 보낸 설문지("부록" 참조)에서 응답자 중 40퍼센트가 적어도 가끔은 그리스도인의 믿음에 관하여 지적인 의문이 생겨 괴롭다고 답했다.

"자신이 전적으로 믿지도 않는 메시지를 전하고 있다는 생각을 한 적이 있는가?"라는 질문에 14명이 "그렇게 느낄 때가 종종 있어서 곤란하다"고 응답했으며, 120명은 "그런 문제는 별로 없다"고 응답했다. 기독교 작가인 플래너리 오코너(Flannery O'Connor)는 "믿기를 원하는 사람에게 가장 고통스러운 것은 의심이다"라고 말했다.

영적 자질이 나무랄 데 없다고 인정받는 선교사가 있었다. 그는 많은 고난을 감수하면서 수년 동안 사역을 감당했다. 그의 가정은 따뜻하고 은혜로운 본을 보였다. 친구들은 그와 그의 아내, 그리고 그의 자녀들이 그리스도인의 헌신과 섬김을 알게 하는 훌륭한 사람들이라고 생각했다. 그러나 그가 때때로 밀려드는 의심 때문에 짓눌리고 고통당한다는 사실을 아는 사람은 거의 없었다. 그는 깊고 어두운 계곡의 벼랑 끝까지 가 보았으나 거기에는 아무것도 없었다. 하나님도, 빛도, 영원도, 구원도, 평안도 없었다. 그때마다 망각이라는 검은 심연 속으로 뛰어들려는 마지막 발걸음을 멈추고, 그는 기도의 다락방으로 돌아와 평안을 얻었다. 그곳에서 일시적인 휴식을 발견하지만, 다시금 의문이 일어났다. '하나님, 당신은 어디 계십니까? 왜 말씀하지 않으십니까? 고통에 대해 어찌 그리도 모른 척하십니까? 악을 이길 능력이 없으십니까? 이 고통에서 나를 자유롭게 할 수 없으십니까?'

그리스도인 가운데 그와 같은 '다락방 속 불가지론자'가 얼마나 많은가? 지금 내가 말하는 부류는 의도적으로 의문을 품는 불가지론자에 관한 것이 아니다. 보이는 것과 보이지 않는 것, 만져지는 것과 만져지지 않는 것 사이의 갈등에 사로잡힌 사람에 관한 것이다. 더 복잡한 문제는 의심의 정도다. 사탄의 속성으로 볼 때, 그가 영의 세계에서 가장 중요한 영역인 이 의심으로 그리스도인을 괴롭히리라는 것은 의심할 여지 없이 분명하기 때문이다.

의심이 확신으로 바뀌는 때는 언제인가? 어느 시점에서 사역자나 선교사가 자신의 사역을 그만두고, 가치 있고 안정된 생활에서 멀리 떠나는가? 겉으로 드러낼 수 없는 이러한 의문은 압도적인 힘으로 내면에 파멸을 가져온다. 이 문제를 밖으로 드러냈을 때 치러야 할 비싼 대가를 생각해 보면 그 파괴력은 대단한 것이다. 런던의 한 교회는 "익명의 불가지론자"라는 모임을 후원한다. 이 모임은 견문이 넓고 섬세하며 사랑과 관심이 많은 그리스도인들의 도움으로 여러 의문을 다룬다. 많은 교회가 이와 같은 일을 해야 할 것이다.

프란시스 쉐퍼(Francis A. Schaeffer)는 여러 저서에서 이 문제를 다루었다.

> 이 세대의 많은 그리스도인이 실재가 점점 사라져 간다는 것을 안다. 자연주의적 사고방식이 실재를 가리는 경향이 있다. 기독교적 환경에서 자란 청년들이 나에게 묻는 질문 중 6분의 1은 이러한 것이다. "기독교의 실재는 어디 있습니까?" "실재는 어디로 사라졌습니까?" 나는 여러 나라의 훌륭한 청년들이 솔직하고 절박한 마음으로 이렇게 질문하는 것을 들었다. 자연주의가 우리 위에 드리우면서 그것은 주입이나 함축적인 방법으로 우리를 침범하고, 실재는 점차 사라져 버린다.
>
> — 쉐퍼 1971, 69

실재는 사라지고 의문이 제기된다. "나는 내가 믿는 이를 안다"는 확언은 들리지 않는다. 전도는 기쁨에 찬 확신의 표현이라기보다 힘없이 수행하는 임무가 되고 만다. 쉐퍼는 논리와 믿음이 상호 보완적이라고 계속 주장했다. 그러나 어떤 면에서 이 문제는 불분명하다. 선교 사역을 하던 한 선교사는 마가복음을 번역하다가 생긴 의문 때문에 선교사를 사임하기로 결정했다.

엘리자베스 엘리엇(Elisabeth Elliot)은 퀴논 부족을 그리스도께 인도하는 데 핵심적인 역할을 한 어느 인디언의 죽음을 목격하며 겪은 시련을 이렇게 썼다.

> 나는 하나님이 졌다는 생각을 지울 수 없었다. 하나님은 얼마나 위태로운 상황인지를 분명히 아셨을 것이다. 우리 모두가 살아 있다면 하나님은 더 큰 일을 성취할 수 있을 것임이 분명하다. 그런데 하나님은 내 내면에서 일어난 이러한 의문의 부르짖음에 아무런 응답도 없었다. 아무런 설명도 없었다. 나는 심연을 들여다보았다. 그곳에는 어둠과 침묵 외에 아무것도 없었다.
>
> — 엘리엇 1975, 82-83

나는 신학교 시절을 종종 그리워하며 회상한다. 그때 나는 그리스도나 교수에게 아무런 의심도 품지 않았다. 비판적인 태도로 신학적 문제를 다루는 경우도 거의 없었다. 성경을 읽다가 문제가 되는 부분을 발견하면 매우 순진하게도 그냥 넘겨 버렸다. 입 밖으로 말한 적은 없지만, 어려운 질문은 자유주의자나 하는 것이라고 생각했다. 진정한 그리스도인이라면 확고한 믿음의 사람으로, 어려운 비판을 하거나 곁길로 가서는 안 된다고 생각했다. 그러나 방글라데시에 도착한 지 몇 개월 지나지 않아 나는 이전에 생각하던 모든 것에서 더 나아가야 한다는 것을 알았다. "하나님은 어떻게 한 분이면서 세 분인가?" "왜 하나님은 마리아를 통해 아기 예수를 낳으셨는가?" "성경에 나오는 '하나님의 아들'에 관한 다른 구절은 모두 어떻게 되는가?" "마태복음 1장과 누가복음 3장에 나오는 예수의 계보가 서로 다른 이유는 무엇인가?" "구약의 숫자 기록에 보이는 명백한 오류는 어떻게 설명할 수 있는가?" "서신서가 하나님 말씀 그 자체보다는 개인적인 서신으로 느껴지는 이유는 무엇인가?" 지난 몇 년 동안 나는 무슬림에게 이런 어려운 질문을 수없이 받아왔다.

위대한 이슬람교 학자인 윌프레드 스미스(Wilfred Cantwell Smith)는 하버드의 한 강의실에서 학생들을 장난기 가득한 눈빛으로 바라보면서 이렇게 말했다. "비교 종교학을 연구하면 비교적 종교적인 사람이 됩니다." 그는 엉뚱한 말을 한 것이 아니다. 수많은 학생이 예수만이 구원을 줄 수 있다는 복음주의를 떠나 결국 만인은 모두 구원받는다는 보편주의에 이르렀다. 강력하고 배타적이던 신앙은 사회적으로 더 많은 호응을 얻는 만인구원론에 그 자리를 빼앗겼다.

캘빈 밀러(Calvin Miller)는 신자를 공격하는 논리의 전략을 다음과 같이 분석한다.

> 논리는 항상 냉소적이다. 턱을 들어 올린 건방진 모습으로 승리에 찬 미소를 짓고 믿음 주위를 빙빙 돌며 자기의 탐욕스러운 입맛에 들어맞는 정확한 것을 요구한다. 우리가 가장 심원한 믿음의 말을 한 후에도 논리는 오만하게 비웃으며 "그게 전부요?"라고 말한다.
>
> — 밀러 1973, 6

깊이 생각하는 그리스도인치고 의문에 시달리지 않는 이가 거의 없다. 긍정하는 정도에서 확신의 단계로 오르려면 이러한 반대를 이길 수 있어야 한다. 믿음은 지속적으로 성장하며, 단계마다 시험을 거친다. 사탄의 가장 교활하고 유혹적인 무기인 의심에 공격당하는 동료 순례자에게 신자는 격

려의 도구가 되어야 한다.

성공회 신부인 데카니 타프티는 암살당할 뻔하고 아들이 살해되기도 했지만 믿음을 지켰다. 그는 자신의 초기 신앙을 이렇게 이야기한다.

> 대학 시절, 초급 실천 심리학을 배울 때 내 단순한 믿음은 조금 흔들렸다. 그러나 그곳에는 지혜로운 그리스도인 교사들이 있었다. 그중 한 명이 나에게, 때로 모든 것이 의미 없어 보일지라도 기도와 교회 출석을 포기하지 말라고 조언했다. 나는 그의 신중한 조언에 귀를 기울였다. 분명코 우리는 기분에 따라 사는 것이 아니다! 우리는 믿음에 관한 느낌에 상관없이 믿음의 삶을 꾸준히 지속해나가는 법을 배워야 한다.
>
> — 데카니 타프티 1959, 39

## 믿음

플로리다주 마이애미 남쪽의 한 원자력 발전소를 방문한 적이 있다. 그곳에서 나는 짧은 시간 동안 믿을 수 없는 경험을 했다. 내 조카사위가 그 발전소에서 일하고 있었는데, 그곳 시찰을 주선해 주었다. 예정된 대로 우리는 긴 개천을 따라 숲이 우거진 지역을 통과해 지나갔다. 개천은 발전소의 물을 재생하는 데 사용되었다. 우리는 처음 두 개의 저장용 돔을 보고 놀랐다. 세밀한 안전 검색을 받은 후, 우리는 이동 장치를 타고 우리 몸의 내부 방사선을 측정하는 기기를 천천히 통과했다. 그리고 나서 특수 모자, 겉옷, 장갑, 장화를 착용했다. 끈으로 옷을 단단히 조인 후 두 개의 방사선 측정기를 옷에 꽂았다.

방사성 폐기물이 물속 3미터 아래에 저장되어 있다는 장소에 멈추었다.

조카사위가 전깃불을 끄자, 갑자기 섬뜩한 빛이 물 밑에 있는 저장고에서 그 위쪽으로 비쳤다. 바로 이곳에는 "대단한 동력을 지닌 원자 폐기물을 어떻게 처리할 것인가" 하는 20세기의 가장 난처한 문제가 있었다.

중앙 통제실은 바닥부터 천장까지 전구로 가득했는데, 전구는 불이 켜 있지 않았다. 그곳에서 기술자 네 명과 자유롭게 이야기를 나누며 앉아 있는데, 갑자기 전구 하나가 심하게 반짝거렸다. 책임 기술자가 어떤 레버를 누르고 긴급 전화를 하자, 이내 모든 것이 정상이 되었다. 긴박감이 가득한 그 방에서 나와 1.5미터 두께의 열린 문을 통해 저장 구조의 심장부로 들어갔다. 조절 막대를 지나서 내려가 반응기 중심을 자세히 들여다보았다. 그 반응기는 수리 중이라 작동되지 않았다.

바로 그 장소에서 조작상의 사고가 발생한다면 방사선이 누출되어 수많은 사람이 죽거나 상해를 입을 수 있다. 뿐만 아니라 플로리다 거주자의 40퍼센트에게 전기 공급이 끊어진다니 얼마나 놀랄 일인가? 우리는 몇 분마다 옷에 꽂아 놓은 방사선 측정기를 들여다보았다. 조카사위는 나를 보호하려고 특별히 신경 쓰는 것 같았다. 돌아와서 우리는 조심스럽게 옷을 벗고 다시 이동 장치에 올라탔다. 우리가 방사선에 노출된 정도는 안전하다고 했다. 조카사위는 방사선에 노출되어 누적된 점수를 가까이에 있는 컴퓨터에 입력했다.

어떤 비유도 완전할 수는 없지만, 이 경험에 견주어 믿음을 생각해 보았다. 나는 나를 둘러싼 방사선을 보지도, 느끼지도, 맛보지도, 만져 보지도 못했지만, 저장 시설 안에 있는 표지가 그곳에서 머뭇거리지 말라고 경고하는 것을 알았다. 비록 반응기에는 나타나지 않았지만, 방사선 수치는 여전히 매우 높았다. 억지로라도 착용해야 하는 특수한 옷이 위험의 실재를 증명했다. 방사선 측정기와 이동 장치는 극도로 주의해야 한다는 사실을 강력히 말해 주었다. 확실한 것은 우리가 믿음으로만 받아들일 수 있는 실재가 있다는 것이다. 강력한 방사선이 나를 둘러싸고 있다. 미리 알려진 경고를 무시한다면 신변에 큰 위험을 자초할 것이다.

하나님은 오늘날 우리 가운데 인간의 모습으로 계시지는 않는다. 그분을 초대하여 식사를 대접하거나 따뜻한 교제를 나눌 수는 없다. 그분은 보이지 않는 실재이시기 때문이다. 그러나 그분은 은혜롭게도 성육신하셔서 자신을 나타내셨는데, 그것이 곧 그리스도 안에서의 성육신과 말씀 안에서의 성육신이다. 우리에게는 믿음의 사람들을 가르치고, 권고하며, 경고하고, 인도하는 말씀이 있다. 인간이 이러한 하나님의 음성을 무시한다면 방사선에 관한 경고를 무시하는 것보다 위험할 것이다.

"믿음은 바라는 것들의 확신이요, 보이지 않는 것들의 증거입니다"(히 11:1, 새번역). 이 구절은 믿음을 설명하기 위해 강하고 안정감 있는 단어인 '확신'과 '증거'를 사용한다. '확신'(assurance)은 긍정적인 결과를 보증하는 마음 상태이며, '증거'(conviction)는 밖으로 드러난 결과로 인해 확고한 견해를 갖는 것이다. 기독교의 믿음은 '맹목적인 믿음'인가, '논리적인 믿음'인가? 맹목적인 믿음을 원하는 사람에게는 어둠 속으로 뛰어들려는 의지 말고는 아무것도 필요 없다. 근거가 되는 자료 같은 것은 거의 또는 전혀 필요 없다. 논리보다는 감정이 믿음을 평가하는 기준이기 때문이다. 반면, 논리적인 믿음은 종종 믿음보다는 논리에 치우친다. 과학적인 조사와 평가에 초점이 맞춰져 있기 때문이다. 쉐퍼는 이렇게 말한다.

> 기독교의 믿음은 믿음 자체에 의존하는 것이 아니다. 기독교의 믿음은 내용이 없는 것이 아니다. 기독교의 믿음은 결코 어둠 속으로 뛰어드는 것이 아니다. 기독교의 믿음은 하나님이 말씀하신 것을

항상 믿는 것이다.

— 쉐퍼 1971, 87

우리는 믿음을 도약과 분석 사이 어딘가에 있는 것으로 생각해야 한다. 믿음은 때때로 이성적이고, 또 때때로 비이성적이다. 무슬림의 신을 창조자로 생각하는 것은 이성적이지만, 삼위일체 하나님을 이성적으로 무슬림에게 설명하려고 노력해 보면 달리 생각하게 될 것이다. 삶의 여러 영역에서 그렇듯이 그리스도인은 긴장 속에서도 진리를 양보하지 않는다. 때때로 우리는 하나님이 수학 공식으로 설명될 수 있는 일정한 분이라면 좋을 것이라고 생각한다. 그러나 실상은 그렇지 않다. "믿음과 신비는 상호 의존적이다. 하나를 제거한다면 둘 모두를 망칠 것이다. 믿음이 전적으로 설명될 수 있다면 그것은 믿음일 수 없으며 신비는 사라져 버린다"(밀러 1973, 73).

나는 믿음이 성장하는 데 기질이 어떤 역할을 하는지에 매우 관심이 많았다. 첫째로, 모든 일을 쉽게 생각하는 점액질 유형은 고차원의 비평이 만들어 낸 쟁점에 좀처럼 영향받지 않는다. 이러한 사람의 믿음은 단순하면서도 깊이가 있고 진실하다. 이런 사람의 마음속에서는 다양하게 해석할 수 있는 복잡하고 모호한 이론에 대한 심각한 논쟁은 좀처럼 일어나지 않는다. 둘째로, 일 중심의 그리스도인은 생각이 아니라 행동에 관심 있다. 근본적으로 활동하느라 매우 바쁘기 때문에 어떤 일이 삶에서 중요한 일을 지연시킨다면 그런 일에는 관여하지 않는다. 언젠가 매우 성공적인 어느 사업가에게 죄악과 고통에 대해 함께 생각해 보자고 제안한 일이 떠오른다. 그는 상처 입은 인간의 고통을 경감시키는 접근법에 대한 대화에는 매우 즐겁게 참여했으나 이에 대한 철학적이거나 이론적인 부분에 관한 토의에는 전혀 관심이 없었다.

마지막으로 나와 기질이 비슷한 사람이 있다. 즉 생각이 많은 그리스도인으로, 이런 사람은 심한 고투를 겪는다. 믿음을 분류하고 분석해야 속이 후련하기 때문이다. 이러한 사람은 적절한 대답을 얻지 못할 경우 실망하거나 우울해한다. 4장에서 어느 정도 다루기는 하지만, 고통의 딜레마는 지적인 해답을 직접 얻을 수 없음을 짐작하면서도 그대로 수용하지 못한다. 이러한 사람은 선천성 장애아에 대한 이야기를 읽으면 그 부모의 고통을 생각하고, 지진으로 무너진 지역의 소식을 들으면 고통스러워한다. 실재하는 세상과의 상호 작용에서 우울질 그리스도인은 생명력 있는 믿음을 유지하기 위해 내적으로 끊임없이 투쟁한다.

쉘던 베너컨(Sheldon Vanauken)은 재능 있는 작가다. 그의 수상작인 자서전 「잔인한 자비」(*A Severe Mercy*)는 사랑하는 아내의 죽음에 대한 이야기다. 내향성 기질이 강한 베너컨이 하나님에게 지옥에나 가라고 외치게 된 상황을 알기 위해서는 그의 삶을 살펴보는 것이 도움될 것이다.

> 잠 못 이루는 밤이 지나고 아침이 되어 가는데, 나는 온 우주 가운데 아내도, 하나님도 없다는 느낌에 압도되었다. "좋아. 하나님은 지옥에나 가 버리라지. 나는 이 지겨운 쓰레기 같은 소리는 더 이상 믿지 않을 거야. 거짓말, 내가 믿던 것은 모두 거짓이야"라고 중얼거렸다. 나는 벌떡 일어나 밖으로 달려 나갔다. 이것으로 하나님과는 끝이었다.
>
> 그러나 나는 내가 하나님을 거절할 수 없다는 사실을 알았다. 나는 그렇게 할 수 없었다. 이유를 설명할 수는 없었다. 힘을 다해 노력해도 표석을 옮길 수 없다는 사실을 발견한 것과 같았다. 나에게 사랑과 믿음이 갑작스럽게 쏟아져 내린 것은 아니었지만, 나는

내가 기독교를 거부할 수 없다는 사실을 발견했다. 그 이유는 몰랐다. 사실이 그랬을 뿐이었다. 나는 부인할 수 없었다.

— 베너컨 1977, 191

벼랑 끝까지 갔으나 베너컨은 결정적인 순간에 돌아섰다. 거부하려고 그 방향으로 갔지만, 그 이상은 갈 수 없었다.

케냐에 있을 때, 나는 용맹스러운 마사이 부족을 보았다. 자동차를 타고 숲을 지나가는데 사자와 치타 몇 마리를 보았다. 우리는 안전한 차 안에 있었지만, 밖에서는 자신을 보호할 도구라고는 창 하나뿐인 마사이족이 용감하게 걷고 있었다. 빈센트 도노반(Vincent J. Donovan)은 한 마사이 부족과 그들의 언어로 믿음을 가장 잘 정의할 수 있는 방법에 대해 토론한 이야기를 이렇게 들려주었다.

나는 마사이 부족의 한 연장자와 함께 앉아 신앙과 불신앙의 고뇌에 대해 이야기하고 있었다. 그는 나에게 답할 때, 자기 말인 마사이어와 스와힐리어를 썼다. 그는 나와 나의 마사이 부족 동역자인 폴이 믿음을 설명하기 위해 사용한 마사이어 단어가 적합하지 않다는 점을 지적했다. 그 단어의 뜻은 '동의하다'였다. 나도 그 점을 알고 있었다. 믿음을 동의하는 것으로 설명하는 것은 사냥에서 사냥꾼이 매우 먼 거리에서 어떤 동물을 향해 총을 쏘는 것과 같다고 했다. 그 사냥꾼의 눈과 손가락만이 사냥 행위와 연관되어 있기 때문이라는 것이다. 우리는 다른 단어를 찾아야 했다. 그는 진정으로 믿는다는 것은 사자가 사냥감을 뒤쫓는 것과 같은 것이라고 했다. 사자의 코와 눈과 귀는 사냥감을 쫓는다. 사자의 다리는 먹이를 잡기 위해 속도를 낸다. 죽음의 덫을 놓기 위해 온몸에 힘을 실어 달리고, 마침내는 앞발로 일격을 가한다. 그 일격은 정말로 사냥감을 죽인다. 그 짐승이 쓰러지면 사자는 팔(아프리카 사람은 앞다리를 팔이라고 한다)로 그것을 싸서 끌어안고 그것이 사자 자신의 일부가 되게 한다. 사자는 이렇게 죽인다. 마찬가지로 사람은 이렇게 믿어야 한다. 믿음은 그런 것이다.

— 도노반 1978, 62-63

그렇다면 믿음은 수동적인 동의가 아니다. 멀리 떨어져 서서 믿는다고 고백하는 사람 중에는 진정으로 '그리스도'의 실재를 만나서 아는 이가 하나도 없다. 쉘던과 그의 아내가 진정으로 회심했을 때, 그들의 시각은 근본적으로 바뀌었다.

이제 우리는 찬송과 빛나는 십자가, 그리고 확고한 눈빛의 성자와 함께 수 세기를 거쳐 내려온 빛나면서도 굉장한 교회의 모습을 보았다. 더 이상 신앙은 아이들이나 갖는 것이 될 수 없었다. 지성적인 사람들이 믿음을 강하게 지키고 있었다

— 베너컨 1977, 91

중국을 여행하다가 나는 잊지 못할 일을 경험했다. 9월 30일 주일 아침, 중국 중서부의 한 호텔 방에서 겪은 일이다. 호텔 측 감시원이 홀에 앉아 있었고, 우리 여행 팀 인도자는 홀 입구 근처에 있는 목욕탕에서 텔레비전을 크게 틀어 놓았다. 15분에 걸쳐 우리 여행 팀원 열 명이 아무렇지 않은 듯 그 방으로 들어갔다. 정해진 시간이 되자 문이 열리고 강하고 활기에 찬 중

국인 목사가 들어왔다. 그는 '지하 교회'를 인도하는 목사였다. 그때부터 30분 동안 나는 그리스도를 믿는 믿음 때문에 무서운 학대와 멸시를 겪으며 끔찍한 감옥에서 20년을 지낸 위대한 하나님의 사람 앞에 앉아 있는 특권을 누렸다. 통역을 거쳤지만 그의 메시지는 능력이 있었다. 그는 중간 중간 찬양도 불렀다.

그 목사는 겸손한 모습으로, 그리스도를 부인하든지 아니면 어용 교회로 방향을 돌리라는 강한 압력을 받던 때를 이야기했다. 이러한 압력에 대항한 그의 확고한 대답이 내 마음에 영원히 박혔다. 그는 천천히 일어서면서 확신에 찬 목소리로 말했다. "나는 베드로처럼 될 수는 있지만, 유다처럼 될 수는 없었소이다." 때로는 그의 믿음도 흔들렸을 것이다. 그러나 그는 믿음으로 돌아오기 위해 투쟁하기로, 주님을 영원히 부인하는 훨씬 쉬운 길은 택하지 않기로 결단했다.

이 겸손한 목사는 무릎을 가리키며 새로운 부흥의 불길이 중국에서 뜨겁게 일어나도록 기도하라고 우리에게 거듭 권고했다. 그는 마을 외곽에 있는 단칸 오두막에서 지내면서 65세 나이에도 날마다 건축 현장에서 일한다. 이 하나님의 사람은 밤과 주일에 하나님 나라를 위해 계속 활동한다. 우리가 그를 만난 그 전주에도 그는 100명의 새신자에게 세례를 베풀었다.

이 중국인 목사는 더럽고 음침한 감방에 갇혀 있는 동안 자신의 인생에 대해 깨달은 바를 우리에게 들려주었다.

"이곳은 우리의 바벨론이지만, 우리 마음은 예루살렘에 있습니다."

"사탄은 울부짖는 사자의 힘뿐 아니라 달콤함과 안일함으로도 신자를 공격합니다."

"우리는 베들레헴에서 골고다까지 예수님과 함께 가야 합니다."

그렇다. 이것이 바로 기독교 신앙이다.

믿음은 정통 기독교의 중심을 이룬다. 무슬림의 경우에도 하나님을 아는 지각이 중심적인 영적 동기가 된다. 두 개의 비슷한 이 종교적 주제를 연구한다면 무슬림과 대화하는 다리로 사용할 수 있을 것이다.

++++        2장        ++++
++++        경전        ++++
++++             ++++
++++             ++++
++++             ++++

성경이 없었다면 기독교와 예수 그리스도에 관해 얼마나 알 수 있었을까? 꾸란이 없었다면 이슬람교와 예언자 무함마드에 관해 얼마나 알 수 있었을까? 경전은 세계 2대 종교를 역사적으로 검증하는 데 절대적이며 필수적이다. 학계는 수 세기에 걸쳐 이 성스러운 두 책을 집중적으로 조사해 왔다. 경전을 연구하는 데 있어서 종교적 신비주의자들은 신비한 구절을 중심으로 고결한 묵상과 생각을 쏟아냈다. 떠들썩한 사건에 관심이 있는 사람일수록 강이 갈라졌다든지 달이 쪼개진 일에 초점을 맞추는 경향이 강하다. 모든 사람에게 믿음의 기초가 되는 것은 계시된 '하나님의 말씀'이다.

여기서 문제가 발생한다. 기독교와 이슬람교를 옹호하는 사람은 엄격한 유일신 사상에 집착한다. 그러나 한 하나님이 두 개의 경전에서 서로 모순된 말씀을 하는 것을 어떻게 설명할 수 있을까? 결국 그리스도인인 동시에 무슬림일 수는 없다. '경전의 전쟁'은 '신자의 전쟁'으로 확대된다.

상대 종교를 조사하려면 최대의 객관성이 필요하다. 이슬람교의 영성은 꾸란에 깊이 뿌리내린 것이므로, 그리스도인은 꾸란을 연구해 보아야 한다. 열린 마음으로 꾸란을 읽어 보기만 한다면 이슬람교를 받아들일 것이라고 확신에 차서 말하는 무슬림이 많다. 그들이 나에게 읽어 보라고 요청하는 것은 당연한 일이다. 그와 마찬가지로 나도 무슬림 친구에게 성경을 연구하고 분별의 영을 주시어 인도해 주시길 기도하라고 요청한다. 불행하게도 치우침 없는 이런 공정한 연구는 막다른 골목에 부딪히게 된다. 대부분의 신자는 논쟁에서 더 효과적으로 대응하기 위한 자기 무장으로서 다른 종교의 경전을 읽기 때문이다. 열린 마음을 바랄 수는 있지만, 이미 확신에 찬 사람이 그 외의 것에 열린 마음을 갖기는 어렵다.

이 장에서는 그리스도인과 무슬림의 시작인 성경과 꾸란의 틀 안에서 영성의 위치를 살펴볼 것이다.

## 꾸란이란 무엇인가

아랍어로 '꾸란'은 '암송'이라는 뜻이다. 그 어원은 시리아어 '케르야나'(qery-ana)일 가능성이 있는데, 이 말에는 '공회에서 경전을 읽거나 가르치다'라는 뜻이 담겨 있다. 이 단어가 아랍으로 유입되면서 무슬림이 편집한 경전의 제목이 되었다(벨과 와트 1970, 136-137).

무슬림은 알라의 계시된 말씀을 나중에 완전하게 기록할 필요를 강력히 옹호한다. 그들은 토라(율법서), 자부르(시편), 인질(복음서)을 인정한다. 그러나 성경의 계시가 전달되는 수년 동안 왜곡되었기 때문에 새로운 편찬이 필요하다고 여긴다. 또한 그들은 점진적인 계시가 논리적으로 타당하다고 주장한다. 그리스도인은 하나님이 나중에 말씀하신 것을 신약이라고 인정한다.

유대교인은 그렇게 인정하는 믿음은 이단적인 것이라고 반발한다. 그런데 이 문제에서 무슬림은 유대교인이나 그리스도인보다 한 걸음 더 나아간다. 유대교인, 그리스도인, 그리고 무슬림은 자신의 경전이 완성된 것이며 전적으로 권위 있는 것이라고 주장한다.

하디스는 이 문제에 관하여 무뚝뚝한 어조로 이렇게 말한다.

> 알라의 사도 무함마드에게 계시된 너의 책 꾸란이 가장 새로운 것인데, 성경을 믿는 사람들에게 질문하는 이유는 무엇인가? 꾸란은 정결하고 왜곡이 없으며 변함이 없다. 알라는 성경을 믿는 사람들(유대교인과 그리스도인)이 자신들의 경전을 바꾸고 왜곡시켰으며, 자기들 손으로 쓴 것을 팔아서 돈이나 벌려는 목석으로 "이것은 신이 주신 것이다"라고 말한다는 사실을 너에게 알려 주셨다.
>
> — 부카리 9권, 339

무슬림은 꾸란이 정결하고 변함없는 것이라고 주장한다. 반면에 성경은 잘못되었으며 비윤리적인 목적으로 사용되고 있다고 생각한다. 우리가 마닐라 거리에서 기독교 문서를 전시하고 있을 때 잘 차려입은 무슬림 청년이 신약을 집어 들고 "이 책은 신문이나 같아"라고 말했다. 무슨 뜻인지 알아보려고 나는 "네, 이 책은 현대적인 내용을 담고 있습니다만, 신문 이상이지요"라고 말했다. 그러자 그 무슬림 청년은 내 말을 막아서며 심각하게 말했다. "아니오, 내 말은 당신네 성경이 비린내 나는 생선이나 싸는 신문지 정도의 가치밖에 없다는 뜻이오!" 나는 이렇게 응수했다. "당신네 꾸란이 생선 포장지밖에 안 된다고 말하면 당신은 뭐라고 하겠습니까? 그런 말을 들으면 당신 기분이 어떻겠습니까?" 그러자 그는 돌아서서 가 버렸다. 나는 그의 기분도 나만큼 상하고 씁쓸했을지 생각해 보았다.

성경을 믿을 만하지 않다고 생각하는 한 무슬림의 이야기를 들어 보자.

> 예수와 그의 제자들이 라틴어나 그리스어가 아니라 히브리어를 사용했다는 사실은 분명하다. 그러므로 라틴어나 그리스어로 기록된 신약은 예수의 시대보다 훨씬 뒤에 쓰인 것이 틀림없다. 이런 유의 책, 그러니까 예수 사후 100년 혹은 200년이 지난 후 예수를 알지도 못하는 사람들이 써서 예수와 그 제자들에게 돌린 책은 오늘의 신자에게 전혀 쓸모없다. 그러므로 우리에게는 하늘에서 내려온 책, 즉 결함이 없으며 읽는 사람이 하나님의 말씀임을 확신할 수 있는 책이 필요하다.
>
> — 아지졸라 1975, 87-88

거의 10억에 달하는 사람이 꾸란을 전적인 믿음의 기초로 삼고 있다. 그러므로 이 꾸란을 더 상세히 연구하는 일은 합당하다.

### 꾸란의 영감성

무슬림은 인간이 꾸란의 내용에 전혀 영향을 끼치지 않았다고 한다. 알아두어야 할 사실은 이것이다. 총체적으로 볼 때, 꾸란의 저자는 알라다. 세예드 호세인 나스르는 이렇게 말했다. "예언자 무함마드는 신에게 계시를 받을 때 전적으로 수동적이었다. 그는 책을 쓴 것이 아니라 인간에게 성스러운 책을 전달해 준 것뿐이다"(나스르 1966, 44).

예언자 무함마드를 둘러싼 논쟁거리 중 하나는 그가 읽을 줄도, 쓸 줄도 모르는 이른바 문맹자라는 것이다. 문맹이라는 점이 계시의 정결성을 보장한다는 주장도 있다. 무함마드는 신이 주신 것에 다른 어떤 것도 덧붙일 수 없었기 때문이다. 그는 자신이 받은 바를 다른 사람에게 충실히 전달하는 통로 역할을 했다. 수라 53:1-4은 이러한 견해를 강력하게 주장한다. "지는 별을 두고 맹세하사 너희의 동료는 방황하지도 않고 유혹되지도 아니했으며 그의 욕망을 말하고 있는 것도 아니라 그것은 그에게 내려진 계시라."

이 견해를 더욱 확언해 주는 말씀으로는 수라 6:50을 들 수 있다. "일러 가로되 하나님의 보물이 내게 있다 너희에게 말하지 아니하며 숨겨진 것을 내가 알지 못하며 내가 천사라 너희에게 말하지 아니하고 단지 내게 계시된 것을 따를 뿐이라." 무함마드는 낮아지고, 모든 영감과 계시의 절대적인 근원이 되시는 알라에게 시선을 돌려야 한다는 내용이다.

무함마드는 이슬람교 초창기에 비방자들과 싸워야 했다. 수라 25:4-6은 꾸란의 권위를 내적으로 변증하는 구절이다.

> 불신자들은 이것은 단지 그가 조작하고 다른 무리의 백성이 협력한 허위에 불과하도다 라고 말하니 실로 죄악과 허위를 가져온 자들이 바로 그들이라 그들은 그것은 옛 선조들의 우화로 그것을 기록하도록 하여 아침저녁으로 낭송되도록 한 것이라 말하였더라 일러 가로되 그것은 하늘과 대지에 있는 모든 신비를 알고 계시는 분이 계시한 것이며 그분은 관용과 자비로 충만하심이라.

이 구절은 흥미롭다. 꾸란이 거짓이며 꾸며 낸 이야기이고, 무함마드는 다른 사람에게 들은 이야기에 기초하여 꾸란의 내용을 만들어 냈다고 말하는 사람이 있다는 것이다. 또한 7세기에 있었던 꾸란의 권위에 대한 도전을 엿볼 수 있다. 도전 내용에 바로 이어 직접적이고 강한 알라의 권위를 강력하게 단언한다. 예언자 무함마드는 듣고자 하는 모든 사람에게 이 메시지를 용감하게 선포하라는 지시를 받는다.

"거룩한 밤"(Night of Power. 「성 꾸란-의미의 한국어 번역」의 난외주에 따르면 '능력의 밤', '훌륭한 밤', '성스러운 밤', '위대한 밤' 등 여러 뉘앙스를 함축하고 있다_ 편집자)은 라마단 기간 중 무함마드가 처음으로 꾸란의 계시를 받기 시작한 저녁이다. 이에 대해서는 수라 97장의 다섯 구절에 설명되어 있다. 수라는 간단하게 '능력'이라고 지칭되기도 한다.

> 선실로 하나님은 거룩한 밤에 이 계시를 내리나니 거룩한 밤이 무엇인지 무엇이 그대에게 설명하여 주리요 거룩한 이 밤은 천 개월보다 더 훌륭한 밤으로 이 밤에 천사들과 가브리엘 천사가 주님의 명령을 받아 강림하여 아침 동녘까지 머무르며 평안하소서 라고 인사하더라.

금식의 달에 있는 이 특정한 밤은 무슬림의 달력에 표시된 모든 날 중 가장 거룩하며 숭배되는 날이다. 전 세계의 모든 정통 무슬림은 사원에 모여서 새벽이 될 때까지 기도하고 꾸란을 낭독한다. 이때 무함마드는 신의 계시를 받은 중요한 역할을 한 사람으로 기억되고 칭송된다.

알라의 말씀을 받을 때 무함마드의 지적, 정서적, 영적인 상태가 어떠했는지에 관해서는 의견이 분분하다. 여러 저자가 무함마드는 정신 나간 뇌전중 환자였지만 동시에 성자의 모습을 보여 주는 경우도 종종 있었다고 말한다. 많은 그리스도인 저자는 무함마드가 악한 영에 사로잡혀 조종당하고 있었다고 단언하기도 한다. 무함마드에게 계시가 나타난 순간에 대한 가장 정확한 정보는 부카리가 쓴 하디스에 기록되어 있다.

걷고 있다가 나는 하늘에서 음성을 들었다. 위를 올려다보니 놀라운 광경이 있었다! 히라의 동굴에 있던 나에게 하늘과 땅 사이 의자에 앉은 모습으로 천사가 나타났다. 나는 그 천사가 몹시도 두려웠다.

― 부카리 6권, 420

하나님 말씀을 무함마드에게 전달한 천사는 가브리엘이었다. 이러한 일이 22년간 반복되었다.

예언자 무함마드가 하늘의 영감을 받은 경위에 관해 가장 잘 알려진 말은 다음과 같다. "때때로 영감은 종이 울리는 것처럼 나타났다. 이러한 영감은 가장 어려운 것이었으니, 내가 그 뜻을 파악한 후에야 사라졌다. 때로 천사는 사람의 모습으로 와서 나에게 말하는데, 그가 무슨 말을 하든 나는 그 의미를 안다"(부카리 1권, 2). 무슬림이 아닌 몇몇 사람은 '종이 울리는 것처럼'이라는 말에 초점을 맞추어 하늘의 음성을 들을 때, 무함마드의 심리 상태는 정상이 아니었다고 단언한다.

러시아의 시인 알렉산드르 푸시킨(Alexander Pushkin)이 지은 유명한 시 〈예언자〉(The Prophet)는 상당한 상상력을 동원하여 무함마드가 계시의 천사를 만나는 모습을 그리고 있다.

내 영혼이 열기로 바싹 마르고,
삭막한 사막을 가로질러 발걸음을 옮기고 있을 때,
거기 여섯 날개를 지닌 천사가
두 길이 만나는 지점에 서 있었네.

밤에 오는 꿈처럼 부드럽게

천사의 손가락이 내 머리를 어루만졌네.

그는 내 시야를 열어 예언자가 되게 하였으니,

독수리의 시야처럼 무섭도록 광활한 것이었네.


그가 내 귀에 손을 대니, 음성과 노랫소리로 가득하네.

하늘의 움직임을 들었노라,

천사들이 날고 있는 소리,

대양 아래 파충류 떼가 움직이는 소리.


침묵 가운데 풀과 나무가 자라는 소리.

내 얼굴로 구부리더니

그의 오른손으로 내 혀를 빼앗아 갔으니,

쓸모없고, 죄 많고, 비열한 것이었음이라.


나약한 내 입술에서

독사의 불같은 독을 밀어내고

내 가슴을 가르고 피 묻은 칼로

동요하는 내 심장을 도려냈노라.


헐떡거리는 내 심장 깊숙이

그의 손으로 살아 있는 불의 석탄을 집어넣었네.

황량한 사막에 죽은 듯 누워 있을 때,

나는 우렁찬 하나님의 음성을 들었네.

일어나라! 보고 들은 예언자여.

내 영 안에서 강하라.

드넓은 세상으로 뻗어 나가

인간의 마음속에 내 말이 불타게 하라.

— 콘퍼드 1943, 20-21

## 꾸란의 매력

수많은 무슬림이 꾸란이 삶에 끼친 영향을 간증했다. 내 절친한 무슬림 친구 알리 박사도 꾸란을 읽은 후 삶이 변한 경험을 증거했다. 아랍어를 모른 채 꾸란을 읽고 낭송했을 때는 꾸란이 그의 삶에 거의 영향을 끼치지 않았다. 그러나 자기 언어로 된 꾸란을 읽고 알라의 가르침을 깨닫기 시작했을 때, 그는 전적으로 헌신하게 되었다. 바쁜 평신도인데도 그는 인도하심을 받기 위해 시간을 내어 꾸란을 연구하고 있다.

다음과 같은 경험은 무슬림 세계에서 그다지 드물지 않다.

그들은 경전의 첫 연을 읽는, 아름답고 경륜이 담긴 목소리가 들려오기를 열렬히 기다렸다. 경외심으로 집중하고 있는 사람들의 얼굴은 진지했다. 어떤 사람은 마치 그 말씀을 자신의 입술에 새기려는 듯이 입술에 침을 바르고 몸을 앞으로 기울였다. 음악의 새로운 세계를 경험했을 때처럼 머리를 숙이고 눈을 감는 사람도 있었다. 나이 많은 설교자는 납빛 손을 무릎 위에 포개고 수라의 첫 부분을 읽었는데, 그의 낭송에는 익히 알고 있는 데서 우러나는 친근한 부드러움과 따뜻함이 가득했다. 처음에 그의 음성은 떨리는 듯했으나 고요함 가운데 힘과 확신을 얻어 계속 진행되었다. 이제 그의 눈은 죽은 토끼처럼 크게 열렸으며 허공을 응시하고 있었다. 그의 입술에서 말씀이 떨어질 때 청중은 사랑과 기쁨으로 그 말씀의 의미를 마음에 새겼으며, 함께 시편의 주요 흐름을 따라가는 모습은 한 떼의 물고기가 앞에서 인도하는 물고기를 본능적으로 따라 깊은 바다로 나아가는 것만 같았다.

— 더렐 1958, 256

흥미롭게도 세상에서 가장 자주 인용되는 구절은 요한복음 3장 16절이 아니다. 앞서 언급한 수라 첫 부분이 가장 많이 인용된다. 무슬림이 메카를 향해 엎드려 하루에 다섯 번 기도할 때 외우는 말씀이 꾸란의 첫 부분이기 때문이다.

자비로우시고 자애로우신 하나님의 이름으로
온 우주의 주님이신 하나님께 찬미를 드리나이다
그분은 자애로우시고 자비로우시며
심판의 날을 주관하시도다
우리는 당신만을 경배하오며 당신에게만 구원을 비노니
저희들을 올바른 길로 인도하여 주시옵소서
그 길은 당신께서 축복을 내리신 길이며 노여움을 받은 자나 방황하는 자들이 걷지 않는 가장 올바른 길이옵니다.

— 수라 1:1-7

꾸란은 수많은 서구인이 이슬람교로 회심하는 데 큰 역할을 했다. 영국인 회심자 매비스 졸리(Mavis B. Jolly)는 꾸란이 자기 삶에 끼친 영향을 이렇

십자가와 초승달

게 말한다.

> 나는 다른 무엇보다 성스러운 꾸란을 읽었다. 처음에는 주로 반복
> 되는 것처럼 보였다. 내가 그 말씀을 받아들이고 있는지도 잘 모를
> 정도였다. 그러나 나는 꾸란이 내 영혼에 조용히 영향을 끼치고 있
> 음을 발견했다. 밤마다 나는 꾸란을 내려놓을 수 없었다.
>
> — 졸리, 연도 미상, 40

프랑스인 의사 알리 셀만 베누아(Ali Selman Benoist)는 자신이 회심하는 데
꾸란이 끼친 영향을 이렇게 말한다.

> 내가 이슬람교로 회심하는 데 필수적이며 명확한 요소는 꾸란이
> 었다. 회심 전에 나는 대부분의 서구 지성인이 그러하듯이 비판
> 적인 태도로 꾸란을 읽기 시작했다. 그러다가 말레크 베나비(Mr.
> Malek Bennabi)의 「꾸란의 현상」(*Le Phenomene Coranique*)이라는 훌륭
> 한 책을 읽었는데, 그 책을 통해 꾸란이 신의 계시로 쓰인 책이라
> 고 확신하게 되었다. 그 책에서 인용한 꾸란은 1,300여 년 전에 기
> 록된 것인데도 대부분의 현대 과학자가 가르치는 것과 같은 사상
> 이 들어 있었다. 이 사실이 나를 확신시켰고, 나는 "무함마드가 하
> 나님의 사도"라고 분명하게 말할 수 있게 되었다. 그 후로 나는
> 1953년 2월 20일 파리에 있는 이슬람교 사원에서 내 믿음을 선포
> 하고 알리 셀만이라는 이슬람식 이름을 수여받았다. 나는 새로운
> 믿음을 갖게 되어 무척 기쁘다.
>
> — 베누아, 연도 미상, 38

이러한 간증은 인간 경험이 지닌 주관적이며 시험적인 특성을 보여 준다. 수년에 걸쳐 하리 크리슈나, 이슬람교, 공산주의, 하나님의 자녀, 모르몬교, 여호와의 증인을 따르는 사람들이 삶이 변화되는 경험을 했다고 이야기하거나 그런 내용의 글을 썼다. 6장에서는 무슬림의 주장을 좀 더 세밀하게 조사할 것이다. 꾸란의 영향을 날카롭게 보여 주는 예를 하나 더 소개한다. 감옥에서 처형을 기다리던 몇 명의 아랍인 이야기다.

> 갑자기 꾸란의 구절을 노래하는 소리가 들렸다. 나는 "누가 부르는 것입니까?"라고 물었다. "나를 따라오면 알 수 있습니다." 그는 나를 안뜰 끝으로 인도했다. 한 감방에서 노래가 흘러나오고 있었다. 나는 감방 안을 조심스럽게 들여다보았다. 바닥에 아랍인 여섯 명이 앉아 있었다. 그들은 맨발에 누더기를 걸치고 있었다. 그러나 신기하게도 멋지고 활력이 넘치는 삶을 누리고 있는 것처럼 보였다. 그중 한 명이 노래를 부르고 있었다. 감옥에 갇혀 있다는 사실도 잊은 듯 그들의 얼굴은 숭고한 고요함으로 빛났다. 노래를 부르는 사람의 입에서 나오는 모든 말씀에 매달리기라도 하듯 그들의 눈동자는 고정되어 있었다. "저 사람들은 사형을 언도받았습니다. 아마도 내일 처형될 것입니다. 다른 반역자들과 마찬가지로 뒤에서 총을 맞게 될 것입니다"라고 나를 인도한 아랍인이 말했다. 그들은 계속 꾸란의 심장부인 죽음의 수라, 즉 야씬(Ya Sin)을 귀 기울여 듣고 있었다.
>
> ─ 패드윅 1961, 118-119

꾸란을 통해 무슬림은 영적 실재를 느낀다. 신생아에게 처음 들려주는 말씀은 '고백'이라고 불리는 샤하다(*Shahada*)이다. 어릴 때부터 아이는 무슬림 학교에 앉아 꾸란의 여러 부분을 기계적으로 외운다. 꾸란의 말씀은 또한 무슬림 결혼식에 많이 사용된다. 무슬림이 일생 동안 외우는 기도문은 꾸란에서 발췌한다. 이슬람에 헌신적이던 사람의 행적을 기리는 장례식도 꾸란을 암송하는 절차가 대부분을 차지한다. "꾸란은 무슬림의 삶을 만들어 내는 재료와 같다. 꾸란의 말씀은 무슬림의 영혼이라는 직물을 만들어 내는 실과 같다"(나스르 1966, 42).

무슬림이 꾸란에 대해 어떠한 신학을 갖고 있는지를 아는 것은 중요하다. 그들은 꾸란은 변할 수 없다고 말한다. "그분의 말씀을 변경할 자 아무도 없노라"(수라 6:115), "하나님의 말씀을 변조치 아니하니"(수라 10:64). 파즐루르 라흐만(Fazlur Rahman)은 꾸란의 계시가 어떤 형태인지에 대해 이렇게 말한다.

> 삶 깊숙한 곳에서 들려오는 음성은 탁월하고, 오류가 없으며, 당당하다. '암송'이라는 뜻의 꾸란이 분명히 알려 주는 것처럼 꾸란 자체의 본문도 꾸란이 '의미'와 사상은 물론, 구두로 계시된 것임을 여러 곳에서 단언한다.
>
> — 라흐만 1966, 30-31

그러므로 꾸란은 오류가 전혀 없는, 기독교에서 '기계적 구술'(mechanical dictation)이라고 말하는 형태의 계시를 통해 만들어진 것이다. 즉 알라가 직접 말한 대로 각 단어와 어구를 받아쓰셨다는 것이다. 꾸란의 내용을 구성하는 데 인간적인 요소는 어떤 것도 들어갈 자리가 없다. 이러한 믿음의 자연스러운 결과로, 꾸란은 만들어진 것이 아니라 하나님과 더불어 영원히 공존하는 것이라는 주장이 나오게 되었다. 꾸란은 항상 그러하며 시작도, 끝도 없다. 꾸란의 지위는 하나님과 동등한 것이다. 이슬람교는 이런 의미로 성육신을 가르친다. 하나님은 인간의 몸으로 성육신하신 것이 아니라 음성으로 성육신하셨고, 그 음성이 곧 기록된 계시가 되었다. 기독교를 변증하려는 사람은 그리스도 안에서 계시된 하나님의 성경적 가르침을 무슬림에게 설명하는 데 도움이 되는 비유로서 이러한 성육신 개념을 탐구해야 한다.

무슬림은 또한 무함마드 시대부터 지금까지 이르는 꾸란의 전달 과정이 확실히 믿을 만하다고 생각하며, 꾸란의 '원본'이 존재하지 않지만 학자들은 일반적으로 현재의 사본이 초기의 원본을 잘 대변하는 믿을 만한 것이라고 본다. 따라서 꾸란은 최고의 존경을 받는다. 무슬림 가정은 이 경전을 리넨에 싸서 높은 선반에 올려놓는다. 손이 더러우면 꾸란을 만질 수 없다. 나는 무슬림이 지극히 경건한 표정으로 눈을 하늘로 향한 채 꾸란에 입을 맞추는 모습을 종종 본다. 무슬림 국가에 사는 그리스도인도 이러한 영향을 받아 성경에 같은 행동을 한다. 한 목사가 파키스탄의 많은 사람에게 성경과 자신의 영적 관계를 표현하길 원했다. 그래서 그는 그리스도인은 하나님의 말씀이라는 약속 위에 서야 한다고 선포하면서 성경을 강단 옆 바닥에 놓고 그 위에 올라섰다. 즉각적으로 군중 가운데 고함 소리가 들렸고, 그 목사는 거의 습격을 당할 지경이 되었다. 그들의 상식으로는 하나님의 사람이라는 자가 경전 위에 발을 올려놓아 경전을 더럽히는 것은 생각할 수 없었기 때문이다.

## 대중적인 이슬람교와 꾸란

꾸란을 사용하는 정통적인 방법은 영성을 촉진하는 것으로 대단히 직접적이다. 무슬림은 꾸란을 인용하고, 읽고, 노래로 부르며, 암송도 한다. 이러한 형식으로 경전을 사용하는 것을 무슬림 지역 어디서나 볼 수 있다. 알라의 말씀은 공예배와 개인 예배에서 빠지지 않는다. 그러나 또 다른 차원의 사용법이 있는데, 그것은 더 신비적이며 어떤 사람들은 이단적인 방법으로 생각하는 것이다.

이 대중적인 이슬람교는 꾸란을 삶에 직접 적용할 수 있도록 안내하려고 노력한다. 전통적인 예배에 관심 없는 무슬림이 많기 때문이다. 이들은 알라와 좀 더 친밀한 관계를 발전시키는 데 관심이 많다. 그러한 영적 추구를 위한 방법론이 종종 논쟁점이 된다. 그러나 문자 그대로 수많은 사람이 대중적인 이슬람교를 옹호한다고 할 수 있다. 그들이 꾸란을 사용하는 방법은 독특하고도 다양하다.

> 깨끗한 종이 또는 유리 접시에 수라 2:6을 쓰면 여행 중 갈증을 느끼지 않는다. 기록한 종이를 샘물에 씻어서 유리잔에 넣어 두어야 한다. 사흘 후에 장미유와 빨간 염소의 젖을 섞어 진하고 검은 용액이 될 때까지 그 종이를 끓여야 한다. 그러고 나서 이 용액을 매일 아침 먹으면 여행자는 갈증이 나지 않는다. 걸어서 여행하는 경우라면, 수라 '야씬' 25절을 발에 묶어야 한다. 그렇게 한다면 원하는 만큼 걸어도 피곤하지 않다. 바다로 여행할 경우 수라 '카우'(2)의 256-260절을 사용하면 폭풍이 잔잔해진다. 이 말씀은 또한 길에서 거지나 탁발승을 만나지 않도록 지켜 준다.
>
> — 도널드슨 1937, 259

방글라데시의 한적한 마을 기차역에서 많은 사람이 두 남자 주위에 떼

지어 모여 있었다. 그 두 명의 중년 남자는 뭔가를 팔려는 판매원이 분명했다. 나는 무리가 있는 곳으로 걸어가 무슨 일인지 들여다보고는 깜짝 놀라고 말았다. 한 사람이 혀를 길게 내밀고 있고, 그 옆에 선 조수는 커다란 뱀을 들고 있었다. 뱀이 그 사람의 혀를 재빠르게 물었다. 곧바로 피가 쏟아졌고 다친 사람은 아파서 몸을 비틀었다. 그러자 조수가 뱀을 안전한 상자 속에 집어넣고 나서, 뱀에 물린 사람의 혀에 놋으로 된 작은 부적을 올려놓았다. 그의 얼굴은 말할 수 없는 고통과 두려움에서 즉시 자유와 기쁨의 모습으로 바뀌었다. 꾸란에서 보호해 준다는 뜻이 들어 있는 구절을 담은 부적을 사용하면 그런 무서운 시련도 그친다는 것이다. 두 남자는 뱀이 숨어 있는 시골 길을 걸어가는 위험에 대해 신나게 설교하기 시작했다. 무슬림은 아무리 치명적이어도 25센트만 지불하면 어떤 종류의 뱀에 물린 상처든 치유될 수 있다고 믿는다. 수십 명이 흥분하면서 알라가 내린 생명의 보호책인 그 약을 사려고 동전을 꺼냈다.

새뮤얼 즈웨머(Samuel M. Zwemer)는 아라비아 동부에서 성경의 권위에 도전하는 말을 계속 들었다고 한다. 무슬림은 꾸란을 새 양가죽에 싸서 불에 집어넣으면 절대 타지도, 그을리지도 않는다고 믿는다. 그들은 즈웨머에게 성경과 꾸란을 같은 양가죽에 싸서 시험해 보자고 강력하게 요구했다. 불에 타지 않는 경전이 진정으로 권위 있는 하나님의 말씀이라는 것이다(즈웨머 1920c, 26). 즈웨머가 그 도전에 응했다는 언급은 없다.

무슬림이 죽으면 사람들은 꾸란을 노래한다. 즈웨머는 장례식을 다음과 같이 묘사한다.

밤에 이슬람교 금욕파 수도사들이 모인다. 어떤 때는 거의 50명이나 된다. 그중 한 명이 1,000개의 구슬로 된 묵주를 가지고 오는데,

그 구슬은 비둘기 알만큼 크다. 꾸란 67장부터 시작해서 "신은 한 분이시다"라고 세 번 말한다. 마지막 장을 읽고 나서 "오, 신이시여, 당신의 피조물 중 가장 뛰어나고 가장 복된 주 무함마드와 그 가족과 친구를 살피시고 보호하소서"라고 세 번 말한다. 그러고 나서 그들은 "알라 외에는 신이 없느니라"를 3,000번 외운다. 묵주를 갖고 있는 사람이 횟수를 센다. 1,000번을 하고 나서 쉬거나 커피를 마시기도 한다.

— 즈웨머 1920b, 33-34

꾸란을 악하게 사용하는 경우도 있다. 수라 3:122-124을 낡은 항아리나 말가죽 위에 써서 원수의 집에 두면, 얼마 지나지 않아 원수의 재산이 파산된다고 믿는 것이다. 어떤 사람이 죽기를 바랄 때는 수라 2:256-260을 스물아홉 번 읽는다. 또 다른 방법도 있다.

화요일 해질 무렵, 석고로 원수의 얼굴 모양을 만들어 그 모형 앞쪽에 수라 5:30-33을 적고 뒤쪽에는 원수의 이름을 적는다. 이름이 쓰인 머리 쪽에 단검을 꽂고, 그와 동시에 "알라의 사자들이시여, 이 사람에게 이같이 하여 주옵소서"라고 하면, 원수가 죽는다.

— 도널드슨 1937, 261

대중적인 이슬람교의 미신적인 측면에 대한 지나친 비판을 막기 위해, 유대인이 구약 말씀을 적은 종이로 주문을 만들어 사용한 경우를 살펴보자. 출산의 고통을 경감시키기 위해 창세기 21장 1절을, 여행 중 안전을 위해 창세기 32장 31절을, 마법의 위험을 피하기 위해 출애굽기 33장 23절을,

악의에 찬 눈초리의 영향에서 벗어나기 위해 민수기 11장 2절을 사용했다
(즈웨머 1920c, 23-24). 또한 기독교 세계에서 십자가를 미신적으로 사용하는 예
를 생각해 보라. 십자가 앞에서 머리를 숙이거나 십자가를 목에 걸고 다니
며, 때로는 성호를 긋는다. 무슬림은 이러한 행위를 주술적이라고 생각한
다고 세예드 호세인 나스르는 말한다. 그렇기 때문에 무슬림들이 꾸란을
비슷한 방식으로 사용하는 것을 비판하는 그리스도인이 이상하다는 것이
다(나스르 1966, 52).

## 꾸란의 문제

수많은 무슬림이 부인하는 사실이 무엇인지를 살펴보아야 할 것이다. 꾸란
내용에 분명 내적인 모순이 있다는 것을 그들은 극구 부인한다. 무슬림은
성경의 권위를 공격하는 자유주의 신학자의 말을 인용하기 좋아하지만, 꾸
란이 영적인 세계를 경험하게 만드는 믿음직한 근거가 되지 못한다는 내용
에 대해서는 아주 작은 의심조차 용납하지 못한다.

간결하게 말하면 다음과 같다. 아부 바크르(Abu Bakr)는 예언자 무함마
드가 죽은 후 꾸란을 편찬하기 시작했다. 그는 "잎이 떨어진 대추 야자나
무 줄기에서, 가죽 조각에서, 돌멩이에서, (꾸란을 외우고 있는 사람의) 가슴에서
꾸란을 모았다"(부카리 9권, 229-230). 650년과 656년 사이 칼리프 우스만(Caliph
Uthman)의 통치 아래 꾸란이 만들어졌다. 우스만의 명령에 따라 정경에 포
함될 것과 제외될 것이 결정되었다. 수라의 순서도 정해졌다. 권위 있는 꾸
란의 유일성을 보장하기 위해 철저한 조사가 이루어졌다. "우스만은 그렇
게 해서 만든 사본을 무슬림 각 지방으로 보냈다. 그리고 부분이든 전체든
그 밖의 다른 자료는 모두 태워 버리라고 했다"(부카리 6권, 479). 무함마드 사
후 약 20년이 지났을 때 취해진 이와 같은 결정적인 조처로 상호 불일치하

는 내용을 비판적으로 분석할 가능성은 사라졌다. 이 우스만의 꾸란이 절대적으로 보존되어 지난 13세기 동안 충실하게 전달되어 내려온 것이다.

꾸란은 이해하기 쉬운 책이 아니다. 세예드 호세인 나스르조차 "꾸란을 처음 읽는 많은 사람, 특히 무슬림이 아닌 사람은 인간적인 관점에서 볼 때 꾸란이 조리에 맞지 않는다는 인상을 강하게 받는다"(나스르 1966, 47)고 말했다. 꾸란이 다음과 같은 맹점을 포함한다고 말하는 학자도 있다.

> 관련성 없는 주제가 불쑥 등장하여 동질성을 깨뜨리고, 같은 주제에 대해 바로 옆 구절에서 다른 말을 하기도 하며, 단어와 절이 반복되는 경우가 종종 있고, 문법적인 구조가 깨져서 주석에 어려움이 생기기도 하며 …… 서로 다른 연대의 문장을 나란히 병행시키기도 하고, 먼저 쓰인 단락에 늦게 쓰인 구절이 끼어 들어와 있기도 하다.
>
> ― 벨과 와트 1970, 93

이러한 내용상 문제는 모두 초기 편집자가 극단적으로 개정하고 개조했음을 보여 주는 것이다.

꾸란의 영감을 과소평가하는 것이 암시되어 있는 경우도 몇 군데 찾아볼 수 있다. 예언자 무함마드가 한번은 사원에서 꾸란을 읽고 있는 사람을 보고 이렇게 말했다. "저 사람에게 알라의 은총이 있을 것이다. 그는 수라의 이러이러한 구절을 나에게 기억나게 해주었다. 나는 그 구절을 잊어버리고 있었다"(부카리 6권, 510). 무함마드가 총애하며 귀여워하는 젊은 아내 아이샤(Aisha)는 어떤 계급에서든 아내들을 구할 수 있게 허락하는 구절인 수라 33:50의 계시를 유의해서 본 후 이렇게 말했다. "내가 (예언자 무함마드에게)

말하였다. '당신의 주님은 당신의 바람과 원함을 속히 이루시는 것 같습니다'"(부카리 6권, 295).

수라 2:106은 이렇게 말한다. "어떤 말씀도 폐기하지 아니하며 망각케 하지 아니하되 보다 나은 혹은 그와 동등한 말씀으로 대체하시나니 하나님은 모든 일에 전지전능하심을 너희는 모르느뇨." 이와 같은 구절은 간음에 대한 형벌이 채찍으로 100대 때리는 것이라고 말하는 수라 24:2과, 간음한 여인은 죽을 때까지 집 안에 가두라고 다르게 말하는 수라 4:15에 대한 해명이다. 문제는 "어떤 구절이 폐기되는 것이고, 어떤 구절이 오늘날에도 유효한 것인가"이다. 부수적인 질문은 "하나님이 22년이라는 짧은 기간에 계시하신 말씀을 폐기해야 하는 이유는 무엇인가"이다.

수라 29장 첫머리에는 아랍어 알파벳에 불과한 글자가 하나 또는 여러 자 쓰여 있다. 이것은 완전히 수수께끼다. 수피교도는 터무니없는 해석을 즐겨하지만, 그 글자가 적힌 합당한 이유를 도저히 설명하지 못한다.

이슬람교로 개종한 프랑스인 의사 모리스 뷔카이유(Maurice Bucaille)는 널리 읽히는 책 「성경, 꾸란 그리고 과학」(The Bible, The Quran and Science)에서 놀랍게도 이렇게 언급한다. "복사 과정에서 있을 수 있는 두세 가지 실수를 제외한다면, 전 이슬람권에서 오늘날까지 전해져 내려오는 최고(最古)의 문서는 동일하다. …… 현존하는 것으로 알려진 여러 고대 사본은 몇 가지 사소한 점에서만 다를 뿐 전체적인 뜻에는 변함이 없다"(뷔카이유 1979, 131). 성경의 무오성에 대한 기독교의 변증과 이상할 만큼 똑같이 들리는 말이다!

스티븐 닐(Stephen Neill) 목사는 무슬림이 당혹스럽게 생각하는 점에 대해 이렇게 말한다.

그러나 무슬림은 꾸란을 비평한다는 것을 생각도 못한다. 무슬림

십자가와 초승달

은 꾸란이 하나님 말씀 자체, 즉 영원하며 사람이 만들어 내지 않은 것이라고 생각하는데, 어떻게 그 말씀을 외과 의사의 메스에 맡기냐는 것이다. …… 그러나 무슬림 학자는 그리스도인처럼 무슬림도 다른 분야에서 교육받은 비판적인 눈으로 꾸란을 보려는 충동을 거부할 수 없는 날이 올 것이라고 편하게 생각하고 있다. 그 결과로 그들의 신앙이 어떻게 될지는 우리로서도 상상할 수 없는 일이다.

— 닐 1970, 229

매우 중요한 의미를 지니는 하디스(전통)에 대해 짚고 넘어가야겠다. 무슬림에게 하디스(전통)는 대단히 중요하므로 여러 하디스 모음집도 중요하지만, 꾸란과 같이 무오한 알라의 말씀의 범주에는 들지 못한다. 하나님에게서 직접 내려온 가장 높은 수준의 말씀인 꾸란이 무슬림으로 알려진 수많은 사람의 삶을 구성하고 형성한다. 다시 말하면 꾸란 없이는 이슬람교의 영성이 있을 수 없다.

## 성경

"경전의 전쟁"이라는 주제를 다루면서 확실히 말해 두는 바는 기독교의 영성은 하나님 말씀인 성경에 대한 복종에 기초한다는 점이다. 성경이 없다면 예수 그리스도에 대해 거의 아무것도 알 수 없을 것이기 때문이다. 이로 보건대, 성경의 권위를 높게 평가하는 것은 반드시 필요하다. 문자 그대로 수백만의 사람이 성경을 통해 그리스도를 만났으며, 삶이 바뀌었다. 구약과 신약은 기독교의 중심이며, 세상 끝 날까지 그러할 것이다.

진리는 모든 사람이 추구하는 보편적인 것이다. 아이비리그 학생부터 단순하고 무지한 농부에 이르기까지 인간은 진리를 찾기 원한다. 학문과 철학, 종교를 오가며 현대인은 "진리는 진정 어디에 있는가?"라고 절규한다.

이러한 혼돈 가운데 성경이 들어오는데, 성경은 변증적인 논조가 아니라 가정하는 논조다. 그러나 성경에 명백히 나타나 있는 뚜렷한 내적 성향은 성경 안에서만 진리를 찾을 수 있다는 것이다. 다른 곳에서는 찾을 수 없다. "주 여호와여 오직 주는 하나님이시며 주의 말씀들이 참되시니이다"(삼하 7:28). "주의 말씀의 강령은 진리이오니"(시 119:160). 진리의 말씀은 그리스도 안에서 사람으로 나타나셨다. "내가 곧 …… 진리요"(요 14:6)라는 그분의 당당한 선포가 이를 입증한다. 성경에는 히브리어, 아람어, 그리스어 200만 단어가 들어 있다. 현대에 이르기까지 줄곧 베스트셀러였던 성경은 40명의 저자가 하나님 뜻에 자신을 맡기며 1,600년에 걸쳐 편찬한 것이다. 각 저자는 초자연적으로 영감받아 맡은 부분의 성경을 썼다. 그렇게 만들어진 66권의 성경은 기적이라고밖에 말할 수 없다.

맹렬한 박해에도 성경이 보존된 것 역시 기적이다. 질투심에 가득 찬 황제들과 분노에 찬 무신론자들이 성경을 파기하여 기독교를 끝내려 노력했다. 나는 볼테르의 무덤 옆에 잠시 멈춰 서서 그의 노력이 헛될 뿐이었다고 생각한 적이 있다. 볼테르가 하나님의 말씀을 공격한 글은 인쇄되어 지금까지 남아 있지만, 민족과 언어의 장벽을 뛰어넘어 세계 전역을 뚫고 들어간 성경의 능력과 권위에 비하면 대단치 않은 것이다.

앞에서 무슬림이 자신들의 영적 생활을 꾸란이 어떻게 도와주었는지를 간증했지만, 반대 경우도 많다. 다음은 한 파키스탄인 무슬림이 성경을 읽다가 믿음을 갖게 된 이야기다.

그리스도 안에 나타난 하나님의 사랑에 관한 성경의 메시지가 내 내면 깊숙한 곳에 감동을 주었다. 성경은 내가 예전에 생각하던 것과는 다른 책이었다. 성경 안에서 나는 기쁜 소식을 발견했는데, 사실상 그것은 인간이 들을 수 있는 가장 놀라운 소식이었다. 나를 사랑하셔서 나를 위해 십자가에서 자신을 내어 주신 예수 그리스도의 능력으로 내 삶은 근본적으로 달라졌다. …… 나는 성경을 읽고 조건 없이 헌신했다.

— 한나 1975, 3

그렇지만 무슬림 사이에 성경을 배포하는 것은 여전히 매우 낙심되는 일이다. 이 책을 저술하는 지금도 하나님의 메시지를 거절하는 그들 때문에 마음이 아프다. 한번은 마닐라에 있는 우리 독서 센터에 긴 수염을 한 청년 무슬림이 들어와 서가 옆에 서더니 무료로 배부하는 책을 달라고 했다. 나는 얼른 한 권을 내주었는데, 그는 그것을 받아 들자마자 갈기갈기 찢어 버렸다. 그날 저녁 내내 나는 그 조각들이 바람에 이리저리 날리는 모습을 보았다. 대부분 그렇듯이 이런 무슬림들은 무슬림의 신앙을 오도할 가능성이 있는 것에서 무슬림을 지켜 보호함으로 성실하게 하나님을 받들고 있다고 생각한다.

그렇기 때문에 단 한 권의 복음서를 읽고 극적으로 회심한 사람에 대한 글을 읽는 것은 매우 흥분되는 일이다. 존 수판(John A. Subhan)은 인도에 사는 수피 신비주의 무슬림이었다. 그의 마음은 하나님을 찾기에 갈급했다. 가능한 여러 길을 찾아 긴 순례 여행을 하고 난 후 수판은 그리스도를 만났으며, 아시아 전역에서 영향력 있는 감독 중 한 사람이 되었다. 그는 자신이 느낀 기쁨의 순간을 다음과 같이 면밀하게 묘사했다.

인질(*Injil*)에서 나는 무언가가 내 영혼에게 말하는 것을 발견했다. 모국어로 된 복음서를 읽던 나는 복음서를 통해 나에게 속삭이시는 하나님의 비밀을 알게 되었다. 복음서를 읽으면서 내 영혼은 위안을 받았다. 한 문장 한 문장이 내 영혼 아주 깊숙한 곳에 감동을 주었고, 졸고 있던 내 영혼을 깨워 새로운 깨달음의 상태로 이끌었다. 복음이 진실하지 않았다면 해는 빛을 발하지 않고, 달도 밝게 비추지 않으며, 별은 하늘의 길을 밝히지 않았을 것이다. 복음서를 읽으면서 내가 경험한 것을 묘사하기는 어렵다. 그러나 나는 그날을 잊을 수 없다. 그 감동을 표현할 만한 언어가 없다. 그것은 마치 어떤 물체가 자신의 일부를 잃어버렸다가 찾은 것과 같은 느낌이었다. 내 영은 그것 없이는 불완전했으나, 완전해지기 위해 필요한 것이 무엇인지조차 전혀 알지 못하고 있었기 때문에 그것을 찾을 생각도 못하다가 발견하게 되어서야 깨달은 것이다. …… 그것으로 충분했다! 나는 그리스도인이 되기로 결정했다. 지금까지 나는 한 권의 복음서를 읽은 것 외에는 기독교에 대해 배운 것이 아무것도 없다. 그러나 궁극적으로 볼 때 기독교는 나에게 유일하고 진실한 종교다. 그렇지 않을 수 없기 때문이다.

— 수판 1950, 22-23

나는 이 간증을 읽으면서 기쁨과 동시에 슬픔을 느꼈다. 살아 있는 하나님 말씀이 수판의 생애 가운데 역사해서 그가 얼마나 전적으로 힘 있게 변화되었는지를 보는 것은 대단히 흥분되는 일이다. 얼마나 엄청난 변화인가! 게다가 그 경험은 그의 일생 내내 변함없이 유지되었다. 그는 결코 뒤를 돌아보지 않았다. 그렇다면 내가 슬픔을 느끼는 이유는 무엇인가? 바로 내 마음에 떠오르는 질문 때문이다. 모든 무슬림이 성경을 읽어 동일한 감동을 받으면 좋겠는데, 그렇게 되지 않는 이유는 무엇인가? 왜 그들은 성경이 간힌 자를 자유롭게 풀어 주는 참된 복음인 것을 알지 못하는가? 마닐라 거리에서 만난 무슬림 젊은이가 성경을 비린내 나는 생선이나 싸야 마땅하다고 단언한 이유는 무엇인가?

이러한 딜레마를 예정론으로 풀어야 하는가? 선택받은 자는 기쁘게 말씀을 받아들일 것이며, 선택받지 못한 대부분의 무슬림은 영원한 삶을 부여하는 유일한 메시지를 거부할 것이라는 말인가? 나는 스스로 '누구든지 의지하는' 칼뱅주의자라고 생각하면서도 때로는 이 방향으로 크게 기울기도 한다. 나는 하나님의 감추어진 계획에, 그리고 인간의 지성이 닿지 못하는 곳에 분명한 답이 있다고 확신한다. 그러나 지금은 전파해야 하는 책임을 강조하려 한다. 선택과 회심의 실제적 문제는 우리의 주권자이신 주님의 능력 있는 손에 맡겨야 한다. 그리고 나는 살아 있는 하나님 말씀에 붙잡혀 본을 보인 수판 같은 사람이 많이 일어나도록 계속 일하고 기도해야 한다.

유명한 성경 번역가 J. B. 필립스(Phillips)는 자신의 인생 대부분을 우울하게 보냈다. 그의 정신적 고투는 자서전인 「성공의 대가」(The Price of Success)에 솔직하게 그려져 있다. 이 자서전은 그리스도인 지도자라면 모두 읽어 볼 만한 훌륭한 책이다. 1960년대에 일어난 "하나님은 죽었다"는 논쟁 속에서도 필립스는 성경을 변증하는 「진리의 울림」(Ring of Truth)을 썼다. 그는 성경의 강력한 영적 '생명력'을 날카롭게 강조하며 이렇게 말한다.

> 나는 감정을 개입시키지 않으려 최대한 노력을 기울였지만, 내 손에 들려 있는 책이 이상하게도 생명력을 지녔다는 사실을 거듭 발견했다. 그것은 가장 신비스러운 방식으로 내게 말하기 때문이다.

더 나은 표현을 찾을 수 없어서 "신비스러운"이라고 했으나, 가끔이 아니라 거의 지속적으로 좀 이상하게 통합되어 만들어진 이 책의 생명력을 느끼는 것은 아주 특이한 경험이었다. 정통 기독교 교육을 받고 자라지 않은 나로서는 더욱 주목할 만한 일이었다. 특이한 것은 비록 내가 성공회 신부로서 성경을 매우 존중하고 있었지만, 성경을 번역하며 몇 년을 성경과 매우 가까이 지낸 결과, 전에 다른 책에서는 조금도 느끼지 못한 '영감'을 경험했다는 것이다.

— 필립스 1967, 18

## 성경의 어려움

이 시점에서 성경이 무슬림 비평가의 공격에 결코 취약하지 않다는 사실을 확증하는 것이 바람직할 것이다. 그들의 공격에도 물 샐 틈 없이 방어하는 완벽한 경우를 들어 설명하고, 악한 자의 불같은 화살이 우리의 확고부동한 위상에 튕겨 나오는 것을 본다면 기분이 좋을 것이다. 그러나 불행히도 사실은 그렇지 않다. 성경은 끊임없이 공격받고 있으며, 최근 들어 무슬림은 더욱 집요하게 공격한다. 성경의 진위에 대한 격론에서 중요한 역할을 한 사람은 남아프리카공화국에 살던 인도인 아흐메드 디다(Ahmed Deedat)였다. 그가 창설한 국제 이슬람교 선전 센터(Islamic Propagation Center International)는 무료로 문서를 공급하고, 카세트테이프와 비디오테이프를 싼 값에 판매한다.[1] 이 노인은 세상에 널리 알려졌었다. 그는 이슬람교 전파에 대한 노력을 인정받아 사우디아라비아 정부로부터 상을 받기도 했다. 디다는 수많은 기독교 지도자와 성경적 이론에 대해 논쟁했다. 교황에게 논쟁을 요구하기도 했는데 이루어지지는 않았다. 디다가 늘 학문적으로 타당한 말을 한 것은 아니다. 그렇지만 극히 뛰어난 웅변가로서 내용이 부족하면, 감정이나 냉소라는 수단을 동원했다. 그가 쓴 소책자「성경은 하나님의 말씀인가?」(Is the Bible the Word of God?)는 기독교를 공격하려는 그의 노력에 중요한 역할을 했다. 널리 읽힌 이 책에서 디다는 다음과 같이 말한다.

- 성경이 인간이 쓴 책이라는 사실을 입증하기 위해 W. 그레이엄 스크로기(Graham Scroggie)와 케네스 크래그(Kenneth Cragg)를 인용(1-2쪽).
- 성경의 여러 번역본을 대조하여 서로 다른 부분이나 마가복음 16장 9-20절처럼 빠진 부분이 있다는 점을 강조(7-11쪽).
- 삼위일체를 공격(15-16쪽).
- "100퍼센트 표절"이라는 제목으로 열왕기하 19장과 이사야 37장을 인용. 그 두 장에 같은 구절이 많기 때문이다(31-33쪽).
- 사무엘하 24장 13절은 역대상 21장 11절과, 역대하 36장 9절은 열왕기하 24장 8절과, 사무엘하 10장 18절은 역대상 19장 18절과, 열왕기상 7장 26절은 역대하 4장 5절과, 역대하 9장 25절은 열왕기상 4장 26절과 비교. 이 구절들은 같은 사건을 다루고 있으나 숫자가 다르게 기록되어 있기 때문이다(34-44쪽).
- 마태복음 1장과 누가복음 3장에 나타난 예수님의 계보는 '대단히 모순된' 것이라고 말함(52-53쪽).
- 누가복음 1장 1-4절을 통해 누가복음은 인간이 쓴 것임을 알 수 있음(55-56쪽).

그리고 디다는 다음과 같이 결론을 맺는다.

「성경은 하나님의 말씀인가?」라는 변변찮은 내 저서가 무슬림 가정에서 기독교의 선교 책략에 대항할 보루로 자리 잡는다면, 내 노력은 엄청난 보상을 받는 셈이다. 예수를 진지하게 따르던 제자(이 사람에게 평안이 있기를)가 한 명이라도 이 책으로 말미암아 진리로 인도되고 위장과 거짓을 벗어 버린다면, 나는 이미 커다란 상을 받은 것이다.

— 디다, 연도 미상, 64

디다의 논증은 몇몇 그리스도인에게 영향을 주었다. 아프리카에서 기독교 선교사 여러 명이 작은 방에 모여 앉아 디다의 비디오를 열심히 보았다. 다음 날 아침, 적지 않은 수가 디다의 이야기 내용과 전달 방식에 마음이 흔들렸다고 말했다. 디다의 비디오는 케냐의 사막 도시와 필리핀 민다나오 열대의 여러 섬에서 상영되었다. 그의 논증은 런던에서 특히 호응이 좋았다. 이렇게 기독교를 적대하는 한 무슬림의 영향이 널리 퍼졌다.

선교사를 대상으로 한 설문 조사에서 나는 "성경의 문제가 당신을 괴롭히는가?"라고 물었다. 거의 70퍼센트가 그렇다고 답변했다. 나는 좀 더 구체적으로 "성경의 무오성에 전적으로 동의하는가?"라고 물었다. 이 질문에 358명은 동의한다고 답했고, 15명은 그렇지 않다고 답했다. 가장 충격적인 응답은 다음 질문이었다. "무오성에 동의한다고 했다가 의심이 생긴 경우, 선교 위원회나 동료 선교사에게 그 사실을 말하겠는가?" 35명은 무응답이었고, 15명은 말하지 않겠다고 응답했다. 다수에 해당하는 70명은 그러한 의심을 동료 선교사에게 말할 것인지는 생각해 보아야겠다고 응답했다. 기타 의견은 다음과 같았다. "질문을 받지 않는다면 말하지 않을 것이다", "생각이 깊은 동료에게만 말하겠다", "말은 하겠지만 즉시 하지는 않겠다", "말

십자가와 초승달

하는 것이 옳으리라고 생각되지만, 그 문제에 있어서 의문을 품게 된다면 살아야 할 이유가 어디 있겠는가?"

클라크 피녹(Clark Pinnock)은 수년 동안 성경의 무오성을 강력하게 옹호한 사람이었다. 그의 초기 저서와 기사를 보면 이 중요한 문제에 대한 그의 견해가 비교할 수 없을 만큼 강력하다는 것을 알 수 있다. 그러나 이후 그의 저서인 『성경의 원리』(*The Scripture Principle*)에서는 그의 명확한 태도가 수그러든 것으로 보인다.

학자들이 성경의 전적인 무오성을 선언하는 이유는 무엇인가? 몇 년 동안 같은 주장을 해온 나로서는 나름대로 답변할 수밖에 없다. 내가 그러한 주장을 한 이유는 그러기를 바라고 원했기 때문이다. 완전한 무오성을 굳건히 주장하지 않는다면, 종교적 자유주의에 대항하여 어떻게 굳건한 위치를 지킬 수 있겠는가? 동시대의 상황적 요인이 그러한 주장을 하도록 만들었다. 적어도 내 경우에는 그랬다. 성경에서 발견할 수 있는 영감을 옹호하는 부분에 성경의 원래 의도보다 조금 더 의미를 덧붙였다. 영감에 대한 논리와 신앙의 필요성은 나를 확신시키기에 충분했다. 그러나 성경의 실제적 증거를 살펴본 결과, 나는 전적인 무오성을 주장하는 부분이 성경에 없다는 결론을 맺어야만 했다. 무오성과 관련된 성경 말씀은 암시적으로만 나타나 있으며, 조심스러운 논의를 거쳐야 결론을 얻을 수 있다는 정도로 말할 수 있다. 그리고 논쟁의 여지가 있기 때문에, 그러한 말씀이 무오성을 독단적으로 주장할 수 있는 근거가 될 수는 없다. 결론적으로 말하면, 무오성 이론은 설명이 부족한 추론이다. 그것을 강하게 주장하는 사람은 성경을 넘어서는 지점까지 논리를 무리하게 끌어올리는 것이다.

— 피녹 1984, 58

이 말은 성경의 무오성을 주장하는 진영에서 심각한 이탈이 있었다는 사실과 기독교 신학자 사이에 적지 않은 파문이 일어났다는 사실을 의미한다. 이러한 일련의 생각이 피녹을 어디로 이끌어 갈지는 잘 모르겠지만 나는 그의 정직성을 칭찬하고 싶다. 다른 기독교 지도자들도 성경의 무오성에 관한 자신의 견해에 그와 같은 정직성을 보이고 있는지 의심스럽다.

디다의 경우에서 보았듯이 무슬림의 공격 유형은 두 가지인데, 이것을 좀 더 자세히 설명하려 한다. 하나는 성경의 인간적 요소이고, 다른 하나는 본문 전달상의 문제다. 앞서 언급했지만 무슬림은 하나님이 개개의 단어를 불러주셔서 그대로 받아쓴 것이 꾸란이라고 믿는다. 전통적으로 무슬림은 계시의 기계적 구술 교리를 강력하게 주장한다. 그들은 역사, 개인적인 서신, 회상, 사색 같은 것으로 이루어진 성경을 하나님 말씀이라고 하는 우리의 주장을 도무지 이해하지 못한다. 무슬림은 우리에게 성경을 "그리스도인의 하디스"라고 불러야 한다고 강력히 주장한다. 성경의 내용과 형태를 볼 때 그것이 좀 더 정확한 명칭이라고 생각하는 것이다.

> 성경과 성경에 대한 현대 그리스도인의 해석을 접해 본 무슬림은 그리스도인이 성경을 성스러운 책으로 생각한다는 사실을 이해하지 못한다. 성경 전체가 인간의 작품이기 때문이다. 복음서도 예수 그리스도의 말씀이 아니라 그리스도에 대한 말씀일 뿐이다. 같은 내용이 상이한 형태로 표현되면서 왜곡된 경우도 분명히 볼 수 있으며, 그리스도의 말씀조차 서로 다르게 기록되어 있기도 하다. 가

장 엄격한 근본주의자라 하더라도 성경의 인간적 요소를 조금씩은 인정한다. 반면 무슬림은 꾸란에서 인간적 요소를 조금도 인정하지 않는다. 꾸란은 그 자체가 하나님의 말씀으로 태초부터 하나님과 함께하신 말씀이며, 무함마드에게 불러주신 말씀으로 어떤 의미에서든 무함마드의 말은 결코 아니다.

— 닐 1970, 52-53

무슬림은 네 권의 복음서가 있는 이유가 무엇이냐고 묻는다. 그리스도는 한 분이지 않은가? 네 권의 책에 그리스도의 삶에 대한 복합적인 서술이 있는 이유가 무엇인가? 이에 대한 무슬림의 해석 중 하나는 초대 교회가 예수께서 불러주신 대로의 원래 복음서를 잃어버렸다는 것이다. 그래서 지도자 몇 명이 그리스도의 삶을 재구성하려고 시도했으나 서로 모순된 이야기를 만들어 냈다는 것이다. 그들의 이름이 바로 마태, 마가, 누가, 요한이며, 지금까지 그들의 서로 다른 이야기가 남았다는 것이다! 또한 무슬림은 서신서가 하늘에서 내려온 수직적인 것이 아니라 서로 간에 쓰인 개인적 서신이므로 수평적인 것이라고 본다. "이곳에서 저곳으로 쓴 서신이 아무리 지혜롭고 거룩하다 한들 어떻게 권위 있는 '계시'가 될 수 있다는 말인가? 이슬람이 삶의 지침으로 삼고 있는 '탠질'(*tanzil*)의 개념은 개인적 서신이 하나님의 말씀이 될 수 있다는 것을 인정하지 않는다. 탠질은 오로지 하늘에서 온다"(크래그 1985, 92).

디다는 성경의 또 다른 문제는 곳곳에서 뚜렷이 발견되는 실수와 모순이라고 한다. 모든 복음주의자는 무오성을 원본에 한정하는데, 불행히도 우리에게는 원본이 남아 있지 않다. 복음주의 작가 존 스킬튼(John H. Skilton)은 성경에 몇 가지 실수가 남겨질 수밖에 없는 경위를 다음과 같이 썼다.

> 필사하고 있는 책이 대단히 귀한 것이라 하더라도 인간인 이상 실
> 수를 하게 마련이다. 신약의 경우 상이점이 발견되는 이유는 어느
> 정도 다음과 같은 사실에 기인한다. 훈련받지 못한 필사자, 지리
> 적으로 넓게 퍼져 있던 초대 교회, 원본을 이용하지 못했거나 분실
> 혹은 비교해 볼 만한 기준이 되는 사본이 없었던 것, 타티아누스
> (Tatian)의 「디아테사론」(*Diatessaron*, 사복음서를 편집하여 단권 복음서로 저
> 술한 책_ 편집자)을 비롯한 평준화 움직임, 성경 본문은 아니지만 권
> 위 있는 내용의 글을 성경 사본 여백에 적어 놓은 것이 전해져 내
> 려오면서 필사자가 자연스럽게 오해하여 새로운 필사본으로 삽입
> 된 것이다.
>
> — 스킬톤 1946, 165-166

트리니티 복음주의 신학교(Trinity Evangelical Divinity School) 명예 교수였던
글리슨 아처(Gleason Archer)는 성경을 읽거나 이해하는 데 부딪히는 문제들
을 풀려는 목적으로 「성경 난제 백과사전」(*Encyclopedia of Bible Difficulties*, 생명의말
씀사 역간)을 저술하였다. 이 책에서 아처 교수는 디다가 강조한 실수를 인정
한다.

> 필사자들은 필사하는 과정에서 두 종류의 실수를 범하기 쉽다. 하
> 나는 이름(특히 익숙하지 않은 이름)의 철자를 틀리게 쓰는 경우이고,
> 다른 하나는 숫자와 관련된 것이다. 이상적으로 보면, 수 세기에
> 걸쳐 성경을 필사한 사람 모두를 성령이 제어하셔서 어떤 종류의

십자가와 초승달

실수도 범하지 않도록 해주셨기를 바랄 수 있다. 그렇듯 실수가 없는 사본이 나오려면 기적이 필요한데, 실상은 그렇지 않았다.

— 아처 1982, 206

그렇다면 우리는 우리 영성의 가장 약한 부분을 어떻게 공격해야 하는지 알고 있는 무슬림의 손 안에서 침몰할 수밖에 없는가?

### 문제의 해결

성경의 계시를 올바른 관점으로 보도록 돕는 무오성 협회(Council on Inerrancy)는 다음과 같이 말했다.

진리나 오류를 판정하는 기준이 성경의 용도나 목적에 어긋나는 경우, 그 기준에 따라 성경을 평가하는 것은 온당하지 않다. 또한 다음과 같은 현상 때문에 무오성이 무효화된다고도 생각지 않는다. 현대 기술적 정확성의 결여, 문법이나 철자법의 불규칙성, 자연에 대한 관찰적인 묘사, 잘못된 일에 대한 기술, 과장법과 대략적인 숫자의 사용, 자료의 주제별 열거, 평행적인 사건에서 서로 다른 자료의 선택적 사용, 자유로운 인용 등이다.

— 피녹 1984, 119

「기독교 신학 사전」에서 정의한 무오성의 의미에 나는 전적으로 동의한다. "무오성은 모든 사실이 드러날 때, 그 사실들은 원래 그대로의 성경과 해석된 성경이 교리적, 윤리적, 사회적, 물리적, 과학적인 모든 면에서 전적으로 진실이며, 그 단언하는 바가 결코 그릇됨이 없다는 것을 입증해 보일 것이라는 견해다"(페인버그 1984, 142). 이 말은 성경의 권위가 신학뿐 아니라 과학으로까지 확장된다는 견해를 명백히 한다. 나는 무오성을 신학적인 면에만 한정하는 논리를 도저히 이해할 수가 없다. 성경이 역사나 과학적 데이터에 오류가 있다면, 신학적인 신빙성을 어떻게 확신할 수 있겠는가?

우리는 현재 통용되고 있는 성경이 믿을 만한 것임을 강하게 입증하는 고대 사본을 많이 가지고 있다. 스티븐 닐은 "신약 본문의 약 98퍼센트는 원래 저자들이 쓴 말씀이 정확히 전해진 것이다. 그 시대와 우리 시대 사이에 광범위한 와전이 일어나는 것은 불가능하다"(닐 1984, 82-83)고 말한다. 이 탁월한 학자의 독단적인 선포는 믿음을 북돋워 준다. 킹 제임스 역본(KJV)이 열등한 헬라어 본문에 의거한 것이므로 비판적인 세밀한 검사가 필요하다 할지라도, 우리는 여전히 이 성경이 지난 3세기 동안 수많은 사람에게 구원과 축복의 통로가 되어 왔음을 보아 왔다.

성경에 매우 중요한 인간적 요소가 있음은 분명하다. 구약에서 종종 "여호와께서 이르시되"라는 말씀을 볼 수 있지만, 이러한 인용이 차지하는 부분은 적다. 또한 신약에서 예수의 말씀을 그대로 인용한 부분도 아주 적다. 즉 성경은 인간과 하나님이 함께 만들어 낸 작품으로 볼 수 있다. 그러나 우리는 하나님의 감독으로 인간적인 요소가 통제되었기 때문에 성경은 하나님이 영을 불어넣으신 책으로 나올 수 있었다는 것을 확신한다. 무슬림이 이러한 과정을 의아하게 생각하는 이유는 이해할 수 있다. 정직한 그리스도인이라면, 하나님 말씀이 어떻게 해서 그렇게 인간적인 용어로 구성되었는지 자기로서는 설명할 수 없다고 고백할 것이다. 그러나 그렇게 고백하지 않는다면, 우리에게는 믿음이나 영성의 근거가 남아 있지 않을 것이다.

앞서 언급한 대로, 무슬림 변증가가 그리스도인보다 신학적인 문제를 적게 갖고 있는 것은 아니다. 그들은 문제가 있다는 사실 자체를 부정하기로 결정했을 뿐이다. 무슬림이 성경의 권위에 대해 말로 나를 공격하면, 나는 "꾸란은 알라의 말씀인가?"라는 질문으로 토론을 제의하고 싶다. 그러나 우리 주님은 나로 하여금 조용히 다른 쪽 뺨도 돌려 대라는 성경적 원리를 생각하게 하신다. 또한 나는 이러한 반격식 토론은 역효과를 낸다는 것도 확실히 알고 있다. 그것은 서로 감정만 상하게 할 뿐 조금도 빛을 비추지 못한다.[2]

J. I. 패커(Packer)는 하나님 말씀의 지속적인 영향을 이렇게 말한다.

> 오늘날 성경으로 돌아가자는 움직임이 일고 있는 것은 감사한 일이다. 꽤 오랫동안 성경은 재판정의 피고석에 있었으며, 성경의 소리는 거의 들리지 않았다. 과학이 발전하면서 성경을 믿을 수 없게 되었다는 것이 일반적인 생각이었다. 심지어 교회 안에서도 비판적인 사람들이 성경을 분해했다. 그리하여 성경의 증언을 어떤 사람은 침묵시켰고, 어떤 사람은 묵살하였다. 우리는 다시금 성경의 위치가 피고석도, 증인석도 아닌 심판석이라는 사실, 즉 영원한 말씀으로 그 보좌 위에 앉으리라는 사실을 깨달아야 한다.
>
> — 패커 1980, 63

나는 트리니티 복음주의 신학교에서 클라크 피녹의 가르침을 받았다. 그는 깊은 인상을 주는 학자일 뿐 아니라 마음이 따뜻한 하나님의 사람이기도 하다. 나는 그의 저서 「성경의 원리」에 쓰인 이 말을 특히 좋아한다.

> 성경을 인간이 전한 책으로 보는 견해가 있지만, 우리 중 많은 수가 별로 혹독한 갈등을 겪지 않고도 성경을 기록된 하나님의 말씀

으로 믿는 믿음을 포기하지 않을 것이라는 사실을 이 시점에서 알아두는 것이 좋을 것이다. 그 이유는 우리의 적수도 알아야 하는 것인데, 그 이름도 당당한 기독교의 흥망성쇠는 믿음에 달려 있다는 사실을 우리가 알고 있어서다.

— 피녹 1984, xi

---

1 국제 이슬람교 선전 센터(Islamic Propagation Centre International). Box 2439, Durban 4000, South Africa.

2 성경의 신빙성에 대한 디다의 구체적인 공격에 대해 나는 남아프리카공화국에 사는 그리스도인 변호사가 디다에게 쓴 글을 추천하고 싶다. 이 책은 아주 잘 쓰였으며, 다음 주소로 연락하면 구할 수 있다. Mr. John Gilchrist, Box 1804, Benoni 1500, Republic of South Africa.

++++
++++
++++
++++
++++

# 3장

# 예배, 거룩한 특권

++++
++++
++++
++++
++++

나와 아내는 붐비는 마닐라 시내를 떠밀리듯 통과하여 마침내 골든 모스크 (Golden Mosque) 입구에 도착했다. 우리는 예배 장소에서 여자는 고전 의상을 걸쳐야 한다는 등의 안내를 받았다. 버스의 배기가스와 공단의 매연으로 생긴 도시의 텁텁한 스모그를 뚫고 첨탑이 당당하게 솟은 사원의 모습이 장관이었다.

길거리 잡상인들의 고함 소리로 시끌벅적한 거리를 벗어나 사원에 도착하면 무엇보다 그 고요함에 놀란다. 노소를 불문하고 대리석 계단에 멈춰 신발을 벗고 작은 물통으로 가서 씻기 시작한다. 알라 앞에 나가기 위해 깨끗이 씻는 것이 좋다고 믿기 때문이다. 이러한 준비가 끝나고 사람들이 모여 들면, 각자 나지막하게 웅얼거리던 소리는 우주적인 공동체(움마[ummah])를 이루면서 함께 부르는 영창이 된다. 인간을 낮추고 하나님을 높이는 예배의 리듬 가운데 그들은 몸을 굽히고, 무릎을 꿇고, 땅바닥에 엎드린다. 예배는 예배자들이 오른쪽과 왼쪽에 있는 사람들에게 평화를 기원하는, 수평적인 것과 수직적인 것을 종합하는 의식으로 끝맺는다. 우리가 조심스럽게 빠져나오고 있는데, 호기심 많은 몇몇 무슬림이 우리에게 이슬람교로 개종한 사람들이냐고 열심히 물어 댔다.

사원에서 몇 블록 떨어지지 않은 가까운 곳에 흑인 나사렛 교회(Church of The Black Nazarene)로 잘 알려진 가톨릭교회가 있다. 이 교회는 1970년대 초 정체불명의 테러범들이 집회 중인 사람들에게 수류탄을 던져서 필리핀의 가장 유력한 정치 지도자를 상해한 살육의 장으로 유명한 광장 앞에 위치해 있다. 이 가톨릭교회 전면에는 매점이 늘어서 있는데 그곳들에서는 상상할 수 있는 온갖 종교적 기념품을 팔고, 행상인들은 몇 푼 안 되는 돈으로 큰 복을 얻을 수 있다고 떠들고 있었다. 교회 입구에서는 여성들이 우리 앞에서 복권 책을 마구 흔들어 댔다. 우리가 지리적으로 하늘과 가까운 곳에 있기 때문에 당첨될 확률이 높다는 것이었다. 그렇게 엄청난 행운을 거절하고 신실한 신자들이 있는 곳으로 들어갔다. 이내 우리는 1.8미터 키의 흑인 예수상이 들어 있는 유리관 앞에 이르렀다. 수수한 차림의 가톨릭 교인들이 길게 줄을 서서 관 밖으로 나와 있는 그리스도의 발에 입을 맞추려고 차례를 기다리고 있었다. 어떤 사람은 작은 병에 물을 담아서 관 가까이에 대고 물을 부었다. 어떤 사람들은 대열에서 잠시 벗어난 사람에게서 수건을 건네받아 밖으로 나와 있는 구주의 발을 감싸기도 했다. 가까운 곳에 있는 사람에게 손수건을 건네주는 사람도 있었다. 수건을 받아 든 사람은 앞으로 나가 십자가에 못 박히신 구주의 발 위로 그 수건이 지나가게 했다.

머리에 검은 베일을 쓴 여자 몇 명은 거대한 교회의 중앙 통로를 무릎으로 천천히 기어 내려왔다. 개신교회에서와는 다른 모습이지만 그들은 하늘의 환희를 맛보고 있는 사람들로 보였다. 나무 의자에 앉아 있던 나는 간구하는 사람들의 눈을 자세히 바라보면서 그들의 눈빛에서 소망과 실망, 소원과 응답, 평화와 두려움, 기쁨과 낙망을 보았다.

우리는 성수를 담은 대야와 열 지어 있는 촛대와 괴이한 모습의 거지를 지나 천천히 걸어 나왔다. 햇빛이 강렬한 바깥으로 나온 우리는 멈춰 서서 생각에 잠겼다. 조금 불편한 기색으로 아내는 이렇게 말했다. "이렇게 말하기는 싫지만, 이곳보다 모스크가 더 예배다운 분위기예요."

대표적인 세계 2대 종교를 성스러운 예배의 순간에 가까이에서 관찰해 보았다. 이 장에서는 이슬람교와 기독교에서 실제로 행하는 예배의 복잡한 내막과 실재를 있는 그대로 살펴볼 것이다.

# 의식

의식(ritual)은 경험에서 자연스럽게 생겨난 총체적인 산물이다. 의식은 세련되고 광대할 수도 있고, 단순하고 간결할 수도 있다. 의식에는 의무적으로 지켜야 할 것도 있고, 선택적인 것도 있다. 다양성이 장점이 될 수도, 단점이 될 수도 있다. 의식에 의미와 역동이 있을 수도 있지만, 생명력 없이 반복만 하는 퇴보된 경우도 있다.

다시 말하지만, 의식은 경우에 따라 매우 다르다. 수피교도와 정통 이슬람은 동방 정교회와 오순절파만큼이나 다르다. 나는 대표적인 무슬림의 의식에 초점을 맞추려고 한다.

### 무슬림의 예배

이슬람교로 개종한 미국인 토머스 클레이튼(Thomas Clayton)은 무슬림 예배를 처음으로 접했을 때 느낀 바를 이렇게 회상한다.

태양이 자오선을 방금 지난 때였다. 우리는 뜨겁고 먼지투성이인 길을 걸어가고 있었는데, 단조롭지만 이상하게도 아름답게 들리는 노래가 우리를 감싸고 있는 것을 느꼈다. 여러 숲을 지나 이상하고 놀라운 광경을 본 우리는 우리 눈을 믿을 수 없었다. 최근 즉석에서 만든 높은 나무 망루 위에 깨끗한 의복에 하얀 터번을 쓴 눈먼 아랍인이 앉아 황홀한 음조로 하늘나라에 대해 열정적으로 이야기하고 있었다. 우리는 그의 기묘하고 영적인 후렴에 최면이 걸린 듯 앉아 있었다. 이해할 수는 없었지만 황홀한 말씀이 우리 귀에 들렸다.

— 클레이튼 1976, 102-103

어디에서 왔는지 많은 사람이 나타나서 땅에 길게 자리를 깔고 앉아 기도하기 시작했다. 클레이튼은 이어서 이렇게 말한다.

그 일이 있은 지 거의 3년이 지났다. 그 3년 중 2년을 무슬림으로 보냈다. 나는 요즘에도 그 아름답고 애절한 음을 다시 들으려고, 하나님을 진지하게 찾는 진실한 사람들을 보려고 한밤중에 깨어 일어나는 나 자신을 발견한다.

— 클레이튼 1976, 103

클레이튼은 무슬림의 영성의 진수를 간결하게 강조했다. 이슬람교의 의식 중 기도는 기독교의 성례전(세례와 성찬_ 옮긴이)과 가장 비슷하다. 무슬림의 할례가 성례전과 더 비슷한 의식일 테지만, 할례는 남자에게만 행해진다는 점에서 성례전과 다르다. 세례는 일생에 단 한 번 경험하는 의식이며

십자가와 초승달

성찬은 일주일에 한 번 정도 행해지는 반면, 무슬림의 기도는 하루에 다섯 번 드려진다는 점에서 사실상 영향력이 더 크다.

기도에 관한 모본은 예언자 무함마드 자신이다. 그의 아내 아이샤는 이렇게 말했다. "하나님의 사신, 그에게 평안이 있을진저, 그는 종종 우리와 이야기를 했으나 기도 시간이 되면 우리를 모르는 것 같았고 우리도 그를 모르는 것 같았다. 그가 하나님을 전적으로 경외했기 때문이다"(가잘리 1983, 29). 무함마드에게 기도는 생활화되어 있었다.

'살라트'(Salat)는 전 세계 무슬림에게 규정된 기도 의식이다. 살라트를 가장 잘 번역하면 '예배'(worship)일 것이다. 살라트에는 경배와 간구가 함축되어 있기 때문이다. 꾸란에서 하루 다섯 번의 기도를 명한 것은 아니다. 그보다는 두 번의 아침 기도와 한 번의 저녁 기도를 권한다. 그러나 전통에 따라 모든 헌신적인 무슬림은 하루 다섯 번의 기도를 마땅한 의무로 여긴다.

가능하기만 하다면, 기도는 모스크에서 해야 한다. 하디스(전통)는 이렇게 말한다. "회중 가운데 드리는 기도는 개인 기도보다 27배의 우월성을 갖는다"(부카리 1권, 351).

일단 모스크로 들어가면, 무슬림은 정결 의식을 행하기 위해 씻는 곳으로 간다. 얼굴, 손, 발, 다리를 씻는 일은 의식 이상의 의미를 지닌다. 외적인 몸의 정결과 내적인 마음과 영혼의 정결을 연결하는 이 의식에는 깊은 상징이 들어 있다. 무슬림 학자는 이 둘 사이의 심리적 관련성을 강조하여 말한다. "외적인 형태의 진전은 어느 정도는 내적인 자아의 성숙에 절대적으로 필요하다"(라만 1979b, 50). 나는 약간 신비적인 무슬림이 신체의 여러 부분을 닦는 예식을 천천히 행하면서 드리는 회개 기도가 흥미로웠다.

눈: "알라여, 눈을 통해 내 영혼으로 들어온 정욕의 생각을 모두 용서하

옵소서."

귀: "악한 것을 들어서 더러워진 내 영혼을 깨끗케 하옵소서."

입: "다른 사람을 비판하고 악하게 말하는 연약함이 있음을 인정합니다. 이러한 죄에서 저를 지켜 주시옵소서."

손: "알라여, 이 손으로 다른 사람에게 도움이 되는 선한 행동을 하지 않았나이다. 좀 더 친절하고 사려 깊은 사람이 되도록 도와주시옵소서."

발: "당신이라면 동행하시지 않을 곳에 갔습니다. 방황하려는 마음을 용서하시고 곧은길을 충실히 걷게 하옵소서."


하루에 다섯 번씩 행하는 이와 같은 회개 예식은 나를 포함하여 하나님을 찾는 사람이라면 누구에게나 영적인 가치를 가질 수 있다. 진정한 영성을 찾는 데 가장 큰 방해물은 하나님을 잊는 것이다. 정욕적인 추한 생각이 주의 아름다움과 거룩함에 초점을 맞춘 생각과 함께할 수는 없다. 우리는 매우 쉽게 하나님을 제쳐 놓고 육적인 것만 추구한다. 그러나 거룩함에 다시금 초점을 맞추는 의미 깊은 의식을 몇 시간마다 한 번씩 행한다면 우리 마음속에 영적인 개혁이 일어날 수 있다. 물론 이러한 개혁은 부수적인 정결 의식이나 외적인 의식 없이 내면에서 일어날 수 있다.

무슬림은 줄지어 서서 드리는 기도에 인류의 평등성이 깃들어 있음을 특히 자랑스럽게 생각한다.


회중 가운데 기도하는 것은 형제애의 훈련이다. 피부색이나 종족, 국적에 상관없이 모든 무슬림은 주 앞에 동등하게 선다. 이것은 이슬람교 외에는 어떠한 종교나 단체도 이 세상에서 성공적으로 수행하지 못한 민주주의의 본보기다. 기도 속에서 인간적인 차별은 평등해지며, 부자의 교만은 낮아지고, 가난한 자의 비천은 높임을 받는다. 그리하여 모든 사람은 주 앞에서 평등해지며 동시에 겸손 해진다. 줄을 서서 기도드리는 것은 사회의 모든 계급 차이, 국가 나 부족 또는 피부색이나 종족 간의 편협한 위화감을 없애 준다.

— 라만 1979b, 147

바닥에 엎드리는 겸손한 기도의 모습은 꾸란이 명하는 것이다. "부복하 여 경배하고 하나님께 가까이하라"(수라 96:19). 부복하는 것은 복종을 나타내 는 최고 행위로 간주된다. 가잘리(Ghazali)는 그것을 가지를 구부려 뿌리까 지 닿도록 하는 것에 비유했다(가잘리 1983, 47).

기도에 관해 재미있는 하디스가 몇 개 있다. 아이샤가 동물과 비슷하게 취급되는 것을 좋아하지 않았다는 내용이다.

개와 당나귀, 그리고 여자가 기도하는 사람 앞으로 지나간 경우, 그 기도는 무효가 된다. 그래서 나는 이렇게 말했다. "당신이 우리 여자들을 개로 취급했습니다."

— 부카리 2권, 135

어떤 사람이 아침이 될 때까지 계속 잠을 자느라 기도 시간에 일어 나지 않았다는 이야기를 들은 예언자는 이렇게 말했다. "사탄이 그 의 귀에 오줌을 쌌다."

— 부카리 2권, 135

예언자는 "누구든지 잠에서 깨어 일어나 정결 예식을 하려거든 콧

속에 물을 집어넣고 나서 세 번 풀어내어 깨끗케 하라. 사탄이 밤새 코의 윗부분에 머물러 있었다"고 말했다.

— 부카리 4권, 328

무슬림은 의식 자체가 목적이 되지 않도록 주의하라는 경고를 받는다. 꾸란은 이렇게 말한다. "동서로 고개를 돌리는 것이 진정한 신앙이 아니거늘 진정한 신앙이란 하나님과 …… 믿고"(수라 2:177). 기도할 때 명령대로 방향을 돌려 앉는 것보다는 기도하는 사람의 마음 상태가 더 중요하다는 의미다. 사람에게 보이려고 기도하는 것 역시 개탄할 일이라고 말한다. "사람에게 보여 칭찬이나 받으려고 선을 행하는 사람이 있다면, 알라가 그의 본심을 드러내어 창피를 당하게 할 것이다"(부카리 8권, 334).

다양한 예배 중 특히 무슬림의 예배는 형식과 내용을 떼어 놓을 수 없다. 하나님과 사람 사이의 가장 역동적인 만남의 순간에 경험하는 영성은 예배자가 진정한 복종심과 집중함으로 모스크에서 충성된 자들과 함께 알라 앞에 엎드려 있을 때에야 경험할 수 있다. 하나님은 개인뿐 아니라 단체 속에도 계신다. 헌신된 무슬림으로서는 더 바랄 것이 없는 셈이다.

### 기독교의 자유

이슬람교에 관해 강의할 때, 나는 종종 학생들에게 "무슬림의 예배 형태는 현대 그리스도인보다 성경적입니다"라고 말한다. 그러면 즉시 학생들의 관심과 호기심이 나에게 쏠린다! 나는 그 말이 사실임을 입증하는 다음 자료를 제시한다.

- 민수기 16장 22절_ 모세와 아론이 머리를 땅에 대고 기도했다.

- 여호수아 5장 14절_ 여호수아가 "얼굴을 땅에 대고 엎드려 절하고" 기도했다.
- 열왕기상 8장 22절_ 솔로몬은 여호와 앞에 서서 손을 폈다.
- 역대하 6장 13절_ 솔로몬이 무릎을 꿇고 하늘을 향해 손을 폈다.
- 역대하 7장 3절_ 주님의 영광을 본 이스라엘 모든 자손은 "돌을 깐 땅에 엎드려 경배하며 여호와께 감사하여 이르되 선하시도다 그의 인자하심이 영원하도다"라고 고백했다.
- 역대하 20장 18절_ 예루살렘의 모든 거민은 여호와 앞에 엎드렸다.
- 시편 95편 6절_ "오라 우리가 굽혀 경배하며 우리를 지으신 여호와 앞에 무릎을 꿇자."
- 다니엘 6장 10절_ 다니엘은 하루에 세 번 무릎 꿇고 기도하며 하나님에게 감사를 드렸다.
- 마태복음 26장 39절_ 예수께서 "얼굴을 땅에 대시고 엎드려" 기도하셨다.
- 마가복음 11장 25절_ 예수께서 제자들에게 서서 기도하라고 말씀하셨다.
- 누가복음 22장 41절_ 동산에서 예수께서는 무릎 꿇고 기도하셨다.
- 사도행전 20장 36절_ 바울은 교회 장로들과 무릎 꿇고 기도했다.
- 디모데전서 2장 8절_ "각처에서 남자들이 …… 거룩한 손을 들어 기도하기를 원하노라."

이상은 무슬림의 일반적인 기도 형식이다. 성경에는 눈을 감고 기도하는 것에 관한 말씀이 없다. 무슬림은 눈을 뜨고 기도한다. 앉아서 드리는 기도에 관한 언급은 겨우 한 군데 있다(사무엘하 7장 18절. 같은 내용이 역대상 17장

16절에 반복된다). 그러나 이런 기도가 그리스도인의 일반적인 형식이다. 무슬림은 결코 이런 식으로 기도하지 않는다.

그리스도인이 기도 형태에서 성경의 본을 따르지 않는 것이 문제가 되는가? 개인의 기호에 따라 선택할 수 있지 않은가? 우리가 성경에서 보는 것은 오래전 사람들이 어떻게 기도했는지를 알려 주는 역사적인 기록이다. 사실상 기도하라는 반복적인 권고를 제외하면, 기도의 형식을 명한 것으로 분류될 수 있는 구절은 거의 없다. 예를 들어 마태복음 6장 5-7절을 보라.

> 또 너희는 기도할 때에 외식하는 자와 같이 하지 말라 그들은 사람에게 보이려고 회당과 큰 거리 어귀에 서서 기도하기를 좋아하느니라 내가 진실로 너희에게 이르노니 그들은 자기 상을 이미 받았느니라 너는 기도할 때에 네 골방에 들어가 문을 닫고 은밀한 중에 계신 네 아버지께 기도하라 은밀한 중에 보시는 네 아버지께서 갚으시리라 또 기도할 때에 이방인과 같이 중언부언하지 말라 그들은 말을 많이 하여야 들으실 줄 생각하느니라.

이 구절의 주제는 모든 그리스도인이 골방에서 기도해야 한다는 것이 아니다. 요점은 그리스도인이 영적인 교만과 외식을 피해야 한다는 것이다. 하나님은 기도의 장소나 자세가 아니라 마음 상태에 관심을 두신다.

무슬림은 그리스도인의 기도 자세를 이해하지 못한다. 그러한 관점의 차이로 우리 집에서 충돌한 일이 있었는데, 그 일을 기억하면 나는 아직도 얼굴이 화끈거린다. 내 친구 알리 박사는 하버드 대학 교환 학자 기간이 만료되어 방글라데시로 돌아가는 길에 마닐라의 우리 집에 며칠 머물게 되었다. 나는 습관대로 일찍 일어나 사무실에서 경건의 시간을 보내고 있었는데, 갑자기 문이 열리고 알리 박사가 들어왔다. 나는 가장 편안한 자세로, 의자에 등을 기댄 채 발은 책상에 올려놓고 있었다. 내 성경을 본 그는 상황을 판단하고 재빨리 돌아갔다. 그는 너그러운 사람이라 그 사건을 한 번도 언급하지 않았다. 그러나 그는 발을 책상 위에 올려놓은 채 앉은 자세로 기도할 수 있다는 자기 기만적인 생각을 어떻게 할 수 있을까 의아하게 여겼음이 분명하다(무슬림은 기도할 때 맨발이어야 한다고 생각하기 때문에 그 당시 내가 맨발이었다는 사실이 유일한 위로가 된다).

아시아의 한 나라에서 이슬람교에 대한 세미나를 주관하고 있을 때, 이슬람교의 기도 형식을 사용해 주일 아침 예배를 인도해 달라는 요청을 받았다. 우리는 하나님의 성품을 찬양하고, 기도 형식에 관한 성경 말씀을 읽고, 바닥에 엎드려 기도를 드렸는데, 세미나에 참석한 기독교 대표자들은 즐거워했다. 기독교로 개종한 한 말레이시아인이 예배 후 나에게 와서 감탄조로 말했다. "참 훌륭한 예배였습니다. 20년 전 그리스도인이 된 후 내가 진정으로 기도한 것은 이번이 처음인 것 같은 느낌입니다." 그에게 영성은 엎드리는 형식이 포함된 예배와 연관되어 있는 것이다.

리처드 포스터(Richard J. Foster)는 예배를 신체적인 표현과 연관하여 이야기한다.

> 우리가 예배로 번역한 히브리어 단어의 기원은 '엎드리다'이다. '축복하다'라는 단어는 문자적으로 '무릎 꿇다'라는 뜻이다. 감사는 '손을 펴다'와 연관되어 있다. 성경 전체에서 예배와 연관된 여러 형태의 자세를 볼 수 있다. 바닥에 엎드리는 것, 서 있는 것, 무릎 꿇는 것, 손을 들어 올리는 것, 손뼉 치는 것, 머리를 드는 것, 머리를 숙이는 것, 춤추는 것, 베옷을 입고 재를 쓰는 것 등이다. 중요

한 것은 우리가 육체를 포함한 모든 영역을 하나님에게 드려야 한다는 것이다. 예배에는 신체적으로 드려야 할 부분도 있다.

— 포스터 1978, 147

가톨릭은 묵주로 기도하는 의식을 매우 중요히 여긴다. 마리아 탄생 2,000주년을 기념하기 위해 1985년 가톨릭 지도자들은 마닐라 신문에 다음과 같은 기사를 실었다. "가능하면 가족과 함께 날마다, 특히 9월 8일부터 12월 8일까지 묵주로 기도하십시오"(바헤이 마리아 1985, 11). 기독교인인 캘빈 밀러는 기도의 보조 도구로 묵주를 사용하는 것을 탐탁지 않게 생각하지만, 예배에서 활발한 상상력은 필수라고 말한다. "내 상상력은 하나님을 새롭게 형상화한다. 높이 들려 계시며 내 필요를 굽어보시며 내가 갈급하게 그리는 그리스도를 채워 주시는 분으로 형상화한다"(밀러 1984, 68-69).

오순절파는 또 다른 형태의 예배를 드린다. 예배자들은 일어서서 손을 올리고 통성으로 기도한다. 내가 볼 때 오순절 교회에서 가장 아름다운 모습은 '영으로 찬양하는 것'이다. 흑인 교회 역시 열정적인 예배 형식과 성령의 자유로운 인도하심을 매우 중요시한다.

나는 기독교의 의식이 다양한 것은 분명 이점이라고 생각한다. 나이지리아 조스에서 강의하고 있을 때, 나는 화려하게 치장한 아프리카인 여자가 주님 앞에서 춤추는 모습을 보고 놀랐다. 회중이 찬양하는 동안 그 여자는 자리에서 일어나 복도를 오르락내리락하며 천천히 춤을 추었다. 여자의 얼굴은 하늘을 향해 있었고, 리듬에 맞춰 몸을 흔들고, 손으로는 다른 신자들과 함께 소리에 맞춰 박수 쳤다. 그의 행동에 육감적인 것이라고는 전혀 없었다. 그의 특이한 예배 방식을 받아들여 주는 문화적 상황에서 그는 예수님을 깊이 사랑하는 자신의 마음을 표현하고 있는 것뿐이었다.

십자가와 초승달

우리는 하나님이 다양성을 인정하셨다는 사실을 모든 창조물 안에서 볼 수 있다. 마찬가지로 다양한 모습으로 예수님에게 찬양과 사랑을 드리는 것은 하나님의 보좌 앞에서 달콤한 향내를 내는 향과 같다. 예배 의식에 관한 그리스도인의 견해와 보편적인 기도문을 받아들이거나 시행하지 않는 이유에 대해 무슬림이 더 깊이 이해하길 바란다.

## 영적인 실재

영적인 실재는 쉽게 포착할 수 없는 추상적인 것이다. 일시적인 것에서 영원한 것으로 뛰어넘기 위해서는 많은 노력과 믿음이 필요하다. 지구상의 많은 사람은 보편적으로 기도의 필요를 느끼지만, 신실한 사람들조차 기도를 어려워한다.

몇 년 전 연합장로교회(지금의 미국 장로교회)에서 교단 선교사들에게 개인적으로 가장 어려움을 느끼는 문제가 무엇인지를 설문했다. 거의 모든 선교사가 성공적인 경건의 시간을 갖는 문제로 씨름하고 있다고 답했다. 〈리더십〉(*Leadership*)이라는 잡지가 독자를 대상으로 비슷한 조사를 했다. 응답자의 50퍼센트 이상이 기도와 성경 공부에 어느 정도 좌절을 느끼고 있다고 답했다.

내가 선교사를 대상으로 조사한 바에 따르면, 무엇보다 가장 심각한 영적 투쟁은 주님과 개인적인 시간을 충분히 갖기 위해 노력하는 것이었다. 응답자 390명 가운데 80퍼센트 이상이 때때로 자신의 기도 시간이 즐겁지 않다고 말했다. 거의 70퍼센트가 의무감에서 기도하는 때도 있다고 말했다. 같은 조사에서 선교사 101명이 기도하는 시간이 하루 평균 10분이 안

된다고 했고, 229명이 11분에서 30분 정도 기도한다고 했다. 엘름브룩 교회의 조사에 따르면, 규칙적인 기도 시간이 일주일에 두 번도 되지 않는 사람이 회중의 26퍼센트였다.

내 머리는 부차적인 문제로 혼란스러웠다. 얼마 전 나는 사무실에 앉아서 몇 년 전에 일어난 한 사건을 회상했다. 내 마음속에는 아르헨티나와 영국 사이의 포클랜드 전쟁이 재연되었다. 전함이 침몰했고, 헬리콥터는 미사일을 유인하기 위해 전함 위로 날고 있었다. 한때 그리도 조용하고 평안하던 섬의 거주자들은 극심한 고통을 당하고 있었다. 몇 분 후, 나는 영국의 영광스러운 승리를 볼 수 있었다. 그제야 나는 내가 새벽 기도 중이었음을 알았다. 포클랜드 전쟁이 내게 귀를 기울이고 계신 귀하신 주님과 무슨 상관이 있단 말인가? 사탄은 경건의 시간 중 내 주의를 분산시키는 전략에 또 한 번 성공한 것이다.

나는 데카니 타프티 감독이 기도할 때 집중하는 문제에 대해 간증하는 것을 들었다. 그는 이집트 사막의 옛 사원에 살고 있는 "가난뱅이 마태"라는 유명한 수사를 찾아간 적이 있다. 그가 기도할 때 집중할 수 있는 방법을 묻자, 그 수사는 이렇게 대답했다.

> 집중은 생활 전반에 걸쳐 있는 문제입니다. 보통 때 마음이 흐트러진 사람이 마음속의 여러 소음을 갑자기 끄고 전적으로 집중할 수는 없습니다. 영속성 있는 '내적 고요'라는 기술을 터득해야만 합니다.
> — 데카니 타프티 1981, 101

나는 무슬림도 같은 문제로 고민하고 있다고 확신한다. 종종 독실한 무슬림도 하루 다섯 번의 기도 의식을 지키는 데 어려움을 느낄 때가 있을 것이다. 그 결과, 죄의식과 실패감을 느낄 것이다. 충성스러운 무슬림 중 이슬람교가 지시하는 대로 엄격하게 기도하는 사람이 과연 몇 퍼센트나 되는지를 조사해 보면 흥미로울 것이다. 내가 보기에는 전 세계적으로 5퍼센트도 안 되는 적은 수일 것이다.

알리 박사처럼 기도에 놀랄 만큼 성실한 헌신된 무슬림도 살라트로 하루를 시작하기 위해 일출 전에 일어나는 일이 굉장히 어렵다고 말했다. 그는 한두 시간 늦는 것을 알라가 자비로 용서해 주시기를 바란다고 말했다. 나는 그도 기도할 때 정신을 집중하는 데 어려움을 겪느냐고 물어보았다. 그도 분명 그런 문제가 있다고 말했다.

이러한 어려움을 극복한 한 무슬림 "성자" 이야기가 가잘리의 글에 실려 있다.

아미르 이븐 압둘라(Amir ibn Abdullah)는 겸손히 기도드리는 사람이었다. 때때로 그는 딸이 탬버린을 치고 집 안의 여성이 자유롭게 수다를 떠는 동안에도 기도를 드렸다. 그는 그런 소음에 대단히 둔감했으며, 그 소리가 들리지도 않는 것 같았다. 한번은 사람들이 그에게 물어보았다. "기도 중에 마음속에 무슨 생각이 들어오지 않습니까?" 그는 "들어오지요. 내가 하나님의 존전에 서 있다는 생각입니다. 그분은 위대하고 영광스러운 분입니다. 그리고 내가 천국으로 가지 못한다면 지옥행이라는 생각도 들어옵니다"라고 답했다. "우리처럼 세상적인 생각은 들어오지 않습니까?"라는 질문을 받자 그는 "내 기도 속으로 그런 생각이 들어오게 하느니 차라리 창의 과녁이 되겠소이다"라고 답했다. 그는 또한 이런 말을 입버릇처럼 했다. "베일이 벗겨져 보이지 않던 것들을 보게 된다 하더라도 내 믿음이 지금보다 확실해질 수는 없을 것입니다."

— 가잘리 1983, 50

## 영적 갈급함

무슬림 지역에서 사역하는 내 친구는 때때로 3시 30분에 일어나 하나님을 찾는다. 기도하고 성경을 읽으며 기독교 영성에 관한 고전 서적도 정독한다. 그 친구의 마음에는 하나님을 향한 갈급함이 있었다. 때때로 나는 그의 말과 행동에서 거룩한 조급함을 읽는다. "하나님에게 영광을 돌릴 이러이러한 일을 허락하시지 않는 이유는 무엇일까? 의에 굶주리고 목마른 사람은 채움을 받게 될까?" 여전히 그는 성실하게 자신의 추구를 계속하고 있다.

이런 갈등이 복음주의 작가였던 토마스 하워드(Thomas Howard)가 결국 가톨릭으로 개종하게 된 원인이었다. 그는 이렇게 말한다.

> 나는 복음주의 예배의 절망적이고 삭막하며 메마른 특성을 개탄하지 않는 그리스도인을 만난 적이 없다. 그들은 그리스도인 영성의 더 깊은 곳에 언제나 이르게 될지를 모르며 예배의 신비가 무엇인지에 관해 궁핍한 지식밖에 없으므로 초조한 모습뿐이다.
>
> — 우드브리지 1985, 50

그러나 분명히 짚고 넘어가야 할 점은 기도문을 외우는 식의 가톨릭교회에서 영적인 채움을 받을 수 있느냐는 것이다. 가톨릭과 복음주의 사이의 교리적인 차이를 떠나서, 반복적이고 틀에 박힌(적어도 내가 볼 때는 판에 박힌 것 같은) 가톨릭의 예배 형식이 교회를 대치할 수 있을 만큼 창조적이고 활기찬 것인가? 하워드의 진지함을 의심하는 사람은 거의 없다. 유명한 그리스도인 중에도 그와 같은 변화를 원하는 사람들이 있다. 그러나 이 사람들은 하나님이라는 인격에는 초점을 맞추지 않고 어떤 체제 안에서 실재를 잡아 보려 하는 것은 아닌가? 그렇다면 그들은 가톨릭의 예배가 자기들이 뒤에 남겨두고 떠난 것보다 생명력이 없는 싱거운 의식일 뿐이라는 사실을 발견할 수도 있다. 타락으로 말미암아, 어떤 예배의 형식이든 생명력 없는 행위로 만들어 버릴 수 있는 힘이 인간에게 있는 듯하다. 이러한 일은 가톨릭이든, 오순절교회든 어느 곳에서든 일어날 수 있다. "기도의 사람"으로 알려진 존 하이드(John Hyde)는 무슬림이 우세한 인도의 한 지역에서 사역한 미국인 선교사다. 그는 하나님과 생명력 있는 관계를 지속한 사람으로 유명하다. 그의 한 친구는 하이드와 함께 기도한 시간을 이렇게 회상했다.

> 나는 하이드에게 이렇게 말했다. "나를 위해 기도해 주십시오." 그는 내 방으로 들어와서 문을 잠그고, 무릎을 꿇고, 한 마디 말도 없이 5분을 기다렸다. 나는 내 심장이 뛰고 그의 심장이 고동치는 소리를 들었다. 뜨거운 눈물이 얼굴로 흘렀다. 나는 하나님과 함께 있다는 사실을 깨달았다. 그때 그는 눈물이 가득한 얼굴을 들고 "오, 하나님!"이라고 말했다. 그리고 나서 적어도 5분 동안 그는 다시금 잠잠했다. 자신이 하나님과 이야기하고 있음을 알고 나서야 그의 가슴 깊은 곳에서 사람들을 위한 간구가 흘러나왔는데 그와 같은 기도는 전에 결코 들어본 적이 없었다. 무릎을 펴고 일어서며 나는 진정한 기도가 무엇인지 알았다.
>
> ─「무릎으로 사는 그리스도인」 1971, 64

지금의 파키스탄에서 하이드가 그리스도인들에게 보여 준 기도의 영향은 견줄 데 없는 것이었다. 하나님의 사람 하이드의 놀라운 모험 이야기를 들은 연로한 신자들은 그 이야기를 되풀이하기 좋아한다. 하이드는 영적인 갈급함을 깊이 경험한 몇 안 되는 사람 중 하나였다.

하이드와 같은 파키스탄 사람이 있었다. 그는 빌키스 셰이크(Bilquis Sheikh)라는 부유한 무슬림 여인으로 예수 그리스도에 관해 아는 것이 거의 없었다. 극적으로 회심한 후 그 여인은 예배 가운데서 실재를 찾으려는 추구를 시작했다.

> "아버지, 오 나의 하나님 아버지시여." 나는 점점 확신에 차서 큰 소리로 불렀다. 커다란 침실의 침대 옆 깔개 위에 무릎을 꿇고 기도하는 내 음성은 이상하게도 크게 들리는 것 같았다. 그러나 갑자기 그 방은 더 이상 텅 빈 방이 아니었다. 그분이 거기 계셨다! 나는 그분의 임재를 느낄 수 있었다. 부드러운 그분의 손이 내 머리 위에 있는 것을 알 수 있었다. 사랑과 긍휼이 가득한 그분의 눈을 볼 수 있을 것 같았다. 그분은 매우 가까이 계셨으므로 나는 마치 아버지 발밑에 앉아 있는 소녀처럼 그분 무릎에 내 머리를 얹은 채 앉아 있는 것 같았다. 오랫동안 나는 그분의 사랑 안에서 조용히 흐느끼며 앉아 있었다. 나는 나 자신이 그분과 이야기를 나누며 예전에 그분을 알지 못한 것을 사과드리는 모습을 보았다. 그리고 다시금 그분의 사랑이 내 주위를 감싸는 따스함을 느꼈다.
>
> — 셰이크 1978, 42

수피 무슬림은 이와 같은 개인적인 경험을 이해한다. 그러나 정통 이슬람교에서는 셰이크의 경험을 조절할 수 없을 정도로 지나친 상상력의 결과라고 단언할 것이다. 영적인 실재는 통제되고 조정되어야 한다고 생각하는 많은 무슬림은 제도화된 의식을 통해 하나님을 만나야만 한다고 주장한다.

앨런 빌리어스(Alan Villiers)는 무슬림 선원들을 주의 깊게 관찰한 바를 이야기했다. 그 선원들은 사우디아라비아 주변을 항해하는 동안 배 위에서 종교적 의식을 행하고 있었다. 그들은 정결 의식을 행하기 위해 바다에서 물을 퍼 올렸다. 열을 지어 서서 조용히 묵상한 후, 운율에 맞게 정해진 기도 의식을 시작했다. 빌리어스는 특히 그들의 얼굴에 관심이 쏠렸다. 기도가 진행되면서 대열은 자연스럽게 흐트러졌으며, 평상시에 험상궂던 얼굴에는 고요함이 깃들기 시작했다. "메카를 향한 그들의 강한 얼굴에서 위선이라고는 찾아볼 수 없었다. 그들의 종교는 진실하며 살아 있는 것이 분명했다. 그들의 기도는 입으로만 중얼거리는 주문이 아니라 실재하는 신과 나누는 진정한 대화였다"(빌리어스 1940, 30). 그렇다면 새뮤얼 즈웨머가 "기도는 신체적인 운동이자 기계적인 행동이 되어 버렸다. 무슬림과 함께 살아온 사람에게는 이 사실을 입증하지 않아도 될 것이다"(즈웨머 1905, 100)라고 한 말은 타당한가? 계속해서 그는 무슬림이 기도를 늘 의무로 생각한다고 말한다. 그러나 내 개인적인 관찰에 따르면, 기도를 의무이자 특권으로 생각하는 무슬림이 많다.

한 선교사가 중동에서 민간 항공기로 여행하고 있었다. 승무원이 영화가 방영될 것이라고 안내했다. 비행기 안내서를 보니, 그 영화의 내용은 분명 '종교적'인 것이 아니었다. 선교사가 헤드폰을 쓰고 영화를 보려고 다이얼을 돌리고 있을 때, 옆에 앉아 있던 무슬림이 일어나더니 위편 수납장을 열었다. 그 무슬림은 기도용 깔판을 꺼내 들고 화장실로 가서 정결 의식을 행한 후 가장 고적한 그곳에서 살라트를 지켰다. 그 선교사는 쉬면서 영화나 보려는 자신의 마음과 옆 좌석의 무슬림 친구가 기도에 우선적인 관심을 두는 마음을 비교해 보지 않을 수 없었다.

무슬림 작가인 카라즈(Kharraz)는 살라트 가운데 살아 있는 예배의 실재를 꿰뚫어 보고 이렇게 썼다.

> 기도하기 시작할 때, 우리는 중재자 없이 하나님 앞에 서게 될 부활의 날처럼 하나님의 임재 속으로 들어가야 한다. 하나님은 당신을 맞아 주실 것이고 당신은 그분에게 무슨 이야기든 할 수 있을 것이며, 당신은 당신이 누구 앞에 서 있는지를 알 것이다. 그분은 왕 중의 왕이시기 때문이다. 당신이 손을 들어 "하나님은 가장 위대하십니다"라고 말할 때, 당신의 마음이 영화로움으로 가득하게 하라. 그 영화로운 순간에 당신의 생각 속에 가장 높으신 하나님만이 들어오시게 하라. 그리하면 하나님에게 영광을 돌리는 가운데, 당신은 이 세상과 다음 세상을 기억하지 않게 될 것이다.
>
> ― 스미스 1950, 26

기도의 종말론적 중요성이 하디스에 실려 있다. "한 인간의 모든 행동 가운데 부활의 날에 우선적으로 검토해야 할 것은 기도다. 기도가 완전하다면 그 나머지 일도 받아들여질 것이며, 기도가 부족하다면 그 나머지 일도 무효가 될 것이다"(가잘리 1983, 23). 그렇다면 기도의 의식을 준수할 마음이 생길 만큼 새로운 시각으로 기도에 임하게 될 것이다.

살라트가 간단한 의무처럼 보일 수도 있지만, 예배자의 내면에는 여러 동기가 복합되어 있을 수 있다. 다른 사람에게 경건한 사람으로 인정받고 싶은 소망, 기도를 게을리 했다가 지옥에 떨어지지나 않을까 하는 두려움, 기쁨도 실재도 없는 의무감, 아무 생각 없이 행하는 습관, 알라를 향한 압도

십자가와 초승달

적인 감사와 경배 등이 섞여 있을 수 있다.

예배는 하나님과의 진정한 만남이 되어야 한다는 생각은 그리스도인과 무슬림이 동일하다. 실재가 명확한 목표이지만, 서글프게도 실재를 경험하지 못하는 경우가 종종 있다.

## 금식

무슬림은 금식을 예배에서 빠뜨릴 수 없는 요소로 여긴다. 라마단 기간에는 수백만의 무슬림이 해가 떠 있는 동안 음식을 먹지 않는다. 이슬람 세계 전역에서 얼마나 광범위하게 이 훈련이 행해지는지를 보면 항상 놀라움을 금치 못한다. 예를 들어, 사우디아라비아처럼 열심 있는 무슬림 국가에서 라마단 금식은 의무적이다. 종교적 금기인 이 의식을 지키지 못하면 벌금형이나 금고형을 선고받는다. 그러나 대부분의 무슬림은 세계 다른 나라에서는 찾아볼 수 없는 이 종교적, 사회적 행위에 기꺼이 참여한다.

반면 그리스도인은 금식을 게을리 하는 것 같아 걱정이다. 성경은 식물을 절제하고, 경우에 따라 물도 절제할 것을 분명히 가르친다. 출애굽기에서 모세는 먹지도, 마시지도 않고 40일 동안 금식했다. 다윗은 아들이 죽기 전 7일을 금식했다. 에스더는 왕을 배알하러 나가기 전 자기 백성에게 3일간 식물과 물을 금하라고 했다. 니느웨 사람들은 하나님의 심판을 돌이키기 위해 먹지도 마시지도 않았다. 예수께서는 40일을 밤낮으로 금식하셨다. 사도행전을 읽으면 초대 그리스도인들도 기도와 금식을 했다는 사실을 알 수 있다. 음식을 절제하면 신자의 마음속에 회개와 겸손과 하나님을 향한 깊은 갈망이 일어난다.

무슬림들 사이에서 살고 있는 그리스도인에게 금식이 유용한 세 가지 이유는 다음과 같다.

1. 영적인 유익_ 몸이 연약하면 하나님을 의지하는 마음이 강화되며, 영적인 민감함도 더 개발된다. 금식으로 인해 남은 시간에 경건을 더 연습할 수 있다.

2. 배고픈 자를 공감함_ 참을 수 없는 배고픔과 갈증이 어떤 것인지를 아는 것이 유익하다. 세상의 많은 사람이 적합한 영양을 섭취하지 못한 채 날마다 잠자리에 들기 때문이다. '그들과 같은 처지'가 되어 보면 불우한 사람들을 위해 좀 더 열심히 기도하고 도울 수 있다.

3. 무슬림과의 동일시_ 무슬림 가운데 종종 그리스도인이 영적으로 게으르다고 이야기하는 사람이 있다. 그들은 이사(Isa. 예수의 무슬림식 이름)를 따르는 사람들은 하루에 다섯 차례 기도하지 않으며 1년에 한 달도 금식하지 않는다고 말한다. 내 무슬림 친구들은 내가 2년 동안 라마단 금식을 온전히 시행했다고 말하면 놀라며 고마워한다.

무슬림의 의식을 따라 일출 1시간 30분 전에 일어나 아침 식사를 하고 기도하는 것을 좋아하는 선교사가 많다. 또한 해 질 때까지 음식, 음료, 약, 성관계를 절제한다. 모든 금지 사항은 해 진 후부터 다음 날 아침까지 해제된다. 이러한 형태가 이슬람이 유일하게 합당하다고 여기는 금식 형태다. 이러한 형태의 금식은 극도로 어렵다. 특히 어떤 액체도 마시지 않는 것은 힘들다.

그리스도인의 금식은 시간을 조정할 수 있다. (1) 매주 금요일, (2) 한 달에 세 번 금요일에 금식하여 일 년에 36일, (3) 라마단(30일간), (4) 한 달에 금요일 하루 전적으로 기도와 금식을 행함, (5) 부정기적인 금식 등이다. 하나님의성회(Assemblies of God)는 JUMAA 기도회(JUMAA Prayer Fellowship)를 시작했는데, 3만 명의 그리스도인이 금요일 정오에 무슬림을 위해 기도하며 금식하기로 합의했다.[3] 여기에 관심 있는 평신도가 많이 참여하기를 바란다.

무슬림의 금식 방법을 따르려는 사람을 위한 몇 가지 실제적인 제안이 있다. 금식하는 처음 며칠이 가장 어렵다. 우리 몸은 가벼운 증상이지만 탈수에 적응해야 한다. 보통 두통이나 어지럼증이 나타난다. 아침 일찍 일어나 물 몇 잔을 마셔 두는 것이 좋다. 적당량의 딱딱한 음식과 함께 요구르트를 먹는 것도 좋다.

하루에 몇 차례 이를 닦고 양치하는 것은 (그 물을 마시지 않는 한) 허용된다. 열대 지방에서는 정오에 가능하면 샤워를 하는 것도 좋다. 점심 때 낮잠 자는 것은 아주 좋다고 한다. 생활의 속도를 늦출 수 있다면 기분이 나아질 것이다. 저녁에 적당량의 음식을 먹으라. 그러나 과식해서는 안 된다. 저녁 내내 충분한 양의 액체를 마시라(불행한 일이지만 사실상 금식이 전혀 불가능한 사람도 있다).

무엇보다 중요한 것은 금식 기간을 하나님을 만나는 특별한 기회로 삼는 것이다. 이른 아침 식사부터 나머지 가족이 일어나기 전까지가 여분의 기도에 적합한 시간이다. 무슬림 친구들이 잘 이해할 수 있도록 당신이 금식과 기도의 경험을 적합한 용어로 겸손하게 나눈다면, 그들은 당신이 하나님을 향한 갈급한 마음이 있음을 알고 진정으로 감사할 것이다.

## 결과

기도는 효과가 있는가? 이 질문에 조롱할 사람은 조롱하고, 믿을 사람은 믿는다. 이 둘 사이에는 냉담함이 있다. 회의주의자는 자신의 불가지론을 입증하기 위해 다음과 같은 농업 공식을 내세운다.

씨앗 + 비 + 고된 노동 + 기도 = 좋은 곡물

그리고

씨앗 + 비 + 고된 노동 = 좋은 곡물

그러므로

기도 = 아무것도 아님

하나님을 알지 못하고 그를 위해 기도하는 친구라고는 한 명도 없는 사람이 나쁜 일을 당했을 때 회복되는 속도가 기도하는 수많은 친구가 있는 신실한 그리스도인의 경우와 비슷해 보인다. 게다가 하늘에서 거부당한 것처럼 보이는 수많은 기도는 또 어떠한가? 성경의 확언과 실제 삶 사이의 모순으로 고민하는 수많은 그리스도인의 삶에는 당혹감이라는 휘장이 낮게 드리워져 있다. 달갑지 않은 불가사의가 우리의 제한된 이해력과 하나님의 주권적인 뜻 사이를 가로막고 있는 것 같다. 이러한 당혹감에 부딪힐 때, 수많은 그리스도인은 단순하게 하나님이 계약을 위반했다고 결론 내린다. 그러고 나서 천천히 슬프게 걸어 나가 소외감, 고독, 갈등이 가득한 어두운 밤 속으로 들어간다. 그러나 결론을 얻지 못한 문제는 아직 남아 있다. 불가지론은 아무 답도 주지 않기 때문이다. 그것은 사람을 믿음에서 끌어내어 바닥없는 미지의 수렁으로 데려갈 뿐이다.

알렉산드르 솔제니친은 내게 문학적, 도덕적 영웅이다. 그의 책 「이반 데니소비치의 하루」(One Day in the Life of Ivan Denisovich)는 마음이 끌리는 작품 중 하나다. 솔제니친의 생애에 일어난 사건을 기초로 쓰인 이 소설에는 시베리아 감옥의 죄수인 침례교인 알요샤와 이반 데니소비치 슈코프가 응답 받지 못한 기도에 관해 대화 나누는 장면이 나온다. 내가 그 내용을 상세히 쓰는 이유는 문학적으로 대단히 신랄할 뿐 아니라 우리가 논의하고 있는 주제와 관련되기 때문이다.

알요샤는 슈코프가 기도 비슷하게 중얼거리는 소리를 듣고 그에게 몸을 돌려 말했다. "그것 봐, 슈코프, 네 영혼이 기도하라고 간청하는 거야. 기도할 수 있도록 네 영혼에게 자유를 주면 좋을 텐데, 왜 그렇게 하지 않니?"

슈코프는 그를 흘낏 훔쳐보았다. 알요샤의 두 눈은 촛불처럼 빛나고 있었다.

"글쎄, 알요샤." 그는 한숨을 쉬며, "그건 이런 거야. 기도란 우리의 탄원문과 같아. 그들이 받아들여 주는 경우도 있지만, '탄원을 기각함'이라고 휘갈겨 써서 돌려주기도 하잖아."

직원 숙소 밖에는 봉함된 통이 네 개 있었다. 한 달에 한 번 보안 담당자가 와서 그 통을 비워 갔다. 그 속에는 탄원하는 내용이 많이 들어 있었다. 탄원서를 쓴 사람은 날짜를 세며 응답을 기다렸다. 한 달이나 두 달 후에는 답이 올 것이라고 기대하면서…….

그러나 답신은 오지 않는다. 아니면 '기각'될 뿐이다.

"그러나 슈코프, 그건 네가 기도를 너무 안 하고 또 잘하지 못하기 때문이야. 진정으로 노력하지도 않으면서 말야. 그래서 너의 기도가 응답되지 않는 거야. 기도를 중단해서는 안 돼. 진정한 믿음이 있으면 산을 움직일 수도 있어……."

슈코프는 빙그레 웃으며 담배를 또 하나 말았다. 그는 그 에스토니아 사람에게 불을 빌렸다.

"알요샤, 말도 안 돼. 나는 산이 움직이는 것을 한 번도 보지 못했어. 사실, 산이라는 것을 본 적도 없어. 그렇지만 너는 코카서스에서 네 친구 침례교인들과 기도해 보았을 것 아니니. 그래, 산을 하나라도 움직여 봤니?"

"오, 슈코프, 우리는 그런 기도를 하지 않았어." 알요샤는 열심으로 말했다. 성경을 손에 들고 그는 슈코프와 얼굴이 닿을 정도로 가까이 다가갔다. "세상적이고 정신적인 모든 것 중에 우리 주님은 하루의 양식을 구하라고 하셨지. '오늘날 우리에게 일용할 양식을 주옵시고'라고 말야."

"우리의 배급식 말이니?"라고 슈코프가 물었다.

그러나 알요샤는 포기하지 않았다. 말보다는 눈으로 논쟁하면서 그는 슈코프의 소맷자락을 끌어 잡아당기고 어깨를 두드리더니 이렇게 말했다. "슈코프, 소포를 받게 해달라든지 국을 더 먹게 해달라는 그런 기도를 드려서는 안 돼. 사람이 비싸게 치는 것들이 하나님 눈에는 악한 거야. 우리는 영혼의 일에 관해 기도해야 해. 주 예수께서 우리 마음에서 분노의 찌끼 같은 것을 없애 주시도록 말야."

— 솔제니친 1963, 153-154

나는 소포나 먹을 것을 위해 기도하는 것의 타당성을 부인하지 않지만, 우선적으로 무엇을 위해 기도해야 할 것인지에 대한 알요샤의 생각에 동의한다. 기도의 진정한 초점은 내적인 변화여야 한다. 하나님의 성품을 갖게 해달라고 간구하는 것이 정말 필요하다. 기도에 쏟아 붓는 많은 시간이 주로 물질적인 문제에 관련되어 있다면, 우리는 하나님의 보좌에 이기적인 요구로 폭격을 가하는 셈이다.

나를 아는 사람은 누구나 내가 자만심과 끊임없이 싸우고 있다는 사실을 안다. 삶에서 이룬 것이 얼마나 적은지를 알고 있으면서도 나는 스스로의 가치에 대해 과장된 생각을 버리지 못하는 것 같다. 그러나 상황이 이보다 훨씬 나쁜 때도 있었다. 인정과 갈채를 받고 싶은 마음에 압도당하여 영적으로 거의 불구가 된 적이 있었다. 이것은 과장된 말이 아니다. 이 문제는 불행한 내 소년기에 그 뿌리가 있다. 그 시절 나는 가난했으며 또래 아이들에게 따돌림을 당했다. 그러한 영향으로 나는 매우 불안정했고, 다른 이들의 관심을 심할 정도로 추구했다.

대학 시절, 나는 선거 과정을 지켜보며 받은 마음의 상처를 기억한다. 과대표로 추천되지도 않았기 때문에 나는 무척 실망하여 걸어 나왔다. 예배가 끝난 후 나는 누군가가 이야기를 걸어 주기를 바랐다. 나는 소리 없이 '제발 나를 사랑해 달라'고 외치고 있었다.

어느 이른 아침, 내 머릿속은 인정받으려는 나의 노력이 헛되다는 생각으로 꽉 차 있었다. 텅 빈 교실에 엎드린 채 나를 천천히, 그러나 확실하게 멸망의 구렁텅이로 몰고 있는 죄에서 내적으로 해방시켜 달라고 주님에게 간구했다. 한참 동안 나는 나의 죄 됨을 자백하고 변화시켜 달라고 하나님에게 울부짖었다. 새벽이 지날 무렵 내 영혼 깊숙한 곳에서 해가 떠오르기 시작했다. 피곤하고 조각난 마음속으로 빛이 퍼져 들어왔다. 갑자기 나는 상쾌하다고 밖에는 달리 묘사할 수 없는 해방감을 느끼기 시작했다. 정서적인 혼란의 폭풍 속에서 내 주위를 내리누르던 자만심의 무게를 더는 느낄 수 없었다.

나는 의아했지만 기쁨으로 일어섰다. 그날 저녁, 나는 죄 없이 완벽한 상태가 된 것은 아니지만 그토록 나를 괴롭히던 영혼의 죄에서 자유로워지는 새로운 경험을 했다. 지금도 나는 진정으로 겸손해지기 위한 추구를 계속하고 있다. 나는 교만이라는 영적 병에서 해방되어 교만의 공공연한 도전을 막는 데 기도의 힘이 컸음을 감사하는 마음으로 고백할 수 있다.

해럴드 쿠쉬너(Harold S. Kushner)는 기도의 가치를 이렇게 요약했다.

> 하나님이 단지 종교 지도자들이 만들어 낸 고안품이 아니라 실재
> 하는 분이라는 사실을 계속 확인시키시는 것 중 하나는 이것이다.
> 힘과 소망과 용기를 얻기 위해 자주 기도한 사람들은 기도하기 전
> 에는 갖지 못한 힘과 소망과 용기를 얻는다는 것이다.
>
> — 쿠쉬너 1981, 128

앞에서 말한 모든 사실이 실제임에도, 기도의 열매는 기도하는 사람의
주관적인 경험이라고 한정하겠는가? 엘름브룩 교회 성도의 81퍼센트가 다
음 문항에 동의 또는 강력히 동의한다고 말한 것은 만족스러운 일이다. "나
는 지난 두 주 동안 구체적인 기도 응답을 받았다." 선교사를 대상으로 한
설문 조사에서도 응답자의 80퍼센트 이상이 하나님이 그들의 기도에 구체
적인 응답을 자주 하신다는 데 표시했다.

브라이언 로렌스(Brian Lawrence)는 필리핀에서 무슬림을 섬기는 선교사
인데 1986년 여름 이슬람 극단론자에게 피랍되었다. 그는 그 시련 가운데
기도가 어떤 역할을 했는지에 대해 내게 짤막한 편지를 보냈다.

> 맨발로 숲속으로 끌려가고 있을 때, 나는 이것이 하나님의 실수로
> 일어난 일이 아니라 그분의 자녀를 위한 완전한 계획의 일부라고
> 나 자신을 일깨웠네. 캘리포니아에 사는 기도 후원자 한 명이 우리
> 에게 편지를 보냈는데, 7월 12일 새벽 하나님이 그 여자를 깨우셔
> 서 나와 아내와 우리의 태아를 위해 특별히 기도하라고 지시하셨

다는 것이었네. 그때까지만 해도 그 여자는 내 아내가 임신했다는 사실도 몰랐다네. 이곳과 그곳의 시간차를 생각하면, 그 여자는 내가 피랍되기 직전에 기도하고 있었음이 틀림없어. 하나님은 마음이 열려 있는 종을 택하셔서 그 어려운 시간에 우리를 기도로 감싸게 하신 것이지……. 지역 방송과 단파 방송에 내 이름이 나오면서 납치범이 우리 집에서 도둑질했다는 소식이 전해지는 것을 들을 때 그것이 나에게 얼마나 격려가 되었는지. 많은 사람이 우리를 위해 기도할 것이라는 확신이 들었기 때문이지. 풀려난 후 나는 모든 대륙에 있는 친구들뿐 아니라 심지어는 모르는 사람에게서도 편지를 받았네. 이 사랑스러운 사람들은 방송으로 내 피랍 소식을 듣고 우리를 위해 기도하고 있었고 다른 사람들에게도 기도하라고 권했다더군. 이 기도 덕분에 나는 몸값도 지불하지 않고 6일 만에 별 어려움 없이 속히 풀려난 것이라고 생각한다네.

하나님이 진실로 기도를 들으시고 응답하신다는 그리스도인의 주장을 증명하기 위해 수많은 간증을 제시할 수 있다. 교회 역사상 이러한 믿음의 결과는 기독교 영성의 모퉁잇돌 역할을 하고 있다. 이 장을 맺으며 무슬림 친구들의 기도를 듣고 그 기도에 따라 움직이시는 알라에 대해 간증하도록 배려하는 것이 당연할 것이다.

## 무슬림 기도의 열매

수라 40:60은 분명한 명령과 확신이다. "그러므로 나에게 구원하라 그리하면 내가 너희에게 답하여 주리라." 살라트는 대체로 꾸란을 반복하여 낭송하는 것이다. 이러한 의식적인 기도를 드린 후 예배자는 의식을 갖추지 않은 중보 기도를 덧붙인다. 친척, 친구, 개인에게 필요한 것을 기도할 수 있다. 무슬림은 알라가 간구를 들으시며 자녀들에게 좋은 선물을 주기를 열망하신다고 믿는다. 기도 응답을 받기 위한 조건은 생활의 모든 영역에서 알라에게 복종하는 것이다. 나는 알리 박사와 함께 비공식적인 기도를 드린 적이 여러 번 있다. 그는 내가 아는 어느 그리스도인보다 진지하고 열정적으로 기도드렸다. 그는 열다섯 살인 정신 지체아 아들을 위한 기도로 끝을 맺었다. 지식인 무슬림이 알라 앞에 엎드려 울먹이는 소리로 사랑하는 아들의 정신 박약이 회복되기를 기도하는 모습은 감동적이었다. 그 소년의 행동 때문에 좌절감을 느낄 때조차도 인내하며 부드럽게 그 아이를 대하는 모습은 매우 도전이 되었다. 이것은 가시가 없어진 것은 아니지만 그것을 참을 수 있는 은혜로 받은 바울의 경험과 비교할 만하다.

필리핀 사람이며 무슬림인 아크바(Akbar)는 자신의 삶에서 경험한 기도의 능력을 나에게 간증했다. 아크바는 신앙적, 도덕적 뿌리에서 멀어져 표류하던 사람이었다. 그는 사업가로서 성공하고 돈을 많이 벌었지만, 그 돈으로 분별없고 문란한 생활을 했다. 도박은 끊을 수 없는 습관이 되었고 매춘부를 썼다 버렸다 하는 생활을 주기적으로 되풀이했다. 아크바는 아내와 이혼하고 자유를 즐겼다. 그는 자신이 판 파멸의 늪에 점점 깊이 빠져 들었다. 결국은 아름답고 고상하던 모든 것이 빛을 잃게 되었다. 더 이상 육신의 욕망을 만족시키지 못했다. 만족도, 평화도, 쉼도 없었다.

아크바는 자기 앞에 두 가지 선택의 길이 있다고 생각했다. 하나는 영적인 자살이고, 다른 하나는 구원의 길이었다. 그는 후자의 길을 택했다고 말했다. 그는 알라에게 자신을 새롭게 해주실 것을 구했으며, 하루에 다섯 번 기도하는 의식을 지키기 시작했다. 그는 자신의 삶에 그렇게도 광범위하게 침범한 성적인 타락을 끊고 자유를 얻었다. 불과 수년 전과는 전혀 다른 사람이 되었다. 그의 친구들은 모두 그의 생활에서 목격한 변화를 나에게 증거했다.

이처럼 변화된 삶을 그리스도인으로서 어떻게 생각해야 하는지 무척 난감하다. 꾸란과 기도 의식이 아크바의 행동을 근본적으로 변화시킨 것인가? 아니면 도덕적인 양심에 기초한 심리적인 변화인가? 이러한 개인행동의 변화에 일반 은총은 어떤 역할을 하는가? 그러한 긍정적인 변화를 사탄의 영향으로 말미암은 결과로 결론 짓기는 어렵다. 다시금 말하지만, 삶에는 우리가 끊임없이 알아내야 할 복잡한 문제가 가득하다. 나는 그래도 아크바가 예수를 구주로 발견할 수 있기를 계속 기도한다. 그가 도덕적인 변화를 체험했을지라도 그리스도인으로서 나는 그가 종국에 그리스도인이 되도록 기도하며 전도하는 일에 전념할 것이다.

인간이 악을 이기도록 도와주는 기도의 능력에 관한 글을 쓴 무슬림 학자가 있다.

> 사람이 인내심과 지구력을 갖고 악에 대항하도록 돕는 것은 기도다. 기도는 자신을 정화하고 발전시키며, 높은 도덕 기준에 도달하도록 돕고, 악을 이길 강한 저항력을 제공하는 처방전이다. 꾸란은 기도의 기적적인 위력에 관하여 이렇게 말한다. "기도를 준수하라. 실로 기도는 수치와 그릇된 행위를 예방하여 주리라"(수라 29:45).
>
> ― 라만 1979b, 170

또 다른 예로, 알리 자인 알-아비딘(Ali Zain al-Abidin)은 응답받는 기도에 대한 확신을 이렇게 시로 표현했다.

하나님이 부르실 때, 멈칫거리는 나인데도,

내가 부를 때, 응답하시는 하나님을 찬양하라.

하나님이 나에게 무엇을 빌려 달라 하시면 구두쇠가 되는데도,

내가 구할 때, 허락하시는 하나님을 찬양하라.

아무 때든지 필요한 것을 털어놓고 말할 수 있는 하나님,

나의 필요를 만족케 하시는 하나님을 찬양하라.

내 주님을 내가 찬양하나니,

그분은 찬양받기에 가장 합당하신 분임이라.

— 패드윅 1961, 81


의식과 실재와 결과에 대해 그리스도인과 무슬림이 모두 확언하는 바가 있다. 이제 예배와 기도에 관해 기독교와 이슬람교에서 주장하는 내용의 모순과 상호 보완점을 숙고해 보는 것은 당신에게 달렸다.

---

3  더 많은 정보를 얻기 원한다면 다음으로 연락하라. Center for Ministry to Muslims, Division of Foreign Missions, Assemblies of God, 1445 Boonville Avenue, Springfield, MO 65802.

십자가와 초승달

# 4장

# 고통받는 세상

"내가 하나님이라면……." 이런 말을 해도 될지 모르겠다. 아마 안 될 것이다. 그러나 해야겠다. 그렇다, 떨리는 마음으로 나는 다음과 같이 단언한다. 내가 하나님이라면 나는 창조하되 파멸하지는 않을 것이다. 나는 그리스도와 인간에 대한 사랑을 법으로 만들 것이며 예외란 만들지 않을 것이다. 모든 어린이는 정상으로 태어나도록 조처할 것이다. 나는 지진, 태풍, 폭풍을 없앨 것이다. 고통과 끔찍한 낙진이 인류에게 떨어지는 일을 절멸할 것이다. 나는 기술이 인간의 유익을 위해서만 사용되는 믿을 수 있는 도구가 되도록 조정할 것이다. 인간이 웃고 춤추며 영원히 기쁘게 생활하도록 만들 것이다. 그리고 보좌에 기대앉아 영원한 만족감으로 쉼을 누리며 "보기에 좋다"고 말할 것이다.

이런 말은 주제넘은 불경스러운 말인가, 아니면 정직하게 속마음을 털어놓은 말인가? 나는 후자라고 생각한다. 나보다 강한 사람들은 귀를 막고 눈길을 돌릴 수도 있을 것이다. 그들은 낙관주의로 계속 밀고 나갈 수 있을 것이며, 전적으로 원만하고 승리에 찬 믿음을 말하거나 하나님의 신비스러운 주권을 강력히 주장할 수 있을 것이다. 믿음의 승리나 하나님의 주권을 부인하는 것은 아니지만, 나는 학대받는 어린이의 비명과, 남편이 간통한 사실을 방금 알게 된 아내의 깨어진 마음과, 열아홉 살 나이에 과부가 된 독실한 그리스도인 아내의 슬픔을 못 들은 체할 수 없다.

계속 이 문제를 이야기해 보자. 그 결과 우리는 사실에 귀 기울이게 되며 상처받은 자를 향한 따뜻한 마음과 주께 의지하는 더 강한 믿음을 갖게 될 것이다. 또한 고통당하는 세상에 대해 그리스도인과 무슬림은 어떤 반응을 보이는지를 좀 더 잘 알게 될 것이다.


## 악과 고통의 수수께끼

마닐라 신문의 표제는 강하고 적절했다. "실종 4명, 부상 6명, 1,000가구 전소, 판자촌 화재로 100만 달러 손실."

이런 비극을 접하면 나는 보통 한 30초 동안 동정하는 마음이 일지만 이번에는 달랐다. 이 화재는 우리 집에서 1킬로미터도 채 안 되는 곳에서 일어났기 때문이다. 큰 파도 같은 주홍색 불꽃이 쉬지 않고 몇 시간 동안 밤하늘을 밝혔다.

나는 가끔 자동차를 타고 "나사렛"이라고 불리는 무허가 판자촌 옆을 지나가면서 비가 새는 함석지붕에 얇은 베니어판으로 벽을 두른 좁은 방 한 칸에 열 명이나 되는 식구가 생활하는 것을 본 적이 있다. 아이들의 끊이지 않는 고함과 쉼 없이 짖어대는 개, 학대받는 아내의 흐느낌, 힘들게 번 돈을 훔쳐 가는 도둑에 대한 두려움, 그리고 배고픈 아이들에게 힘들게 번 돈을

십자가와 초승달

투계(鬪鷄)로 몽땅 날려 버렸다고 설명해야 하는 아버지의 고통스러운 마음. 이러한 가운데서 어떻게 살아갈 수 있는가?

나와 아내는 두 시간이나 서서 불꽃이 이 집 저 집으로 튀며 옮겨 붙는 것을 지켜보았다. 필리핀 사람들이 가까운 고속도로로 뛰어나와 길을 메우고 있었다. 그들은 쏟아지는 급류와 같은 불길에서 건져 낸 것들을 도로에 내다 놓았다. 한 엄마는 이러한 혼란 속에서 넋을 놓고 앉아 아무것도 모르는 아기에게 젖을 먹이고 있었다. 가까운 곳에 있던 한 청년은 근처 가게에서 끄집어낸 발전기에 머리를 기대고 쉬고 있었다. 그는 몇 분마다 빨갛게 충혈된 눈을 떠서 불길이 얼마나 가까이 왔는지를 확인했다. 교복을 입은 한 소녀는 부모가 길에 던져 놓은 몇 안 되는 짐을 지키고 있었다. 소녀는 매우 고통스럽고 당황한 표정으로 나를 응시했다. 그 소녀는 자기가 나라면 어떨지 생각하는 것 같았다. 비교적 부유하고, 옷을 잘 차려입었으며, 안락한 집과 사랑하는 가족이 있는 나를 부러워하는 것 같았다. 나 역시 매우 고통스럽고 당황스러워하며 그 소녀를 응시했다.

그때 "나사렛" 마을에서 몇몇 사람이 가장 귀한 재산처럼 여기는 예수상과 마리아 그림 몇 점을 조심스럽게 건져 내왔다. 그렇다. 하나님은 불에 타지 않게 보호받아야 한다. 그러나 하나님은 무지하고 가난한 이 사람들을 불에서 건져 내기 위해 무엇을 하셨는가? 나는 맑은 하늘을 올려다보며 한 단어를 생각해 냈다. "비." "하늘과 자연의 하나님, 구름을 몰고 와 상상도 할 수 없는 강한 폭우를 내려 주시옵소서. 지옥의 불길을 꾸짖어 물리쳐 주옵소서." 연기 사이로 저 멀리 보이는 아름다운 별은 비웃는 듯 반짝이며 침묵했다. 비는 오지 않았다.

다음 날 아침, 나는 참담한 심정으로 면도하고 있었다. 아래층에 있는 기독교 라디오 방송국에서 한 후렴구가 반복되어 울려 퍼지고 있었다.

모든 일은 하나님이 주관하시니,

모든 일은 하나님이 주관하시니,

모든 일은 하나님이 주관하시니.


다음은 내가 무슬림에게 전도하고 돌아온 어느 저녁을 회상하며 쓴 글이다.


"길은 어둡고 적막했다. 나는 책상 위에 펼쳐 놓은 기독교 서적을 선반 위에 놓았다. 마닐라 시내 무슬림 지역 중심가에 위치한 우리 독서 센터를 닫아야 할 시간이었다. 진열장 문을 닫고 이중문을 잠그던 나는 수선해 놓은 자물쇠를 보게 되었다. 순간, 도난당할 뻔했다는 내용의 전화를 받은 일이 생각났다. 도둑들은 금고형을 각오하고 겨우 환풍기를 훔치려 했던 것인가? 아니면 주제넘게 자기들 지역을 침범한 기독교 선교사에게 경고를 보내려는 의도였을까?

쓸쓸히 길을 걸어가다가 나는 믿을 수 없을 만큼 더러운 강을 가로지르는 한 작은 다리에 이르렀다. 오른쪽을 돌아보니 멀리 "작은 베트남"이 보였다. 1만 명이 넘는 무슬림이 1.6제곱킬로미터도 안 되는 지역에 밀집해 살고 있는 곳이다. "작은 베트남"이라는 이 지역의 별명은 이곳에 본부를 둔 폭력 조직 때문에 생겨났다. 깡패 무슬림이 대낮에 이곳에서 나와 강도, 강간, 살인을 저지른다. 그러고는 재빨리 되돌아간다. 경찰과 군인이 자신들의 '피난처'까지 쫓아 들어오지 않을 것이라고 믿고 안심하기 때문이다.

내가 서 있는 곳 가까이의 음울한 강 위로 판잣집이 여러 채 불안하게 서 있었다. 가로 세로 1.8미터 정사각형 크기의 헛간 같은 집에 많게는 여덟 명이 살고 있었다.

안식 없는 혼란 가운데 사는 이 사람들 위로 유명한 골든 모스크의 첨탑이 솟아 있었다. 바로 이 탑 꼭대기에서 한밤중에 발작을 일으킨 한 무슬림이 눈에 보이는 대로 사람을 쐈다. 수류탄을 몇 개 던진 후, 그는 체포되었다.

나는 다리를 건너 혼잡한 퀴아포 광장에 들어섰다. 여러 종교가 혼합된 이 지역에 '기독교'가 끼친 영향을 보고 놀랐다. 젊은이들의 에로틱한 정서에 영합하여 생겨난 단시간 투숙용 호텔이 가장 먼저 보였다. 몇 푼만 내면 두 사람이 침대와 목욕 시설을 세 시간 동안 사용할 수 있다. 그들은 아무런 질문도 받지 않는다.

그 다음으로 늘 있게 마련인 외설 잡지를 파는 가게가 보였다. 가난과 상실감에서 도피하기 위해 성적 환상 속으로 빠져드는 것이다. 도덕적 기준은 마비되어 도둑질과 마약 복용도 흔히 일어난다.

나는 흑인 나사렛 퀴아포 교회 바로 앞에서 버스를 타고 사람들을 바라보며 생각에 잠겼다. 세 명의 10대 소녀가 그날 있던 일을 신나게 재잘거리고 있었다. 소녀들 팔에는 화환이 달려 있었다. 가톨릭 신자들은 그들 수호신의 머리 위에 정성스럽게 놓으려고 화환을 구입하여 집에 가져간다. 한 소녀가 흥분한 목소리로 그날 사건을 이야기하고 있었다. 그 소녀는 목소리가 높아지자 가슴을 거칠게 여러 번 쓰다듬었다. 이제 분노와 부끄러움이 남는다. 내일 그 소녀는 다시 자신의 귀한 몸을 팔아 돈을 벌고 싶은 유혹을 뿌리치지 못할지도 모른다.

버스가 갑자기 앞으로 쏠렸다.

잘 자라, 퀴아포.

잘 자라, 그리스도인이여.

잘 자라, 무슬림이여.

내일…… 밤에 다시 보자."

"밤에." 밤이라는 음침한 어둠이 이 세상을 갉아먹고 점령하고 있는가?

이 세상에서 지옥과 가장 가깝다고 생각되는 곳에 잠깐 들어간 기억이 난다.

그곳은 마르코스 전 대통령의 궁전 같은 집에서 겨우 20분 거리에 위치한 곳이다. 그러나 그 지옥은 3,000켤레의 구두, 500개의 브래지어, 그리고 긴 밍크코트와는 수 광년의 거리만큼 떨어져 있었다.

진흙길을 9미터 정도 걸어가서 그곳에 들어서면 미로 같은 좁은 길 양쪽으로 판잣집이 꽉 들어차 있다. 그리고 나는 마닐라의 800만 시민이 버린 쓰레기로 가득 찬 쓰레기 바다 위를 걷고 있는 나 자신을 돌연 발견했다. 처음부터 말라카낭궁에서 태어날 은혜를 입은 사람이 있는가 하면, "스모키 마운틴"이라고 불리는 지옥 같은 톤도 쓰레기 처리장(Tondo Garbage Dump)의 유독한 공기를 태어날 때부터 마시는 사람이 있다. 그 이유를 물으면, 어떤 사람은 업보라고 하고, 어떤 사람은 운이 나쁘다고 하며, 종교적인 사람은 하나님의 예정된 주권적인 계획이라고 설명한다.

모서리를 돌자마자 멀리 7.5미터 높이의 쓰레기 더미를 볼 수 있었는데, 1.2킬로미터 넓이의 그 쓰레기 더미 속에서 나오는 검푸른 연기가 사방을 휩싸고 있었다. 내부의 유기물 산화로 불길이 붙어 나는 연기였다. 그 연기가 이 쓰레기장에 사는 800가구의 심장을 검게 만들고 있었다. 내가 그곳에 갔을 때는 좀 더운 35도 아침이었다. 연기를 헤치고 걸어가는 내 얼굴 위로 비 오듯 땀이 쏟아졌으나, 바람이 전혀 고맙지 않았다. 그 바람은 타고 있는 쓰레기 더미에서 건조하고 뜨거운 공기를 실어 와 더럽고, 기침을 하며, 누더기 옷을 입고, 영양실조까지 걸린 사람들, 그러나 하나님이 창조한 필리핀 사람들에게로 곧장 불기 때문이었다.

그곳에서 나는 웃거나 놀거나 춤출 이유가 없는 사람들을 보았다. 그러나 그들은 그곳에 있었으며, 밝은 목소리로 "안녕, 조"라고 인사했다. 노소를 막론하고 모두 빙고 게임에 몰두하고 있었다. 한 예쁜 소녀가 조그만 가게를 꾸려 가고 있었는데, 그 가게에서는 일주일에 한 번씩 지역 주민의 댄스장이 되는 가로 3미터, 세로 6미터의 잘 꾸며진 장소가 내려다보였다. 10대 소년이 조그만 방에서 머리를 내밀고 쓰레기 더미에 버려진 두세 대의 텔레비전을 열심히 보고 있었다. 어떤 사람은 지금은 일주일에 한 번씩 성경 공부에 참석하지만, 바로 얼마 전에 교도소에서 풀려났다. 작은 여자아이가 쓰레기 더미 가운데 서서 외롭게 울고 있는데 연기 때문에 잘 보이지도 않았다. 아버지 손에 거의 죽을 뻔한 아이도 있다. 아내가 난산으로 죽은 것에 대한 책임을 아기에게 묻는다는 것이었다. 돌보아 주고, 관심 가져 주고, 사랑해 주기를 바라는 많은 어린이가 있었다. 한 소녀는 좋아하는 인형이라도 되는 것처럼 내 다리를 자꾸 끌어안았다.

생각에 잠긴 나는 천천히 5년 된 내 토요타 자동차로 돌아왔다. 아마도 이 자동차는 그곳에서 새로 알게 된 사람들에게는 마르코스의 궁전에 버금가는 부를 상징하는 것이리라. 집에 도착한 나는 목욕을 하고 옷을 갈아입고, 진흙이 묻은 구두를 닦고 점심을 먹었다. 그러고 나서 모든 것을 정리해 보려고 노력했다.

하나님의 은혜가 아니었더라면, 나도 지상의 지옥과 같은 그곳에서 태어났을 것이다. 그러나 그곳에서 태어난 사람들에게 하나님의 은혜란 무엇인가?

토닥여 주고, 껴안아 주고, 웃으며 인사해 주는 것. 그들은 인간의 사랑을 얼마나 그리워하고 있는가. 그러나 누가 지옥의 골목길로 걸어 들어가 그들과 사랑을 나누길 원하는가?

## 대학살

지난 1987년, 나와 아내는 폴란드의 아우슈비츠에 가 보았다. 그곳에서 역사상 한 민족을 말살하려고 계획한 가장 교묘한 인간성의 한 단편을 직접 느껴 보고 싶었다. 종종 나는 지성과 문화를 겸비한 표면상의 기독교 국가가 어떻게 그토록 사악하고 타락한 만행을 저지를 수 있었는지를 곰곰이 생각해 본다.

호텔에 누워 감정이 북받쳐 오른 나는 감정을 분출할 통로를 찾으려고 애썼다.

아내와 내가 크라쿠프에서 '관광버스'를 탄 지 겨우 수 시간이 지났을 뿐이었다. 1시간 30분간 아름다운 폴란드의 시골을 지나왔는데 이내 악명 높은 철도가 눈에 들어왔다. 나치는 그들 살인 제국의 심장부인 아우슈비츠 수용소를 철로 교차점에 세웠다. 몇 분 후 우리는 400만 명을 맞아들였던 무시무시한 문 앞에 서 있었다. 많은 노력을 기울이지 않아도 우리는 한 게슈타포 의사가 건강한 사람에게 일시적이나마 유예를 선포하는 영원한 결정의 순간을 그려 볼 수 있었다. 나머지는 넓은 마당으로 끌려가서 옷을 벗으라는 명령을 받고 알몸으로 '샤워'를 하러 뛰어 들어갔다. 커다란 방은 남자, 여자, 아이들로 꽉 들어찼고, 이들은 상처 난 몸을 씻을 시원한 물이 아니라, 영원으로 들어가게 만들 청산가리 알약을 받았다.

그 수용소를 걸어서 돌아보고, 전류가 흐르는 이중 철조망을 살펴보고, 인간의 가장 잔인하고 야만적인 행동을 회상하면서 우리의 감정은 타들어 가고 속이 메스꺼워졌다.

가장 참을 수 없는 곳은 처형장이었다. 그곳에서 수감자들은 고문당

십자가와 초승달

하거나 총살되었다. 한 감방은 굶기는 곳이고, 다른 방은 암흑으로 고통을 주는 곳이었다. 그보다 심한 곳은 가로 세로 60센티미터 정도의 닫힌 장소로, 출입구라고는 아래쪽에 기어들어 갈 수 있는 작은 구멍이 있을 뿐이다. 그 속에서 수감자 네 명이 형이 집행될 때까지 꽉 끼어 서 있었다. 죽음의 막사 천장에는 3층 침대에 있던 사형수들이 써 놓은 서글픈 글이 적혀 있었다. 2만 명의 수감자에게 마지막으로 수치스러웠던 것은 벌거벗은 채 벽에 등을 돌리고 서서 총에 맞는 것이었다.

그렇다면 하나님은 어떻게 된 것인가? 「대리인」(*The Deputy*)이라는 희곡에 등장하는 한 나치 의사는 아우슈비츠에 투옥된 한 신부에게 이렇게 말한다.

> 1942년 7월부터 열다섯 달 동안 주말과 안식일에 나는 사람들을 하나님에게로 보냈어. 그런데 하나님이 조금이라도 아는 척한 줄 아나? 하나님은 나에게 번개도 내리치지 않더군. 알겠어? 너도 알아야 해. 얼마 전에는 하루에 9,000명을 죽여 버렸어.

후에 그 의사는 자신이 "그 늙은이"(하나님)에게 도전했는데, "하늘에서는 아무런 낌새도 없었다"고 말한다(실링 1977, 203-204).

어느 일요일 오후, 지성적인 유대교인들이 모여 하나님을 심판대에 올려놓았다. 죄명은 "선민 유대교인을 돌보지 않은 하나님의 태만"이었다. 증인들이 나와서 검찰 측과 변호인 측으로 각각 설득력 있게 발언했다. 배심원은 투옥된 랍비들이었다. 만장일치로 하나님의 유죄가 선포되었다.

## 핵 시대

우리가 탑승한 일본 항공기는 후지 산을 지나 히로시마를 향해 남쪽으로 비행했다. 비행기는 아마겟돈 예보와도 같은 난리가 일어난 1945년 8월 6일 아침 8시 15분 570미터 상공 거의 그 지점으로 우리를 데려 갔다. 비행기에서 우리는 그 유명한 "원폭 돔"(Peace Dome)을 보았는데, 철로 된 대들보가 기괴하게 노출되어 있었다.

그날 늦게 나와 아내는 원폭 돔에서 얼마 떨어지지 않은 곳에 서서 그 돔을 보며 매혹당한 채 서 있었다. 우리는 평화의 공원을 걸어 보았다. 1945년부터 현재까지 핵폭발로 사망한 사람들의 이름이 두루마리에 기록되어 잘 지어진 기념관 안에 보관되어 있었다. 평화의 공원에는 매일 아침 정확히 8시 15분에 종소리가 울리고 영원히 타오르는 횃불이 사람들을 일깨우고 있었다.

평화 기념박물관에서 우리는 고통과 고뇌의 사진이 걸린 복도를 걸었다. 조용히 우리가 목도한 것은 다음과 같았다.

- 핵폭탄이 '투하'된 지 4시간 후에 찍힌 황폐한 현장의 실제 사진
- 묵주가 녹아서 뭉개져 버린 덩어리
- 돌계단 속으로 녹아들어가 버린 사람의 모습
- 죽은 사람에게서 벗겨 낸 너덜너덜한 옷
- 심하게 저능이 되어 버린 40살 먹은 한 여인의 파경을 정확하게 보여주는 영화. 그의 운명인가? 1945년 8월 6일, 그 여인은 6개월 된 태아가 되었다.

오늘날 우리는 히로시마에 떨어진 핵폭탄 200만 개보다 위력 있는 핵무

십자가와 초승달

기를 조절하는 거대한 벼랑 틈새에서 비틀거리고 있다. 하나님, 우리를 도와주소서. 한 도시뿐 아니라 전 세계에 송이버섯 구름을 일으키는 일을 동시에 명령할 수 있는 권력자들을 다스리소서.

### 고통의 혼성곡

내 일기에서 몇 가지 비극을 살펴보면……

- 나는 한 선교사의 아이를 데리고 그 아이의 누나를 문병하기 위해 병원에 갔다. 아이는 나를 보며 조그맣게 말했다. "아저씨, 누나는 괜찮겠지요? 그렇지요?" 2시간 전, 그 아이가 무심코 쏜 활이 그만 아이의 누나 눈에 맞고 말았다. 그 누나는 눈을 잃었다.

- 전화벨이 나지막하게 울렸다. 내 동생이 조용한 목소리로 막내딸이 다운증후군 여자 아기를 낳았다고 말했다. 전화기를 내려놓고 나는 하나님도 참 무심하시다고 분노를 터뜨리며 책임을 따졌다.

- 우리에게 아들이 있었다면 이름을 아마도 "데니"라고 했을 것이다. 데니 라스는 아주 특별한 부모에게서 태어났고 우리와는 특별한 친구였다. 데니가 우리 집에 온 적이 있는데, 우리 딸 린디와 함께 응접실에서 웃으며 뛰어 놀았다. 데니는 머리에 골프공 크기의 혹이 튀어나와 장님이 되어 버렸다. 그는 열일곱 살에 죽었다. 나는 그의 장례식에서 설교를 했다. 데니는 우리에게 특별한 친구였다.

- 톰 페인은 교회학교 친구였다. 톰은 아름다운 아가씨와 결혼하고 사랑스러운 딸의 아버지가 되었다. 그의 사업은 번창했다. 그는 삶의 의욕이 넘쳤다. 그런데 몹쓸 암에 걸렸다. 톰만큼 심한 고통을 겪은 사람은 거의 없을 것이다. 그는 30대 초반에 죽어 주님 앞으로 갔다.

또한 현재 톰의 아버지는 복합경화증으로 불편을 겪고 있다.

- 메레트 위간드의 몸은 서서히 죽어 갔다. 증상이 다른 복합경화증의 결과였다. 우리는 안식년 기간에 침대에만 누워 있는 그 여자를 보러 갔다. 그 여자는 말도 하지 못했다. 그리고 얼마 되지 않아 손가락으로 "언제 갈 수 있을까?"라고 이불에 쓸 수 있을 뿐이었다. 메레트와 그의 남편은 참으로 심한 고통을 겪었지만, 메레트는 잘 견뎌 냈다. 나는 장례식장에서 그 둘이 경험한 하나님의 은혜에 감사드렸다.

- 나의 가정 교회 성도 가운데 여덟 명의 남자가 상쾌한 오후에 호수로 낚시를 나갔다. 그때 갑작스런 돌풍이 왜 일어났는가? 요동하는 물에서 뒤집어진 보트에 매달려 있던 한 사람만 살아남았다. 수백 명이 장례식에 참석했다. 아무런 말이 필요 없었다. 진실한 눈물뿐이었다.

- 국제 SEND 설립자이자 사장인 필 암스트롱은 최근 은퇴했는데, 디트로이트의 한 식당에서 함께 점심을 먹었다. 그때 그는 내 눈을 뚫어지게 들여다보면서 쉰 목소리로 물었다. "나는 언제 이 땅에서 저 하늘나라로 가게 될까?" 얼마 후 그는 폭풍에 휘말린 소형 비행기 속에서 알래스카 바다 위를 이리저리 날고 있었다. "안녕히 계십시오. 고맙습니다. 우리는 폭풍에 말려 들어가고 있습니다." 이것이 마지막 무전 내용이었다. 비행기나 필이나 그 외 다른 탑승객의 자취는 전혀 찾을 수 없었다.

- 형언할 수 없을 정도로 아름다운 카슈미르 산에서 나와 아내는 휴가를 즐기고 있었다. 우리는 여기서 한 연로한 영국인 의료 선교사를 만났다. 그 선교사는 인도에서 평생 헌신적으로 사역했으며, 이제 은퇴를 준비하고 있었다. 우리가 그곳을 떠나기 전날, 한 친구가 우리 호텔로 와서 그 의사를 함께 찾아보자고 했다. 등산을 갔는데 돌아오지 않았다는 것이다. 우리는 쉽게 그 선교사를 발견했는데, 가파른 절벽

바로 아래에 선교사의 몸이 형편없이 부서져 있었다. 그 의료 선교사의 은퇴를 축하하기 위해 예정된 파티는 취소되었고, 대신 추도 예배가 열렸다.

- 돈과 돌리 부부는 우리 친구였다. 어느 늦은 저녁, 부부가 함께 침대 옆에 무릎을 꿇고 앉아 기도하고 있었다. 그때 그들이 입양한 아들이 창문 틈으로 면밀하게 조준하여 방아쇠를 당겼고, 총알은 돈의 머리를 맞추었다. 다행히 그는 목숨을 잃지 않았다. …… 그리고 그는 아들을 용서했다.

- 레이 셰퍼는 나와 많은 이야기를 나눴다. 그는 호주 침례교 선교회 책임자였는데, 우리에게는 공통 관심사가 많았다. 헌신적이던 그의 아내는 암으로 죽었다. 그는 두 번째 아내와 함께 이리안자야에 선교 여행을 갔다. 몇 달 후 나는 그 운명의 장소로 날아가야 했다. 폭풍으로 조종사와 레이와 그의 아내 모두 이리안자야에서 사망했기 때문이다.

당신은 이런 의아스러운 일에 대한 해답을 갖고 있는가? 작가 로렌스 샌더스(Lawrence Sanders)는 해답이랍시고 이렇게 말한다.

아담 이래로 이 세상을 좌절시켜 온 괴로운 질문에 대한 해답을 알고 있는가? 나는 그 해답을 알고 있다. 하나님을 어릿광대라고 생각해 보라. 모든 일을 해결하는 하늘의 어릿광대 말이다. 부당한 고난, 불의, 고통, 이 모든 것은 하나님을 어릿광대라고 생각하면 갑자기 이해가 된다. 지진이 수많은 사람을 죽인다? 익살스러운 희극이다. 볼리비아에서 다리가 무너져 죄 없는 사람이 30명이나 익사한다? 대단한 연극이다. 내 말을 이해하겠는가? 나면서부터 백혈병인 아기? 헤어 나올 수 없다. 하늘의 어릿광대. 그렇게 생각해 보라. 그 생각이 자리 잡으면, 당신은 기대앉아 공연에 박수를 보낼 수 있다.

— Mr. & Ms. 1984, 8

전도서 저자의 말에 당신은 동의하는가?

내가 다시 해 아래에서 행하는 모든 학대를 살펴보았도다 보라 학대받는 자들의 눈물이로다 그들에게 위로자가 없도다 그들을 학대하는 자들의 손에는 권세가 있으나 그들에게는 위로자가 없도다 그러므로 나는 아직 살아 있는 산 자보다 죽은 지 오랜 죽은 자들을 더 복되다 하였으며 이 둘보다도 아직 출생하지 아니하여 해 아래서 행하는 악한 일을 보지 못한 자가 더 복되다 하였노라.

— 전 4:1-3

내가 문제를 지나치게 심각하게 만들었는가? 내가 예로 든 이야기가 너무 끔찍했는가? 앞 내용을 읽고 낙망에 빠졌는가? 계속 읽어 나가라. 우리는 먼저 무슬림의 반응을 살펴본 다음, 고통과 그 목적의 문제에 대한 그리스도인의 반응을 생각할 것이다. 영성은 날마다의 생활이라는 어려운 현실에서 결코 동떨어진 것이어서는 안 된다.


## 무슬림과 운명론

이것은 매우 간단하다. 무슬림의 생애에서 일어나는 모든 일은 알라의 뜻이다. 모든 것을 미리 알고 계시며 예정하신다. 하나님을 독실하게 따르는 사람이라면 오로지 복종해야 하며 결코 의심해서는 안 된다. 도자기공은 진흙을, 인형극 연출가는 인형을 자기 의도에 따라 만든다. 나의 무슬림 친구들 말대로 "알라는 알파요, 오메가다. 인간이 무슨 일로 주권적인 하나님의 행위에 영향 끼칠 수 있겠는가?"

새뮤얼 즈웨머는 이러한 생각에서 더 나아가 하나의 공동체로서의 이슬람교를 비판한다.

> 하나님이 선도 악도 마음대로 하신다면, 하나님의 뜻이 변덕스러워도 피할 길이 없다. 종교로서의 이슬람교는 체념을 뜻한다. 운명론은 전진을 중단시킨다. 철과 같이 무거운 운명론이라는 멍에 아래 소망은 무너진다. 불의와 사회 부패는 그대로 용인되고, 어느 누구도 다른 짐을 지지 않는다.
>
> — 즈웨머 1907, 95

나는 획일적으로 일반화하는 이런 글을 읽으면 마음이 아프다. 즈웨머는 내가 가장 좋아하는 이슬람교 전문 학자다. 나는 그의 책을 열여덟 권이나 갖고 있다. 그는 무슬림을 전도하며 일생의 대부분을 보냈다. 그러나 그는 종종 식민주의적인 글을 써서 무슬림에게 깊은 상처를 준다. 반대로 기독교의 영향에 오랫동안 노출된 문화권의 사회적인 죄를 그런 식으로 비판한다면 서양 사람은 잘 참아 낼 수 있겠는가? E. 스탠리 존스(Stanley Jones)는 이슬람교의 운명론을 비교적 덜 비판적으로 말하고 있다.

> 이슬람교는 여러 면에서 위대하고 고상하지만, 그럼에도 동양의

삶에 광대한 부분을 볼모로 잡아 성장을 막고 있다. 불공평과 고난을 하나님의 뜻으로 인정하는 이슬람교를 받아들인 문화권은 마비되기 때문이다. 그것은 마약과 같다.

— 존스 1933, 61

그러나 이런 식으로 말한다면 우리는 종교를 마약이라고 말한 마르크스의 주장으로 후퇴하여 끌려오는 셈이다. 존스는 원래 그 말이 그리스도인을 비판하는 말이었음을 잊은 것일까? 그리스도인으로서 우리는 역사적으로나 신학적으로 복종과 순응을 하나님의 더 높은 행위에 대한 마땅한 응답이라고 가르쳐 오지 않았는가? 이 문제에 관하여는 이 장 후반에서 살펴볼 것이다.

즈웨머와 존스의 말은 충분히 일리 있으나 여기에서 좀 더 나아가야 한다. 킴 구스타프슨(Kim Gustafson)은 결정론, 즉 운명론을 다음과 같은 목록으로 제시했다.

| 이슬람교의 결정론 |

| 태도 | 결과 |
|---|---|
| 만족, 평안, 인내, 참을성 | 하나님의 명령을 수용; 행복; 사회적 현상 수용 |
| 비관적 | 삶을 변화시킬 확신 부족; 변화나 진보에 대한 부정적 시각 |
| 부패 | 실수나 실패, 죄에 대한 개인의 책임을 회피하고 운명으로 돌림 |
| 자만심 | 독창성과 창의성 부족; 과거 또는 전통에 집착 |
| 현재의 삶에 대한 평가 절하 | 어렵고 좌절되는 환경을 수용; 진보를 믿지 않음; 미래의 구원에만 의미를 둠 |

십자가와 초승달

## 신학적 조망

꾸란의 몇 구절은 하나님의 목적에 따른 주권적인 역사에 관해 말한다.

> 하나님의 뜻이 있어 인도하고자 하는 자를 위해서는 그들의 가슴을 이슬람에로 열었으며 그분의 뜻이 있어 방황케 하고자 하는 자를 위해서는 그들의 가슴을 좁게 하시니 이는 그들이 하늘에 오르는 것과 같더라.
>
> — 수라 6:125

> 그것으로 당신의 뜻에 따라 방황하는 자 있을 것이요 그것으로 당신의 뜻에 따라 옳은 길로 가는 자 있을 것이니.
>
> — 수라 7:155

> 하나님은 그분이 원하는 자를 그분의 은혜 속에 들게 하시나 사악한 자들을 위해서는 고통스러운 응벌을 준비하셨노라.
>
> — 수라 76:31

이슬람의 신학은 무엇보다 꾸란에 기초한다. 앞의 구절과 그 밖의 다른 구절로 볼 때 하나님이 처음 원인과 마지막 원인이 되신다는 사실은 분명하다. 알라의 뜻은 인간의 모든 행동을 주관한다. 어떤 경우에 그분은 자신의 피조물을 타락시킨다. 이 특별한 구절은 무슬림 신학자로 하여금 주석가 역할까지 하게 만들었다.

하디스(전통)는 성스러운 경전을 구체화하고 개인화한 것이다. 여기에는 실제 사건만이 아니라 꾸란이 삶에 적용된 모습도 기록되어 있다. 삶의 특정한 경험 가운데 무함마드는 무엇을 말하고 행동하는가? 그는 역사적, 문화적 배경 가운데 꾸란의 명령을 어떻게 해석하는가? 다음 하디스는 하나님의 주권을 이야기한다.

> 그의 딸 한 명에게서 그녀의 자식이 죽을 것 같다는 전갈이 왔다. 예언자 무함마드는 딸에게 이렇게 전하라고 말하였다. "취하시는 분도 알라이시고, 주시는 분도 알라이시며, 모든 것에 그 정한 때 (한계)가 있다."
>
> — 부카리 8권, 391

다음 구절도 같은 주제를 다루고 있다.

> 예언자 무함마드는 우리에게 오셔서 앉으셨고 우리는 그를 둘러앉았다. 그는 손에 작은 막대기를 갖고 계셨다. 머리를 굽히시고 그 막대기로 땅에 글을 쓰기 시작하셨다. 그리고 말씀하셨다. "너희나 어느 피조물 가운데서 그의 갈 곳이 천국인지 지옥인지가 정하여지지 않는 사람은 없으며 축복받을 자인지 저주받을 자인지 결정되어 있지 않은 자는 없다."
>
> — 부카리 2권, 250-251

한 사람의 운명에 대한 책임은 알라에게 있는 것 같다. 이것은 하나님이 변덕스러운 성품을 갖고 있다는 의미인가? 알라만이 알고 있는 지식에 대해 말하는 하디스도 있다.

십자가와 초승달

예언자가 말하기를 "보이지 않는 것의 열쇠는 다섯이니 이를 아는 자는 알라뿐이시다. (1) 태아의 성별은 알라 외에 아무도 알지 못한다. (2) 내일 일어날 일은 알라 외에 아무도 알지 못한다. (3) 언제 비가 올 것인지는 알라 외에 아무도 알지 못한다. (4) 죽을 날이 언제인지 알라 외에는 알지 못한다. (5) 심판의 시간이 언제인지 알라 외에는 아무도 알지 못한다."

— 부카리 9권, 353-354

무슬림 신앙의 다른 면은 있는가? 분명코 있다. 다음의 하디스에 강조되어 나타난다.

알라가 이와 같이 말하였다. 우리는 예언자 무함마드와 함께 바키 알-가르카드의 장례식 행렬에서 걷고 있었다. 그가 말씀하시기를, "너희 중에 천국이나 지옥의 불이냐가 결정되어 있지 않은 사람은 없다." 그들이 말하였다. "오 알라의 사신이시여, 우리가 그 사실을 의지하고 선행을 하지 않아도 되겠나이까?" 그는 대답하셨다. "계속 선을 행하여라."

— 부카리 6권, 442

여기서 신학적 긴장이 이율배반 형태로 나타난다. 이율배반이란 두 가지 진실해 보이는 말 사이에 존재하는 모순이라고 할 수 있다. 무함마드의 추종자들은 논리적으로 보이려고 노력하고 있었다. 그들의 운명이 알라에 의해 결정된다면, 쉬면서 편한 육신의 길을 따라가지 않을 이유가 어디 있겠는가? 도덕성과 높은 윤리를 지키기 위해 싸워야 하는 이유는 무엇인가?

한 사람의 영원한 운명이 하나님의 높은 뜻에 의해 예정되어 있다면, 누가 하나님의 뜻을 바꿀 수 있겠는가?

예언자 무함마드가 상반된 이야기를 했는가? 제자들에게 그들의 영원한 운명이 선행에 달려 있기라도 한 것처럼 선행을 계속하라고 말하는 이유는 무엇인가? 기독교계에 많은 분열을 가져온 신학적 논쟁에 대해 잘 알고 있는 사람은 무슬림의 이 문제를 즉시 이해할 것이다. 인간의 자유 의지와 하나님의 예정론은 성경을 믿는 그리스도인들 사이에서 수 세기 동안 뜨거운 논쟁을 불러 일으켰다. 이 한 가지 교리적 문제가 수많은 교파를 분열시켰으며 새로운 교파를 만들어 내기도 했다. 그러나 그리스도인 대부분은 자유 의지와 예정론을 모두 믿는다. 이러한 역설은 신비로운 하나님을 만날 수 있게 만든다. 무슬림의 경우도 마찬가지인가?

이 문제에 관한 윌리엄 치틱(William C. Chittick)의 말은 도움이 된다.

> 이슬람 역사를 오랫동안 편견 없이 살펴본 결과, 무슬림 가운데서 '운명론'의 경향은 거의 찾을 수 없다. 그리고 사실상 꾸란과 그 밖의 다른 예언적인 말씀을 면밀히 조사하면, 예정론에 관한 언급과 최소한 맞먹을 정도로 인간의 자유 의지와 선택권, 책임에 관한 언급이 많다는 것을 알 수 있다. 무슬림은 어떤 사람에게 "당신은 확실히 예정되었으니 선행을 하거나 나쁜 짓을 하라"고 말하는 것이 주제넘고 이치에 맞지 않는 일이라는 사실을 잘 알고 있다. 사실상 인간이 처한 위치는 양 극단 중간 어디쯤 되는 장소이기 때문이다. 인간은 예정되었으나, 그가 택할 길은 자유 의지로 스스로 결정해야 한다. 인간이 자유롭지 못하다면 하나님은 믿을 수 없을 만큼 심한 폭군으로, 사람들에게 책임이 없는 일로 사람들을 벌주는 존

십자가와 초승달

재가 되는 것이다. 그러나 하나님은 공의로우시며 모든 것을 제 위치에 놓으시는 분이다.

— 치틱 1983, 113

이슬람교를 전문적으로 연구하는 그리스도인 학자 두 명이 다음과 같은 간결한 말로 무슬림의 정신을 요약했다. "그렇다면 결국 꾸란은 하나님의 전능하심과 인간의 책임이라는 두 가지 상호 보완적인 진리를 지적으로 융합시키지 않으면서도 강력히 주장하는 것이다. 이것은 또한 성경의 기본적인 입장이기도 하다"(벨과 와트 1970, 152).

끝으로 무슬림 세계에서 매우 탁월한 학자인 세예드 호세인 나스르가 이 교리에 관하여 어떻게 말하는지 들어 보는 것이 좋겠다. 그는 무슬림이 운명론적이라는 비난에 대해 이렇게 말한다.

이슬람이 운명론적이라고 한다면, 70년 만에 세상의 절반을 지배할 수 없었을 것이다. 세상에서 가장 남성적이고, 군주적이며, 힘이 넘치는 사회인 무슬림들을 보고 운명론적이라고 하는 것은 사실상 불합리하다. …… 그러나 이슬람교에서 강조하는 것은, 자유는 전적인 의미에서 하나님 한 분에게만 속해 있다는 것이다. 그럼에도 우리는 이 자유를 공유하고 있으므로 선택해야만 하는 책임이 주어진다. 우리에게 이러한 책임이 없다면, 종교적인 믿음에 진정한 의미는 없을 것이다.

— 나스르 1966, 19-20

## 실제적인 문제

앞의 사실로 미루어 보아 무슬림이 악과 고통, 고난과 같은 무거운 문제를 어떻게 생각하는지 알 수 있겠는가? 하나님이 최초의 원인이 된다는 '믿음' 때문에 무슬림은 삶의 문제를 항상 하나님에게 돌린다. "그것은 알라의 뜻이야"라는 말은 일종의 만병통치식 체념의 말이다. 무슬림의 입에서 이 말을 100만 번도 더 듣는다. 그러나 여기서 끝나는 것이 아니다. 그다음으로는 책임을 사람에게 돌린다. 가능하면 그 문제의 좀 더 직접적인 원인이 되는 개인이나 단체를 저주한다.

여기에 그리스도인과 무슬림의 차이가 있다. 그리스도인은 먼저 사람에게서 원인을 찾고 나서 하나님의 뜻을 생각하며 체념한다. 그러나 무슬림은 반대로 하나님에서 시작하고 나서 인간에게 책임을 지운다.

알라의 뜻에 순종하는 무슬림의 성향은 원기를 쉽게 회복하는 민족성을 낳는 것 같다. 나와 아내는 20년 동안 구 동파키스탄, 그러니까 현재의 방글라데시에서 살았다. 이 무슬림 국가는 인구가 1억 명이 좀 넘는데, 항상 다음에 닥칠 재난이 준비되어 있었다. 재난이 엄청난 힘으로 몰아닥치는 방글라데시를 관측하면서 나는 항상 놀라움을 금치 못했다.

1970년 11월, 굉장한 폭풍이 벵골만에 이르러 동파키스탄 남부의 해안 지역을 강타했다. 시속 220킬로미터의 바람으로 4.5미터 높이의 파도가 일어 거의 32킬로미터이나 되는 지역을 뒤덮어 버렸다. 물은 내륙으로 16킬로미터 정도 들어왔으며 그 가운데 있는 모든 것을 흔적도 없이 싹 쓸어버렸다. 그 운명의 밤, 일당 노동자 수천 명이 농작물을 추수하기 위해 풀밭이나 대나무 헛간에서 잠을 자고 있었다. 경고도 전혀 소용 없었다. 도망갈 곳이 없었기 때문이다.

여덟 시간 후, 방글라데시는 금세기 최대의 자연 재해를 겪은 나라로 세상에 알려졌다. 달빛이 빛나던 그 밤에 하나님이 창조하신 50만의 귀한 남녀와 아이가 벵골만의 파도치는 성난 물결에 휩쓸려 목숨을 잃었다.

새벽이 찾아왔다. 황폐함만이 남았다. 그 땅은 난폭하게 유린되었다. 집, 동물, 들판의 곡물, 나무 등 아무것도 남지 않았다. 옛날 노아와 그의 가족이 그러했듯이 몇 안 되는 사람만이 남아서 그 이전의 삶을 증거하고 있었다. 이내 수도 다카에서 우리에게 소식이 들려오기 시작했다. 구호품이 수송되어 오고 있다는 것이었다. 세계의 많은 사람이 믿을 수 없을 만큼 많은 물품을 보내 주었다.

그 지역의 우물 구덩이 속에서 침례교 선교사들과 함께 일할 수 있던 것은 특권이었다. 식수가 가장 큰 문제였다. 멍한 상태의 무슬림 생존자들 사이를 걸어 다니면서 나는 방금 겪은 엄청난 재해에 대한 그들의 반응을 주의 깊게 살펴보았다. 충격과 고통의 모습이 역력했다. 그러나 그들은 자연 재해는 인간의 능력으로 어찌할 수 없는 것이며, 오직 알라만이 바람과 비와 파도에 힘을 불어넣을 능력을 지니셨다고 믿고 있었다. 그렇기 때문에 그들 얼굴에서 당혹감이나 의문은 찾아볼 수 없었다. 하나님의 뜻이라는 데 강조점을 두고, 그 뜻에 의문을 품을 것이 아니라 받아들여야 한다는 것이다.

1971년, 그들의 이러한 생각에 미묘한 변화가 있었다. 그해에 반란이 일어났다. 서파키스탄의 정치적 지배 아래 굴욕적인 24년을 살아온 동파키스탄이 빈약하나마 힘을 모아 독립 전쟁에 승리한 것이다. 동파키스탄이 방글라데시가 된 순간, 다카에 있던 나는 말로 표현할 수 없는 기쁨을 맛보았다. 나는 그 무시무시한 비극의 여러 날 동안 우리가 체류하도록 후원해 준 기도의 동역자들에게 '탄생 카드'를 보냈다.


1971년 3월 25일부터 12월 16일까지 달수를 다 채우고 14일간 진통 끝에 제왕 절개술로 세계에서 여덟 번째로 큰 나라가 탄생함.

이름: 방글라데시
규모: 인구 75,000,000명
상태: 극도의 환호
전망: 민주주의, 사회주의, 그리고 종교의 자유

대가가 없지 않았지만 독립이 성취되었다. 독립을 위한 전쟁에서 상실한 것을 계산해 낼 수 있는 사람은 아무도 없었다. 다카 대학에 시체 수백구가 버려져 산더미처럼 쌓여 있는 것을 보았다. 한번은 길을 가다가 한 마을이 완전히 전소되어 폭삭 주저앉은 광경도 보았다. 차를 타고 다카 주변을 가다가 여섯 살 된 딸의 관심을 딴 데로 돌리려고 애써야 하던 때도 자주 있었다. 구식이지만 죽이기에는 충분한 라이플총으로 무차별하게 난사당한 시체 옆을 지나고 있었기 때문이다. 그렇게 난사한 사람은 그 일로 인정받았을지도 모른다. 나는 한 지하 엄폐호에 가 보았는데, 군인들은 아름다운 벵골 여자들을 위안부로 그곳에 잡아 두고 있었다.

그처럼 소름 끼치는 9개월 동안 우리는 살았으나 죽은 자들 사이를 걸어 다녔다. 희망도, 기쁨도, 웃음도 없었다. 밤은 총과 수류탄 소리로 가득했다. 낮에는 나라의 상황을 알기 위해 단파 방송의 뉴스에 귀를 기울이기도 하고 최근에 떠도는 소문을 듣기도 했다.

그런 이야기를 하는 것은 허망하고 무의미하여, 했던 이야기를 또 하는 식이었지만 일종의 카타르시스가 되었다. 나는 무슬림 친구에게 정곡을 찌르는 말을 하기도 했다. "무슬림이 같은 신앙을 가진 사람들을 대량 학살하는 일이 어떻게 있을 수 있소?" 나는 이 질문을 거듭했다. 자동 발사 소총의 소음 위로 기도하라는 소리가 들려올 때, 내 무슬림 친구들은 암기한 신학 이론과 실제적인 현실 사이에서 고민했다. 그들은 알라의 주권 아래 안락하게 쉬기를 원했다. 그러나 그럴 수 없었다. 눈앞의 현실은 매우 급박했다. 화가 나서 그들은 이렇게 대답했다. "저 돼지 새끼들은 무슬림이 아니야. 그들은 영원히 지옥 불에 탈 이교도 놈들이야." 아마도 사람들에게 고난을 허락하신 분은 결국 알라인지도 모른다. 그러나 벵골인들로서는 방아쇠를 당기고 대포 쏘는 사람을 초월하여 그 너머를 보는 시각을 갖기란 어려웠다.

또 한 가지 짚고 넘어가야 할 것이 있다. 오래되지 않은 일인데, 카불에 사는 압둘이 우리 독서 센터에 들렀다. 그는 고향인 아프가니스탄에서 일어나고 있는 대량 학살을 가슴 아파했다. 그의 가족은 계속되는 위험 속에서 살고 있으며 어두워지면 아무도 밖에 나가지 않는다고 했다. 나는 그러한 비극의 이유를 설명해 달라고 요청했다. 압둘은 자기 민족의 고난은 알라를 배반한 직접적인 결과라고 주저 없이 말했다. 그의 말은 청산유수처럼 흘러 나왔다. "아프가니스탄 사람들은 무슬림이 아니야. 그들은 부정직하고, 포도주를 마시며, 간음을 범하고 있어. 하나님이 진노하셔서 우리를 벌하시는 거야. 우리 민족이 회개하고 알라에게 돌이키면, 이 혼란은 끝나고 평화가 올 거야." 나는 고통과 고난에 대한 이유를 이렇게 말하는 무슬림을 많이 보았다.

그러므로 이슬람교의 관점에서 볼 때, 하나님은 그분의 뜻을 이루기 위하여 여러 도구를 사용하시지만 최초의 원인인 것은 틀림없다. 그런데 그리스도인은 이 문제를 회피하지 않고 좀 더 깊고 심오하게 고민하는 것으로 보인다.

# 그리스도인과 우주적 고뇌

저명한 그리스도인 저술가 캐서린 마샬(Catherine Marshall)은 남편과 두 손자의 죽음을 감내하면서 겪은 고통을 이렇게 고백했다.

> 우리는 마음속으로 "하나님이 어떻게 이런 일을 허락하실 수 있을까?"라고 울부짖을 때가 있다. 하나님이 정말로 살아 계시며 우리를 사랑하신다면, 우리에게 이러한 일이 일어나는 것을 기뻐하지 않으셨을 것이다. 그렇다면 그런 재난을 막을 힘이 없는 하나님이 어떻게 하나님일 수 있는가? 그리스도인의 삶을 시작한 사람들에게 이것은 무엇보다 가장 어려운 문제다. 바로 이 악의 문제가 나를 넘어지게 하는 걸림돌이 되어 왔다.
>
> — 마샬 1974, 3

마음을 괴롭히는 이 문제로 씨름하던 수많은 그리스도인은 결국 하나님이 자신의 능력에 한계를 세워 놓으셨다는 결론에 이른다. 그분은 환경과 자연을 허락하시고, 자연적인 재해로 인한 희생도 허락하신다. 하나님은 그러한 일에 직접 관여하지 않으시며 책임도 지지 않으신다. 랍비 해럴드 쿠쉬너는 이러한 설명에 만족하는 것으로 보인다. 그는 '빨리 늙는 병'인 조로증으로 열네 살에 죽은 아들 아론에 대한 감동적인 이야기를 썼다. 아론의 키는 90센티미터 이상 자라지 않았다. 그는 사춘기 연령에 이미 죽을 때가 되어 머리가 빠지고 주름진 할아버지처럼 보였다. 〈뉴욕 타임즈〉(*New York Times*)에 실린 "선한 사람에게 나쁜 일이 생길 때"(When Bad Things Happen to Good People)라는 쿠쉬너의 글은 8개월 동안 베스트셀러였다. 쿠쉬너는 다음과 같은 간결한 말로 자기의 생각을 기술한다.

> 나는 하나님을 믿는다. 그러나 예전에 내가 성장할 때와 신학생일
> 때 믿던 것과는 다르다. 나는 하나님의 한계를 인식한다. 하나님
> 은 자연의 법칙과 인간성의 변화와 인간의 도덕적 자유 때문에 제
> 한을 받으신다. 나는 병, 사고, 자연재해에 대한 책임을 더 이상 하
> 나님에게 묻지 않는다. 그러한 일에 대해 하나님을 탓하면 내가 얻
> 는 것은 거의 없고 잃는 것이 매우 많다는 것을 알기 때문이다. 내
> 세우는 이유가 어떻든 고의로 아이들이 고난당하고 죽게 만드는
> 하나님보다는 고난을 싫어하지만 없앨 수 없는 하나님을 경배하
> 기가 쉽다. 몇 년 전 "하나님은 죽었다"는 신학이 판을 칠 때, "나의
> 하나님은 죽지 않으셨는데, 너의 하나님이 죽었다니 안됐다"라는
> 스티커를 본 기억이 난다. 나는 이렇게 말할 수 있다. "나의 하나님
> 은 잔인하지 않다. 너의 하나님이 그렇다면 정말 유감이다."
>
> ― 쿠쉬너 1981, 134

쿠쉬너의 결론에 찬성하지 않을 수도 있겠지만, 그가 삶을 압도하는 미
지의 문제를 해결하려고 진지하게 노력했다는 점은 높이 사야 한다. 신빙
성 있고 지적으로 만족스러운 해답을 찾으려는 그의 노력은 사랑하는 아들
이 늙은이로 서서히 퇴화하여 죽어 가는 모습을 보는 모진 시련 속에서 커
졌다. 그 부모가 13년 동안 겪어야 했던 고뇌를 어느 누가 상상이나 할 수
있겠는가?

그러면 우리는 지금 어디에 와 있는가? 우리는 17세기 신비주의자 잔느
귀용(Jeanne Guyon)의 다음과 같은 말에 동의하는가? "인생의 문제에서 해답

을 알아야만 하겠다는 생각이 들면, 인생의 여정을 잊어버리라. 인생은 알
수 없는 여정, 즉 해답이 없는 문제, 불가해한 수수께끼, 납득할 수 없는 일,
그리고 무엇보다도 불공평한 것이기 때문이다"(귀용 1984, 37). 이러한 견해는
'기독교적 불가지론'이라는 미로로 우리를 몰고 가는 것처럼 보인다. 이 말
은 모순인 것 같지만, 믿음을 고난에 적용해 보려고 진지하게 노력했으나
실패한 사람들에게 특별한 호소력이 있다. 신비와 불가지론, 이 둘이 밀접
하게 동맹을 맺은 적수로서 고민하는 신자를 괴롭히고 있는 것은 아닌가?

종종 심각한 괴로움에 직면하는 선교사들에게 나는 다음 질문으로 면밀
한 검사를 시도했다. "악과 고난의 문제에 관해 하나님을 의심하는가?" 응
답자 중 69퍼센트 이상이 "그렇다"라고 답하며 우려를 표명했다. "핵전쟁
의 위험이 당신을 괴롭힙니까?"라는 질문은 개인적인 차이가 있지만, 일반
적으로 그러한 전쟁이 인간에게 끼치는 파괴적인 영향을 생각하게 만든다.
응답자의 54퍼센트가 "그러한 위험에 대해 전혀 염려한 적이 없다"고 답한
것을 보고 나는 놀랐다. 이렇게 답한 이유는 다른 질문에서도 볼 수 있는데,
선교사들 중 90퍼센트가 "영생에 대한 확신이 있다"고 말했다. 이러한 확신
은 핵전쟁에 대한 근심을 감소시킬 수 있다.

## 성경

성공회의 위대한 설교자 존 스토트(John Stott)가 방글라데시 다카에서 열린
회합에 초청 강사로 왔을 때다. 하루는 그에게 점심을 대접하기 위해 함께
외출했다. 나는 인간의 고난에서 하나님의 역할이 무엇인가에 대한 내 마
음의 짐을 그에게 풀어 놓았다. 그의 대답은 타락과 십자가, 이 두 역사적인
사건에 집중되어 있었다. 스토트는 인간의 타락과 성경 전반에 퍼져 있는
타락의 영향이 모든 것을 포괄하는 해답이 된다고 말했다. 인간은 비록 구

속받을 수 없는 정도는 아니더라도 극도로 타락했다는 것이다. 심지어 보기에 좋았던 동물과 자연도 악의 잠재력을 지니게 되었다.

스토트는 그다음으로 피조물을 위해 함께 고통당하시는 하나님에 대해 말했다. 그는 "처형당하시는 하나님"(God on the Gallows)이라는 제목의 글에서 자신의 견해를 이렇게 요약한다.

> 십자가가 아니었다면 나는 결코 하나님을 믿을 수 없었을 것이다. 고통스러운 세상 가운데 고통에서 면제된 하나님을 어떻게 경배할 수 있단 말인가? 나는 아시아 여러 나라에서 많은 불교 사원에 들어가 보았다. 부처는 좌정하여 팔짱을 낀 채 눈을 감고 있었으며, 입가에는 미소가 감돌고, 멀리서 볼 때는 세상의 고뇌에서 멀리 떨어진 모습이었다. 그러나 시간이 조금 지나면 나는 매번 그곳에서 돌아서야 했다. 그리고 마음속에서부터 외롭고 뒤틀린 고문당하는 모습의 십자가로 되돌아갔다. 손과 발에 못이 박히고, 등에는 채찍을 맞았으며, 사지는 초췌하고, 이마는 가시 때문에 피가 흐르며, 참을 수 없는 갈증으로 입술은 마르고, 하나님이 저버린 어둠 속에 빠진 모습. 그분이 나를 위한 하나님이다! 그분은 고통에서 제외되기를 거부하셨다. 자신의 살과 피를 내어 주며 눈물과 죽음이 있는 세상으로 직접 들어오셨다. 그분은 우리를 위해 고난당하신 것이다. 그분의 고난에 비추어 보면, 우리의 고난은 좀 더 감당하기 쉽다. 인간의 고난에 대해 여전히 의문이 남아 있지만 그 부호 위에 우리는 당당하게 다른 부호, 즉 하나님의 고난을 상징하는 십자가를 그릴 수 있다. P. T. 포사이스(Forsyth)는 이렇게 썼다. "그리스도의 십자가는 …… 이 세상에서 하나님의 공의를 가능케

하는 유일한 방책이다."

— 스토트 1987, 30

스토트의 말을 십자가 이전 수천 년의 세월에도 동일하게 적용할 수 있는가? 하나님이 십자가에서 돌아가시기 전에 태어난 사람도 "그분이 나를 위해 십자가에서 돌아가신 하나님이다"라고 말할 수 있을까? 나는 이 점을 의아하게 생각한다.

성경은 신비로운 차원의 이 문제를 회피하지 않는다. 시편 73편은 이러한 점을 강조한다.

> 나는 거의 넘어질 뻔하였고 나의 걸음이 미끄러질 뻔하였으니 이는 내가 악인의 형통함을 보고 오만한 자를 질투하였음이로다 그들은 죽는 때에도 고통이 없고 그 힘이 강건하며 사람들이 당하는 고난이 그들에게는 없고 사람들이 당하는 재앙도 그들에게는 없나니 …… 볼지어다 이들은 악인들이라도 항상 평안하고 재물은 더욱 불어나도다 내가 내 마음을 깨끗하게 하며 내 손을 씻어 무죄하다 한 것이 실로 헛되도다 나는 종일 재난을 당하며 아침마다 징벌을 받았도다.
>
> — 시 73:2-5, 12-14

시편 기자는 우울하고 내성적인 생각의 늪으로 빠져들기 시작한다. 악인은 참으로 일이 잘되고 있다! 새 마차, 궁전 같은 집, 가난한 자 위에 군림하는 권력, 미식가의 진미, 알곡이 가득한 창고. "그러나 하나님, 그들은 악인입니다. 그들은 당신과 당신의 의를 부정합니다. 당신의 정의는 어디에, 과연 어디에 있습니까?"

십자가와 초승달

시편은 계속된다.

> 내가 어쩌면 이를 알까 하여 생각한즉 그것이 내게 심한 고통이 되었더니 하나님의 성소에 들어갈 때에야 그들의 종말을 내가 깨달았나이다 주께서 참으로 그들을 미끄러운 곳에 두시며 파멸에 던지시니 그들이 어찌하여 그리 갑자기 황폐되었는가 놀랄 정도로 그들은 전멸하였나이다.
>
> — 시 73:16-19

신자는 철학이나 이성 또는 논리로 하나님의 신비를 깨달아야 하는가? 아니면 하나님의 성소에서 겸손하게 자신을 드러내야 하는가? 영적인 복잡성은 영적인 분위기에서 가장 잘 깨달을 수 있다. 믿음의 지각에 초점을 맞추면 좀 더 민감해지기 때문이다. 그렇다. 가난한 자는 압제자의 굴레 밑에서 신음한다. 그러나 그 결국은 아직 이르지 않았다. 하나님의 때가 되면 악한 자는 파멸하여 일순간에 망할 것이다. 그리고 믿음을 적용하는 과정에서 영혼은 자유로워지고 해방되며 새로운 확신을 얻을 것이다.

> 하늘에서는 주 외에 누가 내게 있으리요 땅에서는 주밖에 나의 사모할 이 없나이다 내 육체와 마음은 쇠약하나 하나님은 내 마음의 반석이시요 영원한 분깃이시라 무릇 주를 멀리하는 자는 망하리니 음녀같이 주를 떠난 자를 주께서 다 멸하셨나이다 하나님께 가까이함이 내게 복이라 내가 주 여호와를 나의 피난처로 삼아 주의 모든 행적을 전파하리이다.
>
> — 시 73:25-28

목소리가 나오지 않거나 마비된 것이라기보다는 영혼이 높이 날아올라 주님의 선하신 모든 일을 선포하는 모습이다. 얼마나 커다란 변화인가! 하나님을 찾는 자가 지금까지 그를 괴롭혀 온 혐오와 분노에서 벗어난 것이다. 그는 하나님의 성소로 피한다. 고요함과 겸손함 가운데서 그는 하나님의 위대한 계획을 깨닫는다. 세상적인 시야에 새로운 차원이 생겨나기 시작한다. 그 결과로 다른 신자도 하나님의 위대한 계획을 알도록 인도하며, 결국에는 믿음의 전쟁에서 영원한 전진을 하게 된다.

하나님의 말씀은 우리를 앞으로 내몰아 영적인 대경기장으로 들어가게 만드는 것 같다. 우리는 머뭇거리며 두려워한다. 그 대경기장은 적대적인 불신자로 꽉 들어차 있기 때문이다. 그들은 불경스러운 야유와 모욕을 내뱉는다. 그들은 우리의 감정에 채찍을 가하며 우리를 쓰러뜨린다. 그러나 그보다 급한 일이 우리 앞에 닥쳐 있다. 사자들이 포효하며 우리 주위를 맴돌고 있다. 사자는 날카로운 발톱으로 떨고 있는 우리를 위협한다. 우리는 이 자리에서 쓰러지고 말 것인가?

신체적인 면과 감정적인 면에서 우리에게 약속된 것은 환난이다. 좀 더 나은 것이 약속되어 있다면 좋겠지만 그렇지 않다. 경건의 시간을 인도한 적이 있다. 대상은 지성적이고 영적인 사업가들이었다. 말씀을 전하는 도중, 나는 시편 기자가 "의인이 버림을 당하거나 그의 자손이 걸식함을 보지 못하였도다"(시 37:25)라고 말한 것에 주목했다. 그러나 가뭄이나 홍수로 농작물이 피해를 입었을 때 그 처참한 결과를 그리스도인이라고 해서 겪지 않을 수 없다는 사실을 나는 방글라데시에서 거듭 목격했다. 즉각 그 사업가들 한 명이 내 말을 막아서며 격렬한 음성으로 말했다. "선생님, 그것은 하나님의 말씀입니다. 선생님이 그 진리를 어떻게 부인할 수 있습니까? 하나님이 자녀들로 굶주려 구걸하게 내버려 두지 않는다고 하십니다! 어떻게 하나님의 말씀을 의심할 수 있습니까?"

여기서 우리는 문화적인 충돌을 본다. 미국은 굉장히 부유한 나라다. 그 친구는 가난한 그리스도인을 한 번도 본 적이 없었다. 아마 거지가 있으리라고는 상상하지도 못할 것이다. 나는 그에게 음식과 의복이 핍절한 바울을 부드럽게 상기시켜야 했다(고후 6장). 히브리서 11장에 기록된 대로 하나님이 택하신 종들이 무서운 고난을 겪은 역사도 설명해야 했다. 마지막으로 나는 베트남과 캄보디아의 독실한 그리스도인들이 굴이나 숲에 숨어 산다는 사실도 말했다. 이들은 왕이신 하나님의 자녀이면서도 고난당하고 있는 세계 전역의 수많은 사람 가운데 일부에 지나지 않는다. 최근의 경우를 예로 들면, 재정적으로 넉넉한 30대 그리스도인이 무슬림이 우세한 지역에 살고 있었다. 이 친구는 무슬림에게 전도하기 위해 좀 더 잘 준비하려고 무슬림의 복음화를 주제로 한 내 세미나에 참석했다. 그는 얼마 전 "무슬림을 개종시키려 했다"는 죄목으로 체포되었다. 그에게 불리한 증거 중 하나는 내 세미나에 참석했다는 것이었다. 지금 그는 2년간 금고형을 치르고 있으며 항소할 근거도 없다. 그의 아내와 아이들은 그가 석방되기만 간절히 기다리고 있다.

의인에게 물질적인 풍요가 있으리라는 것은 사실상 구약 몇 군데에 암시되어 있다. 그러나 신약으로 들어오면, 우리는 스데반, 세례 요한, 야고보와 같은 이들이 그들 삶 속의 영적인 실재를 위해 엄청난 대가를 치르는 모습을 본다. 사도행전이 거듭 예를 들어 보여 주는 하나님의 약속은 환난에서의 구원이 아니라 환난 가운데서의 평안이다. 확실한 사실을 알기 원한다면, 그 어느 것보다 예수 그리스도의 말씀을 보면 된다.

이것을 너희에게 이르는 것은 너희로 내 안에서 평안을 누리게 하

려 함이라 세상에서는 너희가 환난을 당하나 담대하라 내가 세상
을 이기었노라.

— 요 16:33

성경적인 고난을 생각할 때마다 나는 스토트처럼 자꾸만 십자가로 이끌
려 가게 된다. 십자가의 상징! 얼마나 놀라운 사실인가! 십자가는 몹시 신
비스러운 동시에 매우 매력적이다. 나는 최근 필리핀 루손 섬의 한 반도인
바탄에 갔다. 그곳은 미국과 필리핀이 일본에 대항하여 최후의 처절한 전
투를 한 곳이다. 수많은 사람이 1942년 3월, 그 열대 땅에서 피 흘리며 죽어
갔다. 타는 듯한 더위 속에서 포성으로 지각이 뒤흔들렸다. 수척한 모습의
군인들 중 몇몇 신자는 하늘을 바라보며 이것이 십자가에서 나오는 신음의
메시지라고 생각했다. 며칠 후 전투가 끝나고 남은 것은 오로지 끔찍한 죽
음의 행렬뿐이었다.

나는 바탄에 있는 600미터 높이의 사맛 산 정상에 올랐다. 그곳의 경치
는 놀랄 만큼 아름다웠다. 그곳에서는 만을 가로질러 마닐라까지 볼 수 있
었다. 다른 방향으로는 코레히도(Corregidor) 섬이 보이는데 그곳은 맥아더
와 다른 이들이 돌로 된 요새에서 잠깐 머문 곳이다. 돌로 된 그 요새에 90
미터 높이의 십자가가 솟아 있는데, 2차 세계 대전 퇴역 군인들은 그 십자
가 꼭대기에 올라가 그렇게도 많은 동료가 죽어 간 수풀 우거진 시골 경치
를 볼 수 있었다. 나는 '시간의 잔해 위로 솟아 있는 십자가'를 노래한 찬송
가를 떠올리지 않을 수 없었다. 그 십자가는 일본인이 바탄 반도 전역에 회
개의 꽃다발을 놓으려고 오는 것을 보며 영광 가운데 서 있었다. 어쨌든 십
자가가 승리했다고 말할 수 있는 것 아닐까?

1986년 엘리 위젤(Elie Wiesel)이 노벨 평화상을 받을 때, 위원회는 그를

"세계에서 매우 영향력 있는 종교 지도자 중 한 명"이라고 말했다. 그는 2차 세계 대전 중 나치의 집단 수용소에 갇혀 있었다. 그는 '십자가의 공로'라는 힘의 뒷받침도 없이 그 모든 일을 홀로 견뎠다. 이 일을 생각하면서 나는 그에게 편지를 썼는데, 일부를 발췌하여 여기 싣는다.

> 저는 이번 주말 당신의 책 「나이트」(*Night*)를 다시 읽으면서 예수 그리스도께 붙여진 한 이름을 생각하지 않을 수 없었습니다. 그 이름은 '슬픔의 사람'으로, 예수의 성품과 기질의 한 면을 잘 보여 줍니다. 지식 있는 유대교인인 선생님은 유대교인이던 이 '슬픔의 사람'의 삶과 주장을 틀림없이 생각해 보셨을 것입니다. 그러나 저는 제가 구주와 메시아로 섬기는 이분을 선생님에게 다시 한 번 소개하기 위해 편지를 쓰지 않을 수 없었습니다. 저는 우리의 죄와 슬픔의 짐을 받아 주시는 그리스도만이 우리에게 '종국의 자유'를 주실 수 있다고 봅니다. 이 종국의 자유를 선생님은 '밤'이라고 표현하셨는데, 나는 예수께서 그 자유가 우리에게 적용될 수 있게 해주신다고 생각합니다. 적어도 제 경우, 자기파멸의 벼랑으로 달려가고 있는 세상 속에서 예수께서 주시는 소망의 말씀으로 낙망과 어둠을 이기고 진정한 자유를 발견했다는 것입니다. 그 말씀은 이것입니다. "세상에서는 너희가 환난을 당하나, 내 안에서 평화를 얻으리라." 그러므로 그리스도의 십자가로 말미암은 구속을 믿는 저는 인생의 터널 끝에서 빛을 발견합니다. 그렇지 않았더라면 제 일생은 낙망과 실패로 가득 찼을 것입니다.

위젤은 고맙게도 그가 속한 보스턴 대학의 편지지에 손수 쓴 답신을 보내왔다. "고맙습니다. 좋은 말씀 해주셔서 참 고맙습니다. 저에게 큰 의미가 있는 말씀입니다. 건강하십시오. 엘리 위젤." 나는 20세기 후반에 하나님이 이 세상에 보내신 위대한 경고의 선지자 위젤이 십자가의 큰 의미를 깨닫기를 계속 기도한다.

고난 가운데서 승리한 그리스도인들의 간증을 계속해서 나누기에 앞서 나는 저명한 기독교 지도자의 말을 인용하고자 한다. J. 리처드 체이스 (Richard Chase)는 휘튼 대학의 학장이며 정직한 하나님의 사람으로, 자신을 기꺼이 드러내 놓을 수 있는 사람이다. 휘튼 대학 신문의 사설에서 그는 의심과 믿음이라는 문제에 관해 이렇게 말했다.

> 문제를 안고 씨름할 때는 몰래 하고, 찬양은 공공연하게 해야 하는가? 자기선전 지향적인 세상에서 그렇게 해야 할 것 같은 유혹을 받지만, 하나님은 매끄럽게 말이나 잘하는 현대 기독교 웅변가의 도움이 필요하지 않으시다. 내가 흔들리더라도 하나님은 계속 하나님이다. 그분은 우리의 정직함을 보시는데, 우리는 그렇게 할 수 있는가. ……
>
> 나는 곤핍하거나 풍부하거나 상관없이 계속 하나님을 찬양할 것이다. 그분은 하나님이기 때문이다. 인간이 만들어 낸 자료의 냉철한 비교 연구로 의아한 마음이 생기고, 하나님의 신비를 설명해 내어 인생을 깔끔하게 꾸리고, 하나님을 우리 생각 속에나 담아 두려는 취지를 가진 사람들의 말이 신경에 거슬릴지라도, 나는 하나님을 섬길 것이다. 나는 곤란한 상황과 더불어 살 수 있다. 곤란한 질문에 대한 최적의 이론적 설명이 적합하지 않더라도 좋다. 로마서 8장의 사도 바울과 마찬가지로, 성령이 나를 위해 간구하고 계시

다는 것과 영원에 대한 궁극적인 소망이 때로는 내 유일한 도움이
된다. 그러나 그것이 바로 하나님의 도우심이다.

결국, 하나님을 인간의 생각 아래 고정시켜 놓기 위해 하나님과 씨
름할 때, 내 마음과 생각은 고통스럽고 피곤해진다. 나는 힘이 솟
기를 바라고 더 큰 식견을 갖길 원한다. 그러나 내게 가장 필요한
것은 하나님이 기꺼이 베풀어 주시는 그 위로와 용서와 사랑이다.

— 체이스 1987, 2

## 승리

무디 성경 학교의 교장으로 재능 있는 조셉 스토웰(Joseph Stowell)이 6년 동
안 우리 교회 담임 목사였던 것은 내게 특권이었다. 그는 고난에 대해 「불
을 통과하여」(Through the Fire)라는 훌륭한 책을 썼다. 그 책을 보면 인생의 마
지막 장면을 그린 내용이 있다.

> 인생의 마지막은 좋은 결말을 맺는 책과 같다. 시작의 내용은 선택
> 을 하는 이야기다. 중간의 줄거리는 두터워지고, 복잡하고 부당하
> 며 어려운 일이 많아진다. 그렇다고 책을 덮지는 말라. 마지막 장까
> 지 읽으라. 가장 좋은 장이 바로 뒤에 있을 수도 있고 영원 가운데
> 있을 수도 있다. 그러나 마지막 장은 항상 승리와 기쁨의 장이다.

이제 고난을 견딘 사람들에 관해 이야기해야겠다. 어려운 길을 걸어 온
사람에게는 배울 것이 많다. E. 스탠리 존스는 매우 특별한 사람이다. 하나
님의 사람인 그는 뇌졸중으로 쇠약해져서 1973년 인도에서 89세에 사망했
다. 그는 죽기 바로 직전에 이렇게 썼다.

하나님 나라로 가는 이 길에 들어섰을 때, 내 처음 느낌은 매우 기쁘다는 것이었다. 나는 그럴 만한 확신이 있었다. 뇌졸중에서 회복하기 위해 재활 병원에 앉아 있는 여든여덟 살의 나는, 지금도 같은 것을 느낀다. 내 시력은 반으로 줄었고, 내 말은 거의 알아듣기 힘들다. 내 기력은 거의 다하였다. 나는 아기처럼 걷는 법을 다시 배워야 한다. 그러면 나는 불행한가? 그렇다면 나는 하나님을 알지 못한 것이다. 나는 흔들림 없는 왕국의 일원이며, 변함없는 분에게 속해 있다. 나는 그 왕국으로 가는 길에 서 있다. 내 주변에 예수님을 제외하고는 기뻐할 만한 일이 별로 없다. 그러니까 긍정적인 응답이 없는 경우에도 예수님은 하나님의 긍정적인 응답이시다. 예수님 안에는 천국이 있다. 그렇지 않더라도 좋다. 그럴지라도 내 기쁨은 일어나는 사건이 아니라 영원하신 그분에게 기초하므로 나는 기쁘다.

— 존스 1975, 53

유명한 전도자 레이턴 포드(Leighton Ford)에게는 모든 것을 주어도 바꿀 수 없는 아들이 있었다. 스물한 살이던 그 아들 샌디의 눈앞에는 전 세계가 펼쳐져 있는 듯했다. 샌디는 지성적이고 사랑스럽고 성숙하며, 주님 앞에 큰 열정을 품었고, 삶을 사랑했다. 그의 부모는 이 아들을 항상 자랑스럽게 생각했다. 그런데 어느 무섭고 어두운 날, 그는 영원으로 가 버렸다. 레이턴은 자신의 슬픔을 이렇게 기록했다.

아들이 죽은 후 몇 달 동안 나는 슬픔과 상실감을 잊기 위해 계속 일기를 썼다. 내 슬픔을 털어 놓고 우리의 관계를 끝맺기 위해 나

십자가와 초승달

는 '아들과의 대화'를 지속적으로 썼다. 그중에 한번은 이런 대화를 나누었다.

"샌디, 이 세상 시간으로 보면 너는 죽은 지 두 달이나 되었단다."

"아빠, 저는 영원히 살아 있는 것처럼 느껴져요. 마치 긴 하루를 살고 있는 것 같아요."

"시간이 치료해 주기도 하지만, 시간의 문제만은 아니란다, 샌디. 문제는 서로 가까운 관계라는 거야. 시간이 흐르면 가깝던 마음을 잃어버리게 될까 봐 걱정이야."

"어째서요? 아빠는 매일 영원으로 가까이 오고 계시잖아요. 제게로 말이에요. 게다가 아빠와 저 사이의 벽은 아주 얇아요. 아빠가 그걸 보신다면 웃으실 걸요."

"나는 네가 나와 함께 있었을 때보다 더욱 너를 생각한단다."

"물론이죠! 저도 알고 있어요! 아빠의 생각을 들을 수 있는 걸요."

"아들아, 잘 자거라! 별빛이 아름답지!"

"아빠, 여기는 아침이에요. 햇빛을 즐기고 있어요!"

— 포드 1985, 171


레이턴 포드는 어둠을 파악했다. 이런 간증은 얼마나 감사한 일인가!

바바라는 한동안 교회에 나올 수 없었다. 폭풍우 치던 어느 날 오후, 나는 양로원으로 그 여인을 찾아갔다. 그런 광경을 보리라고는 상상도 하지 못했다. 바바라는 거의 식물인간에 가까웠다. 그 여인은 태아처럼 웅크린 자세였으며, 알아들을 수 없는 소리로 계속 웅얼거렸다. 그 여인의 노쇠한 정신이 무엇을 시작하거나 무엇에 반응을 보일 가능성은 없었다. 통제력도 잃은 상태였다. 식사 때마다 누군가가 수고하여 숟가락으로 입에 음식을 떠 넣어야 했다. 종종 음식을 토해 내기도 했다.

바바라 옆에는 남편 짐이 서 있었다. 그의 모습은 내 마음에 지울 수 없는 그림으로 새겨졌다. 짐은 아내를 정성껏 쓰다듬으며 사랑의 말을 속삭였다. 그는 아내에게 음식을 먹이고, 기저귀를 갈아 주며, 계속 사랑했다. 그는 아내가 평생 자기에게 해준 일이 얼마나 고마운지 모르겠다고 나에게 조용히 말했다. 이렇게라도 아내에게 보답할 수 있는 것이 자기의 특권이라고 했다. 날마다 짐은 그리스도인의 '사랑'이라는 꽃다발을 사랑하는 아내에게 전해 주기 위해 자기 집에서 양로원까지 디트로이트의 거친 기후를 뚫고 걸어왔다. 그 당시 신혼이던 나는 부부의 사랑에 관해 들은 모든 설교보다 짐과 바바라에게서 더 많은 감명을 받았다.

영국에서 나는 존 그린델(John Grindell)이 시무하는 교회에서 말씀을 전한 적이 있다. 성전 앞쪽에는 경련성 마비 환자 몇 명이 휠체어에 앉아 있었다. 그들은 몸을 자유롭게 움직이지 못했다. 머리는 이쪽저쪽으로 흔들렸다. 손을 사방으로 휘둘렀고 침을 흘리기도 했다. 그러나 그들에게는 표현할 수 없는 광채가 있었다. 그 귀한 사람들은 어린양의 피로 구속받았기 때문이다. 그들의 정신은 또렷했다. 그들은 보통 사람과 동일한 이해력을 갖고 있었다. 뇌의 명령에 따라 움직이지 않는 것은 그들의 몸이었다. 그들이 삶을 살아 나가는 모습은 얼마나 큰 도전인지! 그 교회는 그들의 영적 성숙을 돕는 따뜻한 사랑의 분위기였다. 교인들은 찬송을 부를 때마다 박자도 맞지 않는 이상한 소리에 개의치 않았다. 나는 여기서 행동으로 드러나는 사랑을 보았다.

짐 맥킨리(Jim McKinley)는 내가 이제까지 만난 선교사 중 가장 헌신적인 사람이다. 그는 남침례교 선교부 소속으로 방글라데시에서 수년 동안 충성스럽게 사역했다. 동생이 쏜 화살에 한쪽 눈을 잃었다는 소녀를 이 장 앞부

십자가와 초승달

분에서 언급했는데, 그 소녀는 그의 막내딸이다. 짐에게는 다섯 자녀가 있었는데, 그들은 1971년 파키스탄과 방글라데시의 내전 때 많은 고난을 견뎌야 했다. 그가 고난당하고 있는 친구들을 도우려고 항상 바쁘게 뛰어다녔기 때문이다.

전쟁 초기에 짐과 그의 가족은 작은 마을에 살고 있어서 직접적인 전쟁의 피해는 입지 않을 듯했다. 그러나 실상은 그렇지 않았다. 어느 날 비행기가 날아와서 근처 시장에 폭탄을 떨어뜨린 것이다. 짐의 딸 쉐리는 그 비극적인 날을 시로 썼다.

> 벵골의 석양에서부터 그들은 포효하며 왔네,
> 더운 여름 저녁, 하늘의 검은 두 점.
> 어떤 아이들은 놀기를 멈추고 맑은 눈으로
> 그것을 바라보았네.
> 놀라서 바라보는 가운데 논과 밀짚 헛간 위를 넘어
> 날아가는 두 점,
> 날개 쉴 곳을 찾는
> 피리새와 같네.
> 그러나 갑자기 그 두 점이 작은 마을을 발견했을 때,
> 그것은 변하여 독수리처럼
> 날카로운 소리를 내며 마을 위로 급강하하였네.
> 찢어지는 소리, 그리고
> 쾅!…… 쾅!…… 쾅!
>
> 놀란 개미처럼 흩어진 아이들

집 안으로, 그리고

계속되는 파괴와 폭발 가운데

마루로 뛰어 들어왔네,

그들은 두려움으로 얼어붙어,

얼굴은 할쑥하고, 피는 차갑고,

머리는 "왜?"라는 질문으로 웅웅거렸네.

밖에서 그 독수리가 포획물을 쪼는 동안

어머니는 떨리는 손으로 아이를 달래고 있네.


터벅, 터벅, 터벅

마루 위를 걷는 아버지의 소리가

유일한 위로가 되네.

다시 또다시 비행기들은 급강하하고,


쾅!…… 쾅!…… 쾅!


똑같이 신비로운 모습으로 그것은 나타났다가

사라졌네.

모든 것이 고요하여 세상이 죽은 것 같네.

그러나…… 멀리 오래된 길 위로

구르는 바퀴 소리,

마차 벨 울리는 소리.

깨어진 댐에서 물이 흐르는 것처럼

마을로 쏟아져 내려오는 살아 있는 물줄기

죽음과 피의 냄새에서 피하려고 노력하네.

어떤 이는 울고, 어떤 이는 하얀 돌 같은 얼굴로

모두 함께 터벅터벅 걷네.

한마디 말도 없이

아니 말할 필요도 없으니, 그들의 슬픔이 얼굴에

쓰여 있기에.

천천히 그들은 걸어가 사라지네.

밤은 오고, 별은 빛나며

차가운 바람이 남쪽에서 불어오네.

마음에 걸리는 귀뚜라미 소리는

이렇게 말하는 듯하네.

"원수를 사랑하라······"

"원수를 사랑하라······"

"원수를 사랑하라."

— 맥킨리 1978, 104-105


참으로 용서한다는 것이 짐에게는 쉽지 않았다. 그러나 쉐리의 시가 그의 마음을 열었다. 그는 그때 심정을 이렇게 말한다.


쉐리는 파키스탄 공군 제트기가 처음 우리 마을을 공격한 그날을 회상했다. 나는 이 시를 30분 걸려 읽었다. 깊은 감동이 일었다. 나는 쉐리가 하나님의 도우심으로, 파키스탄 군인에 대한 미움 때문에 일어나는 마음의 고뇌를 아름답게 승화시켰다고 생각했다. 열세 살 난 딸은 사랑과 용서를 선교사 아빠인 나보다 잘 알고 있었다. 미움은 계속 나를 쫓아다녔다. 그 미움은 벵골인을 가장 비천한 동물보다 더 비천한 존재로 다루는 파키스탄 군 세력을 향한 것이었다.

그러나 쉐리의 시는 다른 사람에게 야만적으로 행동하는 사람을 사랑하고 용서할 수 있는 힘을 구하는 기도를 더욱 진지하게 하도록 도와주었다.

나는 쉐리의 아름다운 경험을 통해 수치심과 부끄러움을 느끼게 되었다. 그러나 그로 인해 얻은 유익은 수치와 부끄러움을 느낄 만한 가치가 있었다.

— 맥킨리 1978, 105


이것이 호된 시련 속에서 경험하는 영성이다. 나는 개인적인 두 가지 경험을 이야기하면서 이 장을 맺으려 한다. 첫 번째 경험은 한 번도 글로 쓴 적이 없는 것이다. 이 경험을 나누는 것은 오로지 나처럼 약한 순례자가 있다면 도움이 되길 바라기 때문이다.

1959년 대학 졸업반이던 나는 정신적 긴장으로 위축되어 있었다. 신경 쇠약에 걸린 것 같았다. 스물한 살의 나이에는 있을 수 없는 일이었다. 나는 이유를 알 수 없는 무언가에 짓눌려 있었다. 하나님은 무엇을 하고 계시는가? 왜 이래야 하는가? 내 삶은 제단 위에 올라가 있었다. 나는 주를 섬기기 위하여 방글라데시로 향하고 있었다. 줄리는 그리스도를 섬기는 사역에 내 반려자가 될 예정이었다. 모든 일이 제대로 되고 있었다. 그런데 이런 꼴이라니!

여러 달 동안 나는 홀로 외로운 투쟁을 했다. 결국, 그리스도인이 정신적인 문제를 갖는다는 것은 '부끄러운 일'이었다. 이런 신경 쇠약을 해결하

십자가와 초승달

기 위해 필요한 것은 주를 더 신뢰하는 것이었다. 그것이 그 당시의 생각이었다.

두 가지 중대한 결정을 내려야 했다. 결혼, 그리고 세상에서 가장 힘든 선교지로 가는 것이 우리의 계획이었다. 주께서는 청신호를 보여 주실 것인가, 아니면 경고 신호, 그것도 아니면 정지 신호를 보여 주실 것인가? 아름다운 마이애미 해변이 바라보이는 작은 섬에 차를 세워 놓고 차 안에서 줄리와 장시간 이야기를 나누었다. 우리가 서로에게 반려자라는 것은 확실했다.

결혼 8개월 후, 비자와 후원자 명단을 손에 들고 우리는 두 번째 결정에 직면하게 되었다. 걸어가는 사람도 따라잡지 못하는데 말 탄 사람을 어떻게 따라잡을 수 있겠는가? 내 문제도 해결하지 못하는데, 어떻게 남을 돌아볼 것인가? 정신적인 긴장은 여전히 나를 괴롭혔다. 어느 늦은 저녁, 우리는 의사 친구를 전화로 불렀다. 인내심을 갖고 내 이야기를 모두 들은 그는 청신호를 보여 주었다. 나는 하나님의 은혜가 족하다는 사실을 재확인했다.

그다음 13년은 거친 세월이었다. 때로 나는 계속할 수 없다고 생각했다. 설교하고 있으면서도 포기하고 앉아 버려야겠다는 생각을 한 적도 있다. 패배를 자인하여 항복을 택하는 것도 고려해 보았다. 그 어두운 여러 해 동안 아내는 내 위안이자 성실한 위로자였다. 아내는 결코 나를 포기하지 않았다. 나를 향한 아내의 사랑은 도저히 갚을 수 없을 것이다.

나는 서서히 치유되었다. 1974년 무렵 나는 근본적으로 회복되었고, 수년 동안 지속되던 스트레스성 두통과 허리 통증이 남아 있을 뿐이었다. 그 기간 내내, 아내와 한 의사 친구를 제외하고는 내 마음에 계속되는 고통과 당혹감이 있었다는 사실을 아무도 몰랐다. 최근에 이르러서야 나는 이 경험을 자유롭게 나눌 수 있게 되었다. 그 경험이 하나님의 가정에 속한 누군가를 도울 수 있기 때문이다. 그 어려운 기간 내내 주께서는 결코 나를 떠나지 않으셨다. 완전히 이해하지는 못했지만 그 '가시'를 견디고 받아들일 수 있도록 은혜를 주신 하나님을 찬양한다.

또 다른 경험을 통해서도 하나님의 자비를 맛볼 수 있었다. 1982년, 아내는 방글라데시의 선교 병원에서 자궁 절제 수술을 받았다. 정기적으로 조직을 채취하여 그 나라에서 가장 훌륭한 병리학자에게 보냈다. 우리는 방글라데시 위쪽에 있는 우리 마을 쿠슈티아로 돌아왔다. 수술 후, 우리는 병리 검사 결과 아내가 암에 걸렸으며 암이 몸 전체에 퍼진 징후가 보인다는 경악할 소식을 들었다. 병을 치료하기 위해 즉시 본국으로 돌아가야 한다는 것이었다.

다음 한 주는 이 응급 휴가를 위해 일을 처리하느라 흥분과 혼동의 회오리바람 같았다. 우리에게 가장 큰 관심사는 영적인 문제였다. 우리는 무슬림 친구들과 동료 선교사들에게 그리스도인의 본을 보이는 은혜를 누릴 수 있을까? 결국 우리는 20년 동안 능력 주시는 하나님을 가르쳐 왔는데, 이제는 우리가 그것을 증명해 보일 차례였다.

주께서는 우리에게 말로 형언할 수 없는 평화를 주셨다. 놀라운 일이었다. 미국으로 오는 길에 우리는 마닐라에 들러 고등학교 3학년에 재학 중이던 딸을 데리고 왔다. 디트로이트에 있는 동안 우리는 하이랜드 파크 침례교회의 사랑하는 친구들에게 도움을 받아 부족한 것이 없었다. 아내는 정밀 검사를 받았으며 우리가 방글라데시에서 가져온 조직 견본 검사도 의뢰했다. 한 주 후에 의사는 우리를 불러 아내는 암에 걸린 것이 아니라고 말했다. 방글라데시의 실험실 기술자 사이에서 혼란이 있었던 것이다. 암에 걸린 것은 아내가 아니라 우리가 모르는 다른 사람이었다.

우리 셋은 착잡한 심정으로 침실 바닥에 앉았다. 암이 아니라니 매우 안심이었다. 그러나 주께서는 무슨 일을 하고 계시며, 그 이유는 무엇인가? 우리는 삶에서 가장 심각한 충격을 겪었다. 우리는 갑자기 사역지를 떠나왔다. 우리 딸은 졸업식도 하지 못했다. 우리의 후원자는 많은 문제를 겪었다. 여기에서 어디로 가야 하나? 우리에게 이 일은 아주 낙담되는 경험이었다.

오늘, 내가 그 일을 더 잘 이해하는가? 뒤돌아보고 그 모든 것을 설명할 수 있는가? 그 일을 성장의 기회였다고 생각하는 것을 제외하고는 더 아는 것도, 설명할 수 있는 것도 전혀 없다. 그러나 우리는 그 처참한 시간에 우리에게 주신 평화와 은혜를 결코 잊을 수 없다.

그리고 우리는 계속 전진한다. 그것이 역경 가운데 있는 믿음의 진정한 메시지다. 그것이 고난의 도가니 안에 있는 영성의 정수다. 십자가의 하나님의 사랑 안에서, 순례자는 그 길을 끈기와 기쁨으로 전진한다. 때때로 하나님의 신비의 휘장이 하나님과 우리를 가로막을 수도 있다. 그러나 믿음은 정복당하기를 거부할 것이며, 우리는 큰 기대를 품고 다시금 휘장이 갈라지고 믿음이 빛나는 광채로 영광스럽게 변모할 때를 기다릴 것이다.[4]

---

4  필립 얀시의 『하나님, 당신께 실망했습니다』(*Disappointment with God*, IVP 역간)는 마음을 사로잡는 책이며 때로는 고통스러울 정도로 솔직한 책으로, 다음 질문을 다루고 있다. "하나님은 불공평하신가?", "하나님은 침묵하시는가?", "하나님은 숨으셨는가?" 나는 하나님과 고난의 문제를 다룬 이 책을 적극 추천한다.

++++　++++
++++　++++
++++　**5장**　++++
++++　**죄와 거룩**　++++
++++　++++
++++　++++

R. C. 스프로울(Sproul)은 죄를 '우주적인 반역'(cosmic treason)이라고 말한다. 피조물이 사전 모의하여 조물주에게 대적하는 반역을 일으킨 것보다 심각한 일이 무엇이겠는가? 영적 반란을 일으키려는 인간의 성향과 반대되는 것이 하나님의 거룩에 대한 기준이다. "거룩함을 따르라 이것이 없이는 아무도 주를 보지 못하리라"(히 12:14). '거룩'이라는 뜻을 가진 단어가 성경에 600번 넘게 나온다. 아론이 여호와 앞에 설 때 쓴 관에는 순금패가 붙어 있었다. 그 패에는 "여호와께 성결"이라는 간결한 말이 새겨져 있었다. 이스라엘 사람은 국가적 행위와 개인적 행위를 규정하는 하나님의 뜻이 무엇인지를 모두 배웠다. 그러한 하나님의 뜻을 떠나 그들이 얼마나 멀리 방황하였는지는 역사적 기록을 통해 낱낱이 알 수 있다.

거룩함을 알려면 그 반대 개념을 연구해 보아야 한다. 이 장에서 우리는 죄와 거룩을 모두 세밀히 조사할 것이다. 또한 무슬림의 관점과 그리스도인의 관점에서 영적 전투와 영적 승리에 대해 자세히 살펴볼 것이다.

# 영적 전투

무슬림과 그리스도인은 모두 죄를 미워한다. 이 사실을 전제로 당신이 죄에 대한 성경적 정의를 대체로 알고 있을 것이라고 생각한다. 그러나 많은 사람이 알라의 분명한 뜻을 위반하는 문제에 대해 무슬림이 어떤 생각을 하는지는 모를 것이다.

무슬림에게 죄는 유전된 것이 아니다. 아담과 하와 앞에는 선택의 기로가 놓여 있었다. 그들은 알라와 의의 길을 따를 수도 있었고, 사탄의 음성을 듣고 악을 행할 수도 있었다. 앞 장에서 언급한 예정론을 생각하면, 무슬림이 죄를 하나님의 뜻이 아닌 개인적인 선택의 결과로 돌리는 것은 흥미로운 일이다. 모든 무슬림은 선과 악을 선택할 자유가 있다. 악을 택할 수밖에 없는 것이 아니다(대부분의 그리스도인은 아담과 하와의 선택이 지금의 우리에게까지 영향을 주고 있다고 믿지만, 무슬림은 그렇지 않다. 죄가 아담에게서 유전된 것이 아니라는 말이다. 죄를 범하는 것은 전적으로 개인의 선택이라고 생각한다).

그러나 사탄의 활동과 영향은 매우 실제적이며 광범위하다. 하디스에는 이런 구절이 있다. "예언자 무함마드가 그들에게 말씀하시기를 사탄이 인간 몸의 모든 곳에 영향을 끼치는 것은 마치 피가 인간 몸의 구석구석까지 이르는 것과 같다"(부카리 3권, 140). 죄는 정도에 따라 분류된다. 이것은 가톨릭의 경우와 비슷하다. 작은 죄도 다음과 같은 조건에 걸리면 큰 죄가 된다.

1. 죄를 계속 범함
2. 죄를 가볍게 다룸
3. 죄를 즐김
4. 악을 행하고 자랑함

무슬림 지도자들은 이슬람 사회에 경건함이 부족하다고 비난한다. 한 학자는 이렇게 말한다.

> 무슬림이 쇠퇴하는 한 가지 중요한 이유는 악습이다. 이슬람교에서 가르친 고귀한 성품은 악습을 행하는 자들 사이에서 빛을 잃었다. 초기 무슬림이 터득한 성품의 강점과 그 외의 모든 덕은 이제 더 이상 찾아볼 수 없다.
>
> — 아르살란 1944, 52

사람은 평계를 돌리려는 성향을 갖고 있다. 무슬림이 소수인 서구 '기독교 국가'의 경우, 무슬림은 자신들의 죄가 퇴폐한 서구 문화의 영향 때문이라고 쉽사리 평계를 댄다. 그러나 그들은 무슬림이 우세한 지역에서 죄가 성행하는 것은 쉽게 설명하지 못한다. 나는 사우디아라비아 출신의 무슬림과 대화하다가 그에게 죄와 위선의 문제를 조심스럽게 물어보았다. 그 친구는 열성적으로 자기 나라 사람들의 잘못을 부정하기 시작했다. 그가 결론적으로 말한 것은 사우디아라비아 사람의 반은 진정한 무슬림이고 나머지 반은 뻔뻔스러운 위선자라는 것이었다.

나는 나이지리아에서 순례를 위해 메카로 간 무슬림의 죄를 힐난하는 신문 기사를 읽었다.

> 알하지(Alhaji, 메카로 순례 여행을 가는 무슬림_ 옮긴이)는 사탄에게 돌을 던지기 위해 성지로 간다. 그러나 그는 알라 앞에서 영적으로 새로워진 후 다시 밀수꾼으로 되돌아간다. 나이지리아의 경우, 종교적인 행사에 걸쳐 있는 부패는 심각하여 하나님이 보시기에 참을 수

없는 정도다. 코카인 거래를 하는 알하지를 보라. 순례 여행자들이 여행 서류를 얻기 위해 뇌물을 주는 것을 상상할 수 있는가? 그들은 더러운 손으로 기도 장소에 간다. 나이지리아에서 거물급 인사들과 거래상들은 독실한 종교인이지만 대부분 술독에 빠져 있다. 알하지들은 기도할 때 필요한 물을 담는 주전자를 들고 술을 사러 간다. 알라가 아내를 최대 네 명까지 허락했다는 것을 핑계로 간음을 범하는 비도덕성을 보라.

— "나이지리아의 종교인들을 재고함" 1985, 3

나와 아내는 종종 마닐라에서 몇 시간 거리에 있는 별로 비싸지 않은 휴양지에서 주말을 보냈다. 어느 맑은 토요일 오후, 수영장 주위에 앉아 있는데, 두 무슬림 가정이 보였다. 여자들은 전통적인 베일로 머리에서 발끝까지 감싸고 있었는데, 남자들은 꽉 끼는 수영복을 입고 수영장에서 놀며 술을 마시고 있었다. 나중에 주차장에서 보니, 그들 차에는 사우디아라비아 외교관의 표식이 붙어 있었다. 사우디아라비아에서는 술을 갖고 있는 것이 적발되면 금고형이다. 그러나 필리핀에서 그들은 알코올을 당당하게 마실 수 있다고 생각하는 것 같았다.

마닐라의 독서 센터에서 나는 여러 부류의 무슬림을 만난다. 종교에 무관심한 무슬림이 많지만, 이슬람교가 절대적으로 우세하다고 큰 소리로 주장하는 사람도 있다. 후자에 속하는 사람들은 대부분 무슬림 신앙의 교리를 따르려고 충실하게 노력한다. 그러나 실패하는 사람도 많다. 특히 기억나는 한 무슬림은 변호사로, 술에 취한 채 나와 이야기를 하려고 우리 센터로 찾아왔다. 그는 30세로 두 아이의 아버지였으며, 아내와는 별거 중이었다. 나는 이전에 잘생기고 똑똑한 이 젊은이를 본 적이 있다. 그러나 지금 그는 깨어진 모습으로 내 앞에 서서 알라의 자비를 구하고 있었다. 술에 취한 이유는 알코올의 힘을 빌리지 않고는 잠을 이룰 수 없어서였다. 그는 계속 중얼거렸다. "하나님, 나에게 잠을 주십시오. 잠을 주십시오. 잠잘 수 없습니다. 잠을 이룰 수 없습니다."

독서 센터 바로 아래 길에 마약 거래로 악명 높은 무슬림 집단이 있었다. 내가 아는 한 그리스도인은 무슬림 친구를 만나기 위해 그곳에 갔다가 몇 분 사이에 다섯 번이나 마약을 사라는 제안을 받았다. 이러한 일은 모두 이 지역 전체를 지배하고 있는 커다란 모스크와 꾸란 중심의 학교 그늘 밑에서 행해지고 있다.

때때로 나는 무슬림의 심각한 죄의 뿌리와 열매는 진부한 율법주의에 매달리기 때문이라고 생각한다. 저녁 기도 시간에 기도하지 않고 서 있는 한 무슬림 소녀에게 왜 그러고 있느냐고 물었을 때, 소녀가 대답한 말을 생각하면 절로 웃음이 나온다. 소녀는 한 발을 내밀고서는, 내 얼굴과 자기의 발가락 사이를 수줍은 듯이 오가며 쳐다보았다. 나는 소녀가 무얼 말하려는지 알 수 없었다. 끝내 영문을 모르는 내가 "모르겠구나. 네가 기도하지 않는 것이 네 발가락과 무슨 상관이 있니?"라고 물었다. 소녀는 부끄러워하며 조그만 소리로 말했다. "발톱에 매니큐어를 칠했거든요. 정결식에 갈 수 없어요. 깨끗이 지워진 다음에 가야 해요."

세네갈에 갔을 때, 나는 아프리카 최대 모스크가 있는 작은 마을 투바에 꼭 가 보고 싶었다. 셰이크 아흐마두 밤바(Sheikh Ahmadu Bamba) 계열의 무슬림이 그 지역을 다스리고 있었다. 그 마을 외곽에서 세네갈 경찰이 우리 차를 세웠다. 차에서 내리라고 한 다음 우리 몸을 검색했다. 우리 가방도 뒤졌다. 도로 표지판에 모든 담배와 술을 압수한다고 적혀 있었다. 투바에서 담배를 가지고 있는 사람은 태형과 3개월의 금고형에 처해진다. 무슬림 세

십자가와 초승달

계에서도 그같이 엄격하게 흡연을 금지하는 다른 곳을 나는 보지 못했다.

〈나는 궁금하다〉(*I Wonder*)라는 다음 시는 무슬림 신문에 실린 것이다. 이 시가 원래 예수 그리스도를 중심으로 쓰인 시라는 것을 아는 사람은 이 시가 표절임을 분명히 알 수 있을 것이다.

이 시에서 죄가 어떻게 묘사되는지, 무함마드가 그리스도와 동등한 창조자의 임무를 어떻게 수행하는지를 보는 것은 흥미로운 일이다.


예언자 무함마드가 당신을 찾아와

하루 이틀 머무르신다면,

그가 실로 예상치 않은 때에 오신다면,

당신은 어떻게 하겠습니까?

가장 좋은 방을 내어 드리겠지요.

몹시도 귀한 손님이니까요.

가장 좋은 음식으로

그분을 대접하겠지요.

그리고 그분에게 거듭 말씀드리겠지요,

우리 집에 와 주셔서 기쁘다고요,

비길 데 없는 기쁨이라고요.


그러나…… 다가오시는 그분을 보고

당신은 문으로 달려가

그분을

두 팔 벌리고 맞아들일 수 있을까요?

아니면…… 그분이 들어오시기 전에

우선 옷부터 갈아입어야 하는가요?

아니면 널려 있던 잡지를 치우고

그 자리에 꾸란을 올려놓아야 하는가요?

아니면 텔레비전의 음란 영화를

그저 보고만 있겠습니까?

또는 그분이 진노하시기 전에

달려가 꺼 버려야 하는가요?

라디오를 끄고

그 소리가 그분 귀에 들리지 않았기를 바랄 것입니까?

그리고 조금 전에 시끄럽고 급하게 말한 것을

후회하겠습니까?


세상적인 음악을 감추고

그 대신 하디스를 내어 놓겠습니까?

그분이 즉시 들어오실 수 있을까요?

아니면 당신은 허둥댈 것입니까?

예언자 무함마드가 하루나 이틀 머무르실 때,

당신은 늘 하던 일을 그대로 할 것입니까?

당신은 늘 하던 말을 그대로 할 것입니까?

당신의 매일의 삶은

그대로 진행되겠습니까?

당신의 가족은 평상시대로

대화를 나눌 수 있을까요?

십자가와 초승달

당신은 식사 때마다 식탁에 앉아

기도하는 것이 어렵다고 느낄까요?

매번 드리는 기도를 모두

찡그리지 않고도 잘할 수 있을까요?

새벽에 기도하기 위하여

일찍 일어날 수 있을까요?

항상 부르던 노래를 부를 수 있을까요?

읽던 책을 읽을 수 있을까요?

당신의 마음과 영혼이

무엇을 먹고 있는지 보여 드릴 수 있습니까?

당신이 가려던 곳에

그분을 모시고 갈 수 있을까요?

아니면 당신의 계획을

하루나 이틀 동안 변경해야 할까요?


당신이 가장 좋아하는 친구들을 그분에게

기쁨으로 소개할 수 있습니까?

아니면 그분의 방문 기간이 끝날 때까지

그 친구들이 주위에 머뭇거리지 않기를 바랄 것입니까?

그분이 매일매일 영원히

당신과 함께 계시기를 원합니까?

아니면 마침내 그분이 떠나시면,

안도의 한숨을 내쉬겠습니까?

예언자 무함마드가 실제로 오셔서

한동안 당신과 함께 계신다면,

당신이 무슨 일을 할지

궁금합니다.

— 바드르 1985, 1

필리핀 무슬림 중에는 사우디아라비아의 범죄 처벌법이 엄하다는 사실을 경험한 사람이 의외로 많다. 해외 근로자였던 한 필리핀인이 콜라를 들고 보석상에 들어갔다. 비싼 보석을 많이 보여 달라고 한 다음, 점원이 다른 일에 신경 쓰는 사이 보석 몇 개를 콜라병에 집어넣었다. 세 번까지는 성공했으나, 결국 체포되어 오른손을 절단당하고 강제 추방되었다. 처벌을 받고 집으로 돌아온 그는 자동차 사고로 손을 잃었다고 이야기를 꾸며댔다.

교만에 대해 많은 이야기를 할 수 있을 것이다. 나는 특히 무슬림 사이에 만연한 이 교만이라는 정신적인 죄에 대해 객관적인 평가를 하려고 노력했다. 한 가지 결론은 나와 내 것이 우월하다는 민족주의적 사고방식에 그 원인이 있다는 것이다. 물론 교만의 성향은 누구에게나 있다. 그러나 무슬림이 교만한 또 다른 이유는 피해 의식이다. 이슬람은 수 세기 동안 식민주의의 착취 대상이었다. 그들은 어떠한 종류의 정신적 지배도 거부했다. 무슬림은 자기 자신과 알라를 믿는 믿음이 보상받을 날이 올 것이라고 믿는다.

이 장에서는 신학적인 면을 더 중점적으로 살펴보려 한다. 배타성이 있는 교리 때문에 그 추종자들이 완고하고 교만한 사람이 되는 것은 아닐까? 이름뿐인 무슬림도 이슬람교의 진리에는 대체로 독단적이다. 하루에 다섯 차례 기도하지 않고 라마단 금기를 지키지도 않으면서 이슬람교 교리는 열렬히 옹호한다. 이들에게 꾸란은 구원을 위한 '유일한 길'이다. 복음주의적인 그리스도인도 성경에 대해 이와 비슷한 견해를 갖고 있지만, 믿음 바깥에 있는 사람에 대한 사랑을 강조하는 덕분에 좀 더 부드러울 뿐이다.

무슬림은 교만을 죄로 여기는가? 겸손은 연약을 의미하는가? 아니면 덕을 의미하는가? 나는 지식층 무슬림과 함께 식탁에 둘러앉아 차를 마시던 일을 결코 잊지 못할 것이다. 그중 한 명이 나를 쳐다보며 비웃듯이 이렇게 말했다. "너희 그리스도인은 한 뺨을 맞으면 다른 뺨을 대는 것이 미덕이라고 한다며?" 그가 말을 더 잇기도 전에 주위에 있는 많은 사람이 비웃음을 터뜨렸다. 그들이 볼 때 정당한 이유도 없이 맞았는데, 그런 무력한 반응을 보이는 것은 잘못된 것이기 때문이다. 그들은 "우리 무슬림은 반격한다. 우리를 때리고 무사할 놈은 하나도 없어"라고 당당히 말했다.

이슬람은 공격을 당하면 힘으로 대처해야 한다고 가르친다. 그렇다면 이러한 세계관이 거칠고 거만한 정신을 배출한 것일까? 이러한 점에서 무슬림과 유대교인은 어떻게 다른가? 편견 없이 생각해 보면, 두 종교의 이론과 실제는 교만이라는 면에서 아주 흡사하다. 내면에 깔린 원인 역시 매우 비슷하다.

이슬람의 사제를 어떻게 평가해야 하는가? 그들은 분명 매우 독단적이며 때로는 교만해 보인다. 800년 전 알-가잘리는 거만한 태도의 역동성에 대해 이렇게 말했다.

> 교만한 사람은 자신과 대등한 사람이 있다는 사실을 견디지 못한다. 개인적으로나 공적으로 그는 모든 사람이 자기에게 존경하는 태도를 보여야 하며 자신의 우월성을 인정하고 높이 대우해야 한다고 생각한다. 다른 사람이 자기에게 먼저 인사해야 하고, 그가 어디로 가든 길을 비켜 주어야 하며, 그가 말할 때는 경청하고 결

코 반대할 생각을 하지 말아야 한다. 자신은 천재이고 다른 사람은 멍청이라는 것이다. 그런데도 자신이 그렇게 겸손한 것을 알고 다른 사람은 자기에게 감사해야 한다는 것이다. 이렇게 교만한 사람은 특히 울라마(Ulama, 이슬람 사회의 지식층_ 옮긴이) 사이에 많다.

— 알리 1920, 70

이슬람교에서 부의 소유는 죄가 아닌 것으로 보인다. 그러나 돈을 잘못 사용하는 것, 즉 알라에게 수입의 2.5퍼센트를 돌려야 한다는 의무(자카트[za-kat])를 무시하는 것은 죄악이다. 이 문제를 알기 쉽게 표현한 하디스가 있다.

알라의 사도가 말하기를 "알라 덕택에 부를 얻었는데 자카트를 지키지 않는 자는 누구든 부활의 날에 그의 재산이 민둥민둥한 머리에 눈 위로 검은 점이 두 개 있는 수놈 독뱀 노릇을 할 것이다. 그 뱀은 그의 목을 휘감고 그의 뺨을 물며 이렇게 말할 것이다. '나는 네 재산이니, 나는 네 부요니라.'"

— 부카리 2권, 276-277

이슬람교의 이맘(imam, 무슬림 공동체의 영적 지도자) 가운데 부유한 사람은 거의 없다. 알라의 사역을 한다는 것은 희생과 자기 부인을 뜻한다. 당연한 일이지만, 도시의 모스크는 지방의 모스크보다 이맘에게 월급을 많이 준다. 그러나 전반적으로 볼 때 무슬림 성직자 가운데 물질적 탐욕 때문에 고민하는 사람은 거의 찾아볼 수 없다.

십자가와 초승달

## 그리스도인과 죄

그리스도를 믿는다는 것은 고귀한 서약을 하는 것과 같다. 내주하시는 성령께서는 대적하는 악한 세상에서 승리하는 삶을 살도록 우리를 도우신다. 십자가 위의 예수께서는 지속적인 용서를 가능케 하는 길이 되셨다. 평화는 그리스도인의 표지라고 자랑스럽게 외친다. 엄청난 역경 가운데서도 기쁨을 누릴 수 있다.

　이러한 사실이 이상적인 것은 인정하지만, 실제 생활은 어떠한가? 무디 성서 신학교의 조셉 스토웰은 이렇게 말했다.

> 수년 전 신학교를 졸업할 당시, 나는 성도의 견인에 관한 교리를 흔들림 없이 믿고 있었다. 그러나 얼마 지나지 않아, 실제로는 그렇게 잘 참지 못한다는 사실을 알게 되었다. 젊은 목사로서 내가 발견한 사실은 성도가 훈련보다는 안주를, 헌신보다는 편리를, 그리스도보다는 돈을 추구한다는 것이다. 이런 식으로 썼다가 버리는 일회용 제자도는 전례를 찾아볼 수 없는 것이다.
>
> — 스토웰 1985, 142

　믿음과 실제는 종종 거리가 멀다. 민감한 신자는 실제 삶을 살아 보려고 고민한다. 그러나 반대 감정이 병존하는 불안정한 상태를 빈번하게 경험한다. "우리는 그림자와 빛, 연약함과 강인함, 범죄와 정결, 미움과 사랑을 동시에 지닌 혼합적인 존재다"(스메데스 1984, 118). 무슬림은 계속 지켜보면서 이렇게 생각한다. '그리스도인들은 자신이 소유하지 못한 것을 갖고 있다고 주장한다. 그 이유가 무엇일까? 행동 면에서 무슬림보다 예수를 따르는 자들이 낫다고 말할 수 있는가?' 그들의 결론은 기독교는 제스처 게임에 지나지 않다는 것이다.

심각한 말이다. 파키스탄인 나즈는 마닐라에 있는 아시아 신학교에서 공부하는 그리스도인이다. 그는 어느 날 속상한 얼굴로 나를 찾아와 분통을 터뜨렸다. "선교사님, 저는 학력이 높은 한 파키스탄인 무슬림을 만났어요. 그는 마닐라에서 한동안 지낼 거랍니다. 그에게 그리스도의 사랑과 구속을 전하고 싶은 마음이 간절해요. 그런데 그에게 무슨 말을 할 수 있겠어요. 주변은 온통 교회와 그리스도인임을 자처하는 사람들이잖아요. 그런데도 술집과 안마 시술소와 창녀들이 있으니 제가 전하는 기독교 메시지는 먹히질 않아요. 필리핀은 아시아에서 가장 뻔뻔스럽게 죄를 짓는 나라인 동시에 유일한 기독교 국가일 거예요. 그 파키스탄 친구는 내가 전하는 말을 비웃으며 그의 모국 무슬림 국가에는 공공연한 사회 범죄가 없다는 점을 내세울 거예요." 이것은 고백한 대로 행동하려는 그리스도인이 진퇴양난에 빠진 모습이다.

요르단인 친구 몇이 함께 모여 살면서 그 지역의 대학에 다니고 있었다. 모두 무슬림 신앙을 실천하며 전도하는데, 침례교인인 존은 그중 예외였다. 그러나 존은 영적으로 냉랭해졌으며 교회 출석을 중단했다. 담배를 피우고 술을 마시기 시작했다. 정통 무슬림 친구 한 명이 존의 생활을 주의 깊게 관찰했다. 그는 존에게 그렇게 살면 하나님이 기뻐하시지 않는다고 심하게 꾸짖었다.

교만과 권세욕은 하나님의 사람을 많이 쓰러뜨린다. 나는 유명한 대규모 기독교 자선 단체의 본부를 시찰한 적이 있다. 회장실에 들어가 보고 나는 압도당했다. 사무실은 매우 크고 장식품은 사치스러웠다. 벽 한쪽은 천장부터 바닥까지 그가 받은 상패와 감사장으로 뒤덮여 있었다. 전 세계 유명 인사들과 함께 찍은 사진도 있었다. 내 마음은 분노와 부끄러움으로 가라앉는 듯했다. 지금 보고 있는 광경과, 이 단체의 잡지 광고나 텔레비전 특별 프로그램에 소개된 굶주린 고아의 사진이 얼마나 대조되던지! 오래되지 않아, 그 회장은 자신의 문제에 얽혔고, 오늘날에는 복음 전도 사역의 주류를 벗어났다.

캘빈 밀러는 하나님의 사람이 사탄의 속임수에 빠지는 단계를 다음과 같이 말했다.

> 우리는 이 사실을 확실히 안다. 사탄은 개인적 능력을 주겠다고 하면서 그 능력을 하나님과 다른 사람에 대한 관심으로 위장한다. 우리는 모두 자신이 관대하게 나누어 주는 사람이라고 생각하기를 좋아한다. 뿐만 아니라 다른 사람이 우리에게 겸손하고 영적이라고 말해 주는 것을 좋아한다. 그러나 그런 말은 우리를 하나님에게서 멀어지게 만든다. 칭찬은 자기중심주의를 낳고, 자기중심주의는 자신의 권력만 쌓는 데 오랜 시간을 보내도록 만든다. 그리고 하나님의 능력에 대한 경외감은 잃어버린다.
>
> — 밀러 1984, 34

가슴 아픈 소식이 들려왔다. 무슬림을 위한 중서부의 한 사역 단체에 내분이 일어났다는 소식이었다. 그 단체는 이내 둘로 갈라져서 동일한 후원자들에게 재정 후원을 요청했다. 내 친구는 나에게 그 단체의 지도자 중 '성격이 나쁘고 교활한' 한 사람이 문제를 일으켰다고 편지로 알려 주었다. 친구는 한탄했다. "이런 일은 아직 불완전한 세상과 부분적으로만 구속받은 교회 안에서 볼 수 있는 혼란스럽고, 불행하고, 가슴 아픈 삶의 현실이야." 의심할 여지 없이 그들은 실상의 많은 부분을 조심스럽게 감추고 세상에 알리지 않았으며, 후원자들은 아무것도 모른 채 여전히 그들을 신뢰하고 있다. 이렇게 연합하는 마음이 부족한 것을 보며 나는 놀라움을 금치 못한다. 어떤 기관이 막후에서 무슨 일을 하는지 잘 알게 되면 분명 놀랄 것이다. 앞서 내 친구의 말을 인용했는데, 그는 그 사건을 "아직 불완전한 세상에서 일어난 가슴 아픈 현실"로 받아들였다. 그러나 구경꾼인 무슬림에게 이해심이 많을 이유가 있겠는가?

개신교가 침투하지 못한 많은 나라의 무슬림은 아직도 가톨릭을 기독교의 본으로 생각한다. 그들은 가톨릭 교인이 예배드릴 때 형상을 사용하는 점을 이상하게 여긴다. 이슬람교는 그런 보조 도구를 금지하기 때문이다. 또한 어떻게 신부가 평생 독신으로 살면서 도덕적으로 깨끗할 수 있는지 의아해한다. 그들은 그러한 것을 비정상으로 여긴다. 그리고 하나님은 어머니, 아버지가 없으시며 아들도 없는데 마리아를 '하나님의 어머니'라고 부르는 것 역시 이상하게 생각한다. 많은 무슬림은 다음과 같은 말에 동감한다.

> 신부가 있다는 사실은 분명 모순이다. 복음서가 가르치는 바와 반대되기 때문이다. 복음서는 겸손을 가르친다. "그러나 너희는 랍비라 칭함을 받지 말라. 땅에 있는 자를 아비라 하지 말라. …… 또한 지도자라 칭함을 받지 말라." 그러나 가톨릭에서는 사제를 신부라고 불러야 한다고 주장한다. 사제를 전능하신 하나님에게 단지 한 걸음 못 미치는 높은 칭호인 하나님의 거룩한 자 또는 예하(猊下, 가톨릭 추기경에 대한 존칭_옮긴이)라고 부르는 것은 언급하지 않더라도, 적어도 존경하는 몬시뇰(Monsignore, 고위 성직자에 대한 경칭_옮긴이)이나 뛰어난 분이라고 불러야 한다는 것이다. 다른 사람은 모

두 시골뜨기 어릿광대처럼 옷을 입어야 하는 반면, 사제는 신비감을 더하기 위해 사제복을 잘 차려입어야 한다. 인자는 십자가 위에서 벌거벗은 채 돌아가셨으나, 그들은 대중에게 감동을 주어 더 깊은 마음으로 고통에 동참하도록 만들기 위해 금십자가를 과시한다.

— 도요 1985, 18

친구와 나는 무슬림이 많이 살고 있는 도시에 위치한 한 신부의 집으로 갔다. 그 집은 아름답고 숲이 우거졌으며 푸르른 정원에 둘러 싸여 있었다. 제복을 갖춰 입고 들어오는 신부의 모습은 권세 있는 자처럼 보였다. 모든 사람이 멈춰 서서 예의를 표하였다. 젊은 여성들이 사방에서 나와 신부 앞에 무릎을 꿇고 그의 커다란 반지에 입을 맞추었다. 종 된 지도자의 직책을 위임받은 사람에게 지나친 존경과 경의를 표하는 모습이었다.

1987년 〈라이프〉(*Life*)지는 일곱 면을 할애하여 텔레비전 방송 설교를 하는 전도자 여섯 명의 근사한 사진을 실었다. 타락해 버린 전도자 지미 스와거트(Jimmy Swaggart)는 150만 달러 상당의 자기 집 앞에서 조깅하는 사진이 실렸는데, "그렇게 많이 소유하지는 않았소이다"라고 말했다고 한다. 로버트 슐러(Robert Schuller)는 단 한 번의 설교로 1만 5천 달러를 받고, 게다가 베스트셀러인 자신의 책의 인세도 받는다고 한다. 오럴 로버츠(Oral Roberts)는 방이 두 개인 오두막집에서 태어났으나 지금은 벤츠를 몰고 있으며 집이 세 채 있는데, 그중 가장 큰 집은 1,500평이 넘는 고급 저택이다. 팻 로버트슨(Pat Robertson)은 30만 달러 상당의 집 앞에 있는 사진이 실렸다. 제리 폴웰(Jerry Falwell)은 수영장과 실내 폭포가 있는 집을 사려고 한다. 베이커 가족의 경우는 언급할 가치도 없다.

이러한 일은 독실한 무슬림이 보기에도 추잡한 일이다. 무슬림은 이러한 사람을 곤핍한 세상에 하나님의 메시지를 전하도록 부름받은 사람이 아니라 대기업의 경영 책임자로 평가한다. 그들은 이 모든 일 가운데 하나님 말씀의 가르침과 부합되지 않는 부조화를 본다.

나이지리아에서 말씀을 전하고 있을 때, 나는 편지 한 장을 받았다. 직접 읽지 않았다면 그 내용을 믿지 못했을 것이다. 무슬림 지역에 위치한, 교인 30명 정도의 작은 교회가 목사관 건축 명목으로 경제적 보조를 요청하고 있었다. 당시 그 교회는 목사가 없었기 때문에, 재능 있는 목사를 초빙하는 데 분명히 좋은 조건이 될 목사관을 간절히 짓고 싶었던 것이다. 그 편지에 보면, 목사관을 짓기 위해 27만 5천 달러의 헌금을 요구하고 있었다. 이곳 나이지리아 형제들도 〈라이프〉 지에서 목회자들의 집에 관한 기사를 본 모양이었다.

선교사라고 예외는 아니다. 가난한 나라에서 선교하는 어느 선교사는 개인 용도로 2만 5천 달러의 자동차를 구입할까 생각 중이라고 했다. 그가 사역하는 나라의 사람들은 혼잡하고 낡은 버스에 실려 다니는데 말이다.

개발도상국의 한 영적 지도자는 이렇게 말했다. "선교부에서 파송한 선교사들이 늘 하늘나라를 설교하는 이유가 무엇인가? 그들이 천국에 대해 기대할 수 있는 것은 아마 아무것도 없을 것이다. 그들이 하늘에서 무엇을 바라겠는가? 이곳에서 이미 소유하고 있지 않은가."

나는 한 파키스탄 무슬림 의사를 그리스도께 인도하는 일에 작은 도움을 준 적이 있다. 나는 그의 첫 직장이 선교 병원이기를 바랐다. 선교 병원은 아무래도 기독교적인 분위기일 것이고, 그가 그곳에서 제자 훈련을 받을 수 있으리라 생각했기 때문이다. 그가 그 병원에 대해 다음과 같이 말했을 때 나는 무척 놀랐다. "저는 열정적인 선교 정신을 품고 그 병원에서 일하기 시작했습니다. 일을 시작한 지 얼마 되지 않았을 때인데, 어떤 사람이

십자가와 초승달

제게 이 병원은 썩을 대로 썩었다고 말하더군요. 저는 그 사람이 잘못 알았을 것이라고 생각했습니다. 그러나 8개월 일한 후에 그 말이 사실이라는 것을 알았습니다. 안전 요원과 수위부터 관리 직원과 중역에 이르기까지 직원의 거의 90퍼센트가 썩었습니다. 의사들은 대부분 어떻게 해서든 돈을 벌려고 야단이었지요. 병원에 있는 직원 어느 누구도 병원의 사명이 무엇인지 알지 못했습니다."

그는 '기독교' 배경의 그 병원을 떠나 무슬림 병원으로 직장을 옮겼다.

그리스도인과 무슬림의 죄에 대한 이야기는 끝이 없을 것이다. 그러나 짚고 넘어가야 할 인간의 약점이 하나 더 있다. 특별히 관심을 기울여야 할 부분이다.

## 성(sex)

> 우리의 호르몬이나 염색체가 한 사람의 배우자하고만 성적으로 만족하도록 만들어질 수는 없었을까? 일정 기간 외에는 성에 대한 생각이 거의 없는 동물과 다르게 인간이 만들어진 이유는 무엇일까? 10월 또는 5월에 성 충동이 일어날 것이라는 사실을 알고 있다면 정욕을 더 쉽게 다룰 수 있을 텐데. 그것을 알 수 없기 때문에, 끊임없이 취약한 나는 미칠 것 같다.
>
> — "내면의 전쟁" 1985, 33

적어도 남성에게 성은 집요한 현실이다. 그것은 잠복된 힘으로, 그릇된 형태로 나타나는 경우 정결하고 도덕적인 모든 것을 짓밟아 버린다. '끊임없는 취약성'에 대해 글을 쓴 이 익명의 저자에게 얼마나 공감되는지! 하나님의 선물인 성을 즐겁고 바르게 사용할 수 있다는 그럴듯한 말은 하나님을 찾고는 있지만 정욕의 무서운 그물에 걸린 사람에게는 울리는 꽹과리 소리에 지나지 않는다. 그러한 사람은 정신적, 육체적 도덕성을 지키기 위해 지속적으로 투쟁하지 않아도 되는 자유를 살 수만 있다면, 30분간의 성적 희열을 기꺼이 포기할 것이다. 기독교 초기 교부인 오리게네스(Origen)는 심신을 약화시키는 이 고투에 대처하기 위해 거세하는 방법을 택했다. 그는 영적 삶의 통합을 서서히 깨뜨리는 육체적인 유혹에서 자유하려면 다른 방법이 없다고 생각했다. 이러한 극단적인 방법을 옹호하는 것이 아니라, 나는 성의 유혹이 얼마나 강한지를 이야기하는 것이다. 사탄은 이 도구를 사용하여 수많은 하나님의 사람을 타락시키는 데 성공했다.

전 세계 인종에 따라 성에 대한 이해도 다양하게 나타난다. 줄루 정령 숭배자와 브라질의 가톨릭 교인은 저마다 도덕성에 대해 다르게 생각한다. 성을 이해하는 데 종교적인 법과 규율이 중요한 역할을 하는 경우도 있고, 상식과 인간애가 중요한 역할을 하는 경우도 있다. 그러나 거의 모든 사람은 성을 조절하는 능력이 필요하다고 느낀다. 이슬람교와 기독교는 모두 성에 대한 관심이 깊다. 이슬람교는 엄격한 도덕률을 적용하며, 그것을 범한 사람을 잔혹하게 처벌하는 조항도 갖고 있다. 성경은 우상 숭배를 제외한 다른 어떤 죄보다 성범죄를 심하게 책망한다.

## 그리스도인과 유혹

1970년 나는 싱가포르에서 열리는 기독교 수련회에 초청받았다. 주일 오후, 방글라데시 다카 공항에서 아내와 어린 딸에게 작별 인사를 했다. 두 시간 후 나는 태국의 수도 방콕에 내렸다. 태국 항공사는 그 도시의 멋진 호텔에서 하루를 숙박하도록 안내해 주었다. 호텔의 한 청년이 내 짐을 방으로 가져다주었다. 그 청년은 나에게 5달러를 주면 예쁜 아가씨를 방으로 보내주겠다고 했다. 그 제의를 거절하고, 저녁 식사 전에 잠시 산책하기로 했다. 호텔 정문을 나갈 때, 지배인이 가장 좋은 안마 시술소를 소개하는 카드를 나에게 주었다. 나는 번화한 거리로 걸어 나갔다.

이내 태국 여성이 나타나서 내 팔을 잡고 자신이 내게 어떤 것을 줄 수 있는지에 대해 낯부끄러운 말을 하기 시작했다. 내가 관심이 없음을 알자 그 여성은 떠나 버렸다. 곧이어 십여 명의 여성이 모퉁이에서 나를 잡아당기며 육체의 흥분을 맛보라고 유혹했다. 이 모든 일이 30분 사이에 일어났는데, 그곳은 사실 그 유명한 방콕의 홍등가와는 멀리 떨어진 곳이었다.

나는 걸음을 재촉하여 호텔 방으로 돌아왔다. 땀에 흠뻑 젖어 있었다. 침대 옆에 무릎을 꿇고 시편을 읽기 시작했다. 유혹에서 구원해 주신 하나님에게 감사드렸다. 방콕에서 나를 아는 사람은 한 명도 없었다. 이 사실은 나를 항복하도록 쉽게 유혹할 수 있었다. 오로지 하나님과 가족을 향한 강한 사랑 때문에 나는 나를 사로잡는 그 손들을 뿌리칠 수 있었다.

사탄은 인간의 취약점을 아주 잘 알고 있다. 그는 거의 거절할 수 없는 유혹으로 신자를 유인하여 넘어뜨리기에 알맞은 연약한 분위기를 만들려고 호시탐탐 노리고 있다. 수년간 신실한 그리스도인이던 내 친구 폴도 그런 경우를 당했다. 마닐라에서 어느 날 늦은 시간에 전화벨이 울렸다. 약 13,000킬로미터 떨어진 곳에서 폴이 전화를 한 것이다. 그는 주체할 수 없이 초조해했다. 아름다운 젊은 여성이 다음 날 밤을 함께 지내자고 그를 유혹한 것이다. 그 여성은 폴에게 물침대에서 함께 경험할 성적 희락을 그림으로 보여 주듯 설명했다. 새벽 3시에 내게 이야기를 하고 있는 폴은 그 여자와 함께 있고 싶은 갈망에 압도당해 있었다. 그만큼 그 여성의 유혹은 강렬했다. 그는 하룻밤에 끝나 버릴 그 일로 자신의 순결을 버릴 각오였다.

나는 폴의 지각을 일깨우기 위해 가능한 모든 방법을 동원했다. 우리는 그가 하나님과 하나님을 믿는 가족에게 헌신했다는 사실을 이야기했다. 그의 교회와 직장 관계도 말했다. 믿는다고 하면서 성을 놀이기구 정도로 사용하여, 평생 지켜야 할 남편으로서 서약한 결혼의 충실성을 깨뜨리려는 그 여성은 나쁜 사람이라는 이야기도 했다. 여생 동안 그를 괴롭힐 죄의식은 또 어떤가? 모든 것을 잃을 것이며, 얻는 것이라고는 거의 없을 것이다.

40분에 걸친 간곡한 대화 끝에 마침내 그는 유혹을 받아들일 경우에 생길 손실이 무엇인지 이해하기 시작했다. 그는 아슬아슬한 고비까지 왔으나, 하나님의 은혜로 돌아섰다.

마닐라에서 '단시간 모텔'은 붐을 이루는 사업이다. 5달러를 내면 세 시간 동안 방을 쓸 수 있으며, 몇 달러 더 내면 비디오와 음란 테이프도 빌릴 수 있다. 이러한 모텔은 손님의 비밀을 보장하기 위해 높은 벽으로 둘러싸여 있다. 마닐라에서 가장 큰 모텔 주인은 종교적 감수성도 지닌 것 같다. 크리스마스 때가 되면 현관 차도 입구에 정교한 마구간 모형을 만들어 놓는다. 손님 중 적어도 95퍼센트가 간음자인데, 그는 그 부도덕한 사람들이 사탄의 소굴로 들어가는 길에 아기 예수께 존경을 표하도록 만들어 놓은 것이다.

마리 헨리(Marie Henry)가 쓴 「한나 화이틀 스미스의 숨겨진 생활」(The Secret Life of Hannah Whitall Smith)은 슬픈 책이다. 그러나 그 책의 주인공 한나 스미스의 저서 「행복한 삶을 위한 그리스도인의 비결」(The Christian's Secret of a Happy Life)은 영성을 다룬 고전으로, 수백만 부가 팔렸다. 이 책은 내 영적 성장에 큰 도움을 주었다. 어느 날 저녁 나는 버트런드 러셀(Bertrand Russell)의 자서전을 읽고 있었는데, 까다로운 장모에 대한 그의 혐오감이 주의를 끌었다. 그의 장모는 필라델피아 출신으로 부유했으며 퀘이커 신비주의자였다고 했다. 떠오르는 생각이 있어 조사해 보니 한나 화이틀 스미스의 딸이 버트란트 러셀과 결혼하였으며, 얼마 후 그 딸 역시 남편과 마찬가지로 무신론자가 되었다는 것을 알게 되었다. 그러자 나는 러셀이 장모에 대하여 부정적인 말을 해야만 했던 상황이 무척 궁금해졌다. 그리고 마리 헨리의 책이 그에 대한 해답을 주었다.

한나는 로버트 피어셀 스미스(Robert Pearsall Smith)와 결혼했다. 스미스는 유명한 전도자로 무리하게 일하던 중 신경 쇠약에 걸렸다. 회복기에 그는 새로운 '영적 발견'을 했다. 이 특별한 발견의 중심 내용은 하나님에 대해 매우 갈급할 때 성적 전율을 느껴야 한다는 것이었다. 건강이 회복된 후 그는 한 수련회에서 말씀을 전하기 위해 영국으로 갔다. 그 시기에 그는 능력 있는 전도자로 유명했다.

어느 날 저녁 늦은 시간에 한 젊은 여성이 영적 상담을 하러 스미스를 찾아왔다. 그는 그 여성에게 성과 영성에 대해 자신이 발견한 사실을 이야기했다. 다음 날 아침, 그 여성은 그 수련회의 인도자들에게 스미스가 성에 관하여 어떤 생각을 갖고 있는지 전했다. 즉시 그 추문은 퍼졌다. 그러나 스미스는 계속 간음을 저질렀고 믿음을 완전히 저버렸다.

이 모든 일은 아내인 한나 스미스에게 깊은 영향을 끼쳤다. 이 여인은 남편을 위해 충실히 아내의 자리를 지켰으나, 마음에는 한이 쌓이기 시작했고 까다로운 사람이 되었다. 이 모든 일은 영적인 실재라는 이름을 빌려 탈선한 성 문제에서 비롯되었다.

한 목회자가 보스턴에서 아무도 모르게 섹스 쇼를 관람한 후 깊은 덫에 걸려들었다. 정신 분열증이 그의 영혼을 좀먹기 시작했다. 그는 자신의 인격이 분열되어 가는 모습을 이렇게 기술했다.

그다음 이틀 동안 해안으로 여행을 갔다가 나는 충격을 받았다.

나는 늘 하던 대로 커다란 벽난로가 있는 가정적인 분위기의 여관에 묵었다. 해변이 보이는 곳에서 음식을 먹으며, 가물대는 바다에서 배가 움직이는 모습을 보고, 혼자 한참을 걸어 바위가 많은 곳으로 갔다. 그곳은 큰 파도가 천둥소리를 내며 부서지고 있었다. 눈을 감고 있으면 소금기 있는 물안개가 내 얼굴을 적셨다. 길가의 가게에 멈춰 서서 나는 신선한 바닷가재와 게를 먹었다. 모든 것이 늘 하던 대로였지만, 이번에는 달랐다. 나는 아무런 기쁨도 느끼지 못했다. 정서적인 내 반응은 집에서 하품을 하며 신문을 읽고 있을 때와 같았다. 모든 낭만은 빠져나가고 메말라 버렸다. 그 사실로 나는 마음에 깊은 동요를 느꼈다. 아무리 따져 보아도, 그곳의 놀랍고 심미적인 경험은 뚱뚱한데다가 매독에 걸렸음직한 몸뚱이를 벌거벗은 채 합판 위에 굴리고 있는 모습을 보는 것보다 훨씬 멋진 일이었다. 그러나 도저히 믿을 수 없는 사실은 내 마음이 계속 보스턴의 그 어두컴컴한 방으로 돌아가고 있는 것이었다. 내가 미쳐 가는 것일까? 내 삶에서 가치가 있는 모든 감동을 잃어버린 것일까? 내 영혼은 새어 나가고 있는가? 나는 무엇에 사로잡혀 있는가?

— "내면의 전쟁" 1985, 41

이 사람의 고통에는 좋은 결말이 있었다. 그는 아내에게 저속한 쇼를 관람했다는 사실을 고백했다. 아내는 그를 용서했으며, 그 결과 그들은 자신들의 결혼 생활을 구할 수 있었다. 그는 성적인 굴레에서 마침내 자유를 얻었다.

선교사를 대상으로 한 설문 조사에 성에 관한 질문이 여럿 있었다.

| 질문 | 가끔<br>그렇다 | 거의<br>그렇지 않다 | 전혀<br>그렇지 않다 |
|---|---|---|---|
| 당신은 정욕으로 성적인 환상을 보는 일이 있는가? | 57 | 215 | 112 |
| 당신은 성적으로 자극적인 책을 읽는가? | 4 | 127 | 258 |
| 당신은 (부모 동반시 관람 가능한) 미성년자 관람 불가 영화를 보는가? | 1 | 61 | 322 |
| 당신은 (선정적인) 성인 영화를 보는가? | 0 | 12 | 375 |
| 선교사가 된 후에 성적인 면에서 도덕적인 생활을 유지하였는가? | 그렇다: 372 | | 아니다: 10 |

〈크리스채너티 투데이〉(*Christianity Today*)지는 독자를 대상으로 "당신은 21세 이후에 배우자 이외의 다른 사람과 성적으로 부당한 일을 행한 적이 있는가?"라고 질문했다.

응답은 다음과 같았다.

| 평신도 | 그렇다: 45퍼센트 | 아니다: 55퍼센트 |
|---|---|---|
| 목회자 | 그렇다: 23퍼센트 | 아니다: 77퍼센트 |

— 스태포드 1987, 36

이런 통계는 어떤 직업에 종사하느냐에 상관없이, 성적 유혹이 그리스도인에게 심각한 투쟁이라는 사실을 보여 준다. 그리스도인 부부의 이혼율에서도 이 사실은 잘 드러난다. 오늘날 교회 학교 특별반이나 치유반에서 깨어진 가정의 사람들을 돕기 위해 사역하는 교회가 늘고 있다.

성 문제에서 전적으로 자신 있게 충고할 수 있는 사람은 아무도 없다. 한 기독교 지도자는 결혼과 가정에 대한 책을 썼는데, 기독교계에서 매우 훌륭한 책으로 인정받았다. 그러나 그의 간통 사건이 드러났고, 세계 기독교계에 충격적인 파문을 일으켰다. 나 역시 연약한 자임을 인정하지만, 성적 정결성을 유지하기 위한 몇 가지 긴급한 제안을 하고 싶다.

- 성경적인 도덕성이 우리 존재의 일부가 되어야 한다.
- 영적인 훈련을 생활에 적용하여 주님과의 관계가 항상 활력 넘치게 한다.
- 결혼한 사람인 경우, 그 관계에 '처음 사랑'의 불꽃과 신선함이 유지되도록 상호 헌신하는 자세를 가져야 한다. 자녀에게 사랑을 지나치게 많이 베풀어서 결혼 관계의 친밀성을 떨어뜨리는 일이 없어야 한다.
- 고독, 실망, 논쟁, 장기간의 별거, 성적 유혹 노출 정도 등은 도덕적 타락의 배경이 된다. 이 사실을 알고 있으면, 피치 못할 상황을 접할 때 정신적, 영적 경각심을 갖게 된다.
- 도망치라! 정욕이라는 호랑이 앞에 머뭇거리고 있으면 잡아먹힌다. 마음이 끌려서 시험당하고 있는 사람은 성의 유혹을 받으면 한 걸음 더 나아가게 된다. 이 발걸음은 마침내 완전한 도덕적 파멸에 이를 때까지 멈추지 않는다.

수많은 그리스도인이 수 세기에 걸쳐 성공적인 성 생활을 간증해 왔다. 뻔뻔스러운 도덕적 시험이 판치는 이 시대에, 그리스도인 가운데 정결을 위한 새로운 도전이 강하게 일어나야 한다.

## 무슬림과 성

나는 튀르키예의 이스탄불에서 이슬람교 역사의 심장부를 산책할 수 있는 특권을 갖게 되었다. 톱카프 궁전(Topkapi Palace)은 400여 년에 걸쳐 오스만 제국을 지배한 이슬람교 군주들의 관저였다. 화려한 건물 한쪽은 후궁들의 거처인 '하렘'(harem)으로 400개의 방이 들어차 있다. 이슬람교의 신학과 40명의 아내를 거느린 무슬림 군주를 나로서는 조화시킬 수 없다. 성은 무슬림 세계에서 지도권의 우선적인 상징인 것이 분명했다.

정통 이슬람은 간음을 반대한다. 무슬림은 각 아내를 공평하게 대할 능력이 있는 경우에 네 명의 아내를 데리고 살 수 있다. 이혼은 허용된다. '무타'(muta, 일시적인 결혼)에 대한 논쟁을 부끄럽게 생각하는 무슬림이 많다. 권위 있는 한 하디스는 이것을 다음과 같이 말한다.

> 우리는 종종 예언자가 수행하는 성전(holy war)에 참여했으므로, 우리와 함께하는 여자(아내)가 없을 때가 있었다. 그래서 우리는 예언자께 말씀드렸다. "저희는 거세를 해야겠습니까?" 그러나 예언자는 거세를 금하시고, 그 대신 옷 한 벌을 주고라도 한 여인과 일시적인 결혼을 하도록 허락하셨다. 그러고 나서 이런 말씀을 하셨다. "너희 믿는 자들이여! 알라께서 너희에게 합법적으로 허락하신 좋은 것을 불법한 것으로 만들지 말라."
>
> — 부카리 6권, 110

아야톨라 호메이니(Ayatollah Khomeini)는 무타에 대해 이렇게 말한다. "여인은 합법적인 두 가지 방식으로 남자에게 속할 수 있다. 즉 지속적인 결혼을 하는 것과 일시적인 결혼을 하는 것이다. 전자의 경우는 결혼 기간을 정해 놓지 않아도 되지만, 후자의 경우는 한 시간, 하루, 한 달, 일 년 또는 그 이상의 결혼 기간을 정해 놓아야 한다"(호메이니 1979, 94). 짐 드레트크(Jim Dretke)의 말에 따르면 사우디아라비아 사람들은 성적인 재미를 보려고 주말에 이라크로 간다. 사우디 남자는 무타 제도를 이용해 일정한 돈을 내고 금요일 저녁, 젊은 이라크 여자와 결혼한다. 일요일 오후, 그는 그 여자와 이혼한다. 그는 '합법적인' 성을 누린 것이고, 그 여자는 몸을 이용해 후한 돈을 받은 것이다.

공정하게 말하면, 대부분의 무슬림에게 무타는 용납할 수 없는 관습이다. 그들은 그 문제에 관한 오직 한 구절의 애매한 말씀을 일시적 결혼에 대한 허가장으로 볼 수는 없다고 말한다. 또한 하디스에서는 무타를 용납하는 것을 의심스러운 일이라고 말한다. 이슬람 세계에서 무타가 널리 행해지고 있는 것은 아니다.

그러나 성범죄가 없는 것도 아니다. 사우디아라비아의 한 석유 회사는 직원에게 정기적으로 성병 검사를 실시하는데, 그 나라 밖에서 휴가를 보내고 돌아온 남자의 반에게서 매독 또는 임질균이 발견되었다. 풀러 신학교의 이슬람학과 교수 더들리 우드베리(Dudley Woodberry)와 그의 아내는 비싼 자동차를 탄 한 이슬람 귀족이 열두 살 된 그들의 아들에게 250달러에 성행위를 제안한 이야기를 나에게 들려주었다.

고학력의 한 이집트 숙녀가 페르시아만의 한 무슬림 지도자에 대한 이야기를 편지로 썼다. 그 지도자는 아름답고 젊은 여성을 골라 매달 하룻밤을 자는데, 그와 관계를 한 여자는 다른 사람들이 흠모하는 결혼 상대가 된다는 것이다. 여생 동안 쓰고도 남을 후한 돈을 받기 때문이다.

비디오 혁명은 무슬림의 도덕성에 타격을 입혔다. 성인 영화를 상영하는 작은 방으로 많은 사람이 몰려 들어가, 전에는 상상도 못한 환상의 세계

십자가와 초승달

로 빠져드는 일이 흔해졌다. 이 즉흥적인 '극장'은 무슬림 세계 전역에서 놀라운 속도로 번지고 있다. 그런 시설이 있는 곳 건너편에 내 친구 선교사가 살고 있는데, 그는 오후의 무료함을 달래기 위해 그 대나무 '극장'에 들어가는 무슬림 젊은이들을 날마다 본다고 했다. 이러한 현상은 이슬람권 내의 전통적 가정 가치관에 분명 영향을 끼칠 것이다.

어떤 사람은 나에게 전통적인 사회와 개방된 사회 사이의 갈등을 이야기하면서 키프로스 해변 휴양지에서 본 장면을 말해 주었다. 무슬림 한 가정이 휴가를 보내러 키프로스에 왔는데, 해변에서 어머니는 긴 검은색 베일을 입고 있고, 그 옆에 10대 딸은 가슴을 다 드러내 놓고 누워 있었다. 이것이 전형적인 경우라고 생각해서는 결코 안 되지만, 서구의 영향을 받은 명목상의 종교적인 무슬림의 미래 모습이 이렇지는 않을까?

마닐라에서 나는 한 아랍 사람이 한쪽 팔로 매춘부의 어깨를 안고 다른 손으로는 기도 묵주를 돌리면서 최고급 호텔로 걸어 들어가는 모습을 본 적이 있다. 마닐라의 홍등가에 있는 디스코장과 안마 시술소는 영어뿐 아니라 아랍어로 된 간판을 걸어놓는다. 내가 아는 한 사람은 필리핀에 거주하는 어느 아랍 사람이 낮에는 종교적으로 라마단 금식을 지키다가 저녁이 되면 맥주 한 병으로 금식을 깨뜨린다고 말했다. 그는 매춘부와 함께 밤을 지낸다고 한다.

마닐라의 이슬람 지역에 있는 우리 독서 센터 앞 길거리에서 나는 훤한 대낮에 한 무슬림 청년이 아가씨의 엉덩이를 쓰다듬으며 걸어가는 모습을 보았다. 그 아가씨는 전통적인 무슬림 의상을 입고 있었다.

근사하게 차려입은 한 필리핀인 무슬림 판사가 메카로 순례 여행을 다녀온 이야기를 나에게 자랑스럽게 늘어놓았다. 그는 술꾼이었으나, 19년 전 메카로 가는 순례 여행선을 탄 날 알코올에 대한 갈망에서 구원해 달라고 기도했다. 알라가 그의 기도를 들어주셔서, 그는 맥주나 포도주를 다시는 마시지 않았다. 내가 도덕성에 관한 질문을 계속하자, 그는 매춘부와 간음했다는 사실을 당당하게 고백했다. 여행할 때는 아내가 없기 때문에 정당하다는 것이다. 그는 매춘부에 대한 사랑으로서가 아니라 계약으로서 성행위를 했다고 말한다. 그러므로 그것은 순전히 성적, 경제적 문제이며, 양측 모두에게 이익이 있었다고 말한다. 그러한 행위를 하나님은 어떻게 보실 거라고 생각하느냐는 내 질문에 그는 미소 지으며 알라는 자비로우시며 죄인들을 은혜로 용서하신다고 답했다.

또 다른 필리핀인 무슬림은 나와 이야기를 나누다가, 내가 일부다처 제도에 대해 언급하자 화를 냈다. 그는 그 제도에 반대하여 그의 아들들이 여러 명의 아내를 거느리지 못하도록 했다. 그는 한 명 이상의 아내를 공평하게 대할 수 있는 사람은 없다고 생각하고 있었다. 사랑은 배타적이기 때문이다. 무함마드도 여러 아내가 있었다는 것에 대해 그는 "우리는 예언자가 아닙니다"라고 답했다. 내가 관찰한 바로는, 일부다처 제도가 이슬람 세계에서 흔히 볼 수 있는 일은 아니다. 이혼이 성행하고는 있으나 서구의 '기독교' 국가에 비하면 훨씬 덜하다.

수 세기에 걸쳐 무슬림 신비주의자들은 독실한 신자에게 성적 정결을 권했다. 그런 신비주의자 중 한 명인 카쉬프 알-마흐저브(Kashf al-Mahjub)는 12세기에 다음과 같은 글을 썼다.

> 하나님을 찾는 자는 밤낮으로 자신의 전 생애를 드려 지각을 통해 들어오는 정열의 자극에서 자신을 자유롭게 해야 하고, 이러한 욕망이 그의 내면세계에서 제거되도록 기도해야 한다. 욕정에 시달리는 사람은 영의 사물을 제대로 볼 수 없기 때문이다. 자기 노력

십자가와 초승달

으로 그 욕망을 쫓아내려 하는 사람이 있다면, 그의 노력은 길고도 고통스러울 것이다. 올바른 길은 단지 맡기는 것이다.

— 알-후즈와리 1982, 209

짐 드레트크 목사는 자신이 시무하는 교회의 주일 아침 예배에 참석한 어느 아랍인 무슬림에 대한 감동적인 이야기를 들려주었다. 어느 날 그는 무슬림인 압둘이 성찬식에 참여하여 떡을 떼는 모습을 보았다. 예배가 끝난 후, 짐은 압둘에게 가서 성찬식 이야기를 꺼냈다. 압둘은 즉시 그 전날 있던 일을 말했다. 몇몇 대학 친구가 그를 할리우드의 누드쇼에 데리고 갔다. 쇼에서는 완전히 벌거벗은 여성들이 겨우 몇 미터 떨어진 곳에서 춤을 추고 있었다. 그는 진땀을 흘리며 빠져나왔으나 그날 밤에 잠을 이룰 수 없었다. 다음 날 아침, 그는 종교 집회에 가서 용서와 평안을 얻을 수 있는지 알아보기로 결정했다. 마침 짐 드레트크 목사는 성찬식이 하나님의 자비와 용서의 상징이라고 전했다. 압둘은 그것이 간절했기에 성찬에 참여한 것이다. 짐은 그에게 주께서 그의 행동을 기뻐하실 것이라는 생각을 전했다.

내 무슬림 친구 알리 박사는 인도에서 열린 교육자 콘퍼런스에서 아주 매력적인 여성을 만났다. 그 여성은 그에게 함께 잠자리를 하자고 말했다. 교환 교수로 하버드 대학에 있을 때도 한 여대생이 그에게 그런 제안을 했다. 알리는 그때든 다른 때든 자신이 독실한 무슬림이며 행복한 결혼 생활을 하고 있다고 말하며 거절했다고 한다.

알리 박사와는 대조되는 경우를 알고 있다. 한 유명한 선교사는 육체적으로는 아닐지라도 감정적으로 아내 외에 수많은 여자와 정사를 벌였다. 반면 알리는 성경도, 그리스도도, 성령도 없는데 충실한 남편과 아버지로 남아 있다. 그는 알라와 꾸란의 지침 덕분이라고 말한다.

그리스도인은 이러한 모든 일에 도전받아 성경적으로 정결하도록 노력하며 삶으로 그 진실성을 나타내야 한다.

# 영적 승리

마닐라에서 차로 한 시간 거리에 있는 수양관 문에는 "영성의 집"이라는 마음을 끄는 글귀가 적혀 있다. 나는 그곳을 지나갈 때마다 매력을 느끼며 도전을 받는다. 그곳으로 가서 호수와 휴화산과 700미터 아래 평화롭게 누워 있는 작은 마을의 아름다운 광경을 볼 때 영성을 들이마실 수 있는가? 아니면 땅과 하늘 사이에 내 기도를 방해할 것이라고는 아무것도 없을 것 같은 그 신선하고 차가운 공기를 들이마실 때 영성이 찾아오는 것인가? 또는 영성의 집에 사는 성스러운 사람들과 따뜻한 교제를 나누는 가운데서도 깨달음은 오지 않을 수 있는 것인가?

내가 갈망하는 영적인 실재는 마닐라의 습도, 땀, 소음, 냄새, 고함과 신음에 싸여 있을 수도 있는가? 영성은 당혹감, 감정이입, 실망, 그리고 실패까지 포함한 모든 것을 통해 만들어질 수 있는 것인가? 영성에 대한 추구는 끝이 없다.

### 그리스도인과 승리

그렇다. 추구는 계속된다. 영적 승리는 거인의 걸음이 아닌 작은 걸음에서 시작된다. 그러나 결국 승리한다는 사실이 얼마나 감사한가. 우리는 내버려진 채 패배의 늪을 계속 헤매야 하는 것이 아니다. 다음 몇 가지 이야기는 하나님과 동행하며 그분의 능력을 경험한 사람들의 일례에 지나지 않는다.

십자가와 초승달

데이브는 매우 재능 있고 똑똑한 사람으로, 기독교에 민감한 무슬림 지역에서 그리스도인의 간증을 나타내며 살아가려고 애쓰고 있었다. 어느 날 그는 멀리 떨어진 시골의 한 수련회에 강사로 초빙되었다. 어두운 밤에 험한 길을 운전하며 가고 있는데, 소달구지가 앞길을 가로막았다. 순식간에 고함을 지르는 무슬림들이 그를 둘러쌌다. 그들은 그가 가까운 마을에서 강도질한 도둑인 줄 알았던 것이다. 날이 몹시 어두워서 그의 얼굴을 보고 외국인인 것을 확인할 수 없었던 모양이다. 그는 그 사건을 이렇게 말한다.

어떤 사람이 내가 살인을 했다며 고함을 질렀다. 내가 강도짓을 했다고 말하는 사람도 있었다. 사람들이 자동차 앞 유리를 부숴서 유리 파편이 내 위로 쏟아졌다. 그들은 나를 자동차에서 끌어내렸다. 사방에서 "죽여라. 죽여라. 죽여 버려"라는 소리가 들리는 것 같았다. 그리고 나서 그들은 나를 주로 뒤쪽에서 때리기 시작했다. 나를 때려서 무릎을 꿇게 만들었다. 얼마나 심하게 맞았던지 누가 내 팔을 창 비슷한 화살로 찌르는 것도 느끼지 못한 것 같다. 왼쪽 눈을 매우 심하게 얻어맞아 눈이 완전히 감겨 버렸다. 잠시 후 누군가 도와주러 왔고, 고함을 지르던 100명이나 되는 마을 사람은 자기들이 엄청난 실수를 저질렀다는 사실을 알게 되었다.

데이브는 그때 어떤 조처를 취할지 결정해야 했다.

나는 예수 그리스도의 가르침에 따라 살기 때문에 나를 때린 사람들을 사랑한다고 한 무슬림에게 말했다. 마을 사람들에게 나의 사랑을 전해 주고 내가 그들을 완전히 용서한다는 말을 전해 달라고 그에게 부탁했다. 그들은 은혜라고는 경험해 보지 못한 사람들이었다. 은혜를 경험하자 그들은 매우 놀랐다. 그 은혜가 실제적으로 나타난 만큼 그 중요성은 대단했다. 경찰이 도착했다. 나중에 안 사실이지만, 그 지역 책임자는 마을 사람들에게 어떤 적의가 있었다. 그에게는 이 사건이 몇 명을 감방에 처넣고 나름대로 '이익'을 챙길 수 있는 좋은 기회였다. 그것은 내가 고소해야 가능한 일이었다. 그러나 나는 고소하기를 거절했다.

데이브는 자신이 부당하게 당한 고통과 십자가에서 그리스도께서 받으신 고통을 마음속으로 비교해 보았다. 그는 성난 군중의 모욕과 매질을 참으신 예수의 사랑의 실재를 새롭게 깨달을 수 있었다. 그들도 자신들이 핍박하는 자가 누구인지 몰랐다. 십자가에서 베푸신 용서의 말씀은 극도의 시련을 겪은 그에게 완전한 본이 되었다.

중국에서 우리 여행 팀은 유일무이한 기회를 갖게 되었다. 어느 늦은 저녁, 우리는 조심스럽게 낡고 더러운 아파트로 향하고 있었다. 어두운 뒤쪽 계단을 오르면서 문이 열려 있는 여러 집을 지나갔는데, 매우 작은 방 하나에 사람들이 꽉 들어차 있는 것이 보였다. 우리는 줄을 서서 그 방으로 들어가 얼른 문을 닫았다. 우리 앞에는 내가 이제껏 만난 어떤 할머니보다 다정해 보이는 할머니가 서 있었다. 생동감 있는 믿음과 열정을 품고 있는 할머니였다.

바닥이나 흔들거리는 의자에 앉은 우리는 우리에게 간증을 들려주는 할머니에게서 눈을 돌릴 수 없었다. 그 할머니는 1949년 이전까지 선교 병원의 산부인과 과장이었다. 공산당이 정권을 잡자, 할머니의 삶은 극단적으로 어려워졌다. 문화 혁명 기간에 할머니는 마루를 닦고 환자의 변기를 씻

십자가와 초승달

는 등 노무원 일을 했다. 세월이 흘러 나이가 들면서는 이 마을 저 마을을 다니며 진료하는 순회 의사직을 명령받았다. 이제 할머니는 시련의 불을 견뎌 내고 승리하여 우리 앞에 정금으로 나와 있었다.

할머니의 영혼에는 티끌만 한 원한도 없었다. 잘못을 범한 사람들을 겸손하게 용서하는 마음뿐이었다. 할머니는 날마다 근처 공원에 가서 하루에 한 영혼을 그리스도께 인도한다는 목표를 이루려고 노력한다. 한 주에 한 번, 25명의 여자가 할머니의 아파트에 모여 성경을 공부한다. 후에 이 귀한 성도를 위해 하늘에서는 장엄한 환영식이 있을 것이다.

우리 교회에는 부자이면서 하나님을 잘 믿는 가정이 많다. 나는 이 그리스도인들이 얼마나 겸손한지 늘 놀란다. 어느 날 저녁, 헨리와 베티 프랭크 부부가 저녁 식사를 위해 우리를 자기 집에 초대했다. 그들은 나이 들어 그리스도께 돌아온 아주 특별한 부부였다. 그 부부는 던과 기니 오테로 부부도 초청했는데, 이들은 교회에 나온 지 얼마 되지 않은 새 신자였다.

저녁 식사 후 나는 무심하게 던 오테로와 이야기를 나누고 있었다. 직업을 묻자 던은 어떤 회사와 함께 일한다고 했다. 내가 좀 더 자세히 묻자, 그 회사의 직원은 3,400명이며 연간 수익은 2억 7,000만 달러고 그 분야에서 세계 3위의 회사라고 대수롭지 않게 설명했다. 그가 그 회사에서 무슨 일을 하는지 애매하게 말한 터라 나는 그에게 직책이 무엇이냐고 구체적으로 물었다. 그는 아래를 내려다보며 조용히 대답했다. "회장입니다." 나는 놀랐다. 그의 직책 때문이 아니라 그의 겸손 때문이었다. 나중에 그의 사무실을 방문할 기회가 있었고, 공장 두 곳을 돌아보기도 했다. 그는 자신의 기독교 신앙을 증거하기 위해 옷깃에 달려고 특별히 만든 작은 십자가 하나를 나에게 주었다.

작가이자 틴데일하우스 출판사 설립자인 켄 테일러(Ken Taylor)에 관해

한 기독교 잡지 발행인은 이렇게 찬사를 보냈다.

> 출판업에 성공하여 호사스럽게 살 수 있음에도 복음을 위해 2,400
> 만 달러 넘게 사용하며 소형 자동차를 타고 마을을 돌아다니는 사
> 람이 여기 있다. 그의 아내는 결혼 생활 내내 남편의 헌신에 동참
> 했다. 그 부부를 아는 사람은 누구든 이렇게 말한다. 두 사람은 인
> 내심을 갖고 겸손하게 말씀 사역에 헌신했으며 서로에게도 충실
> 했다고. 바로 그가 리빙 바이블(Living Bible) 번역자이며 틴데일하
> 우스 출판사 책임자라는 것은 마음 든든한 일이다.
>
> — 미라 1985, 12

켄과 마가렛 테일러 부부가 방글라데시를 방문했을 때, 나와 아내는 몇
번 만나 교제를 나누었다. 수년이 지나 우리가 휘튼에서 몇 달을 지낼 때였
다. 하루는 전화가 왔는데 켄이 자기 집으로 저녁 식사 초대를 한다는 것이
었다. 우리가 그 마을에 있다는 사실을 어떻게 알았는지 모를 일이었다. 즐
겁게 식사를 나눈 후, 그들은 우리의 초대를 받아들여 우리 집에서도 식사
를 했다. 그들이 방글라데시에 왔을 때 우리는 별로 해준 것도 없었는데, 그
들은 은혜롭게도 우리를 위해 사랑과 시간을 내주었다.

겸손한 종의 자세를 생활화하는 것은 쉽지 않은 훈련이다. 영국의 유명
한 가수 클리프 리처드는 훌륭한 그리스도인으로, 그에게서는 항상 겸손한
모습이 흘러나왔다. 그가 방글라데시에서 음악회를 하는 동안 우리는 집에
서 그를 위한 연회를 열었다. 그는 매우 자연스럽게 찻주전자를 들고 다니
며 모든 사람을 접대했다.

로마서 6장은 '그리스도' 또는 '하나님'이라는 단어를 열아홉 번 언급하

면서 승리의 비전을 보여 준다. 6장은 좋은 권고를 하고 있으나 거기에서 그치지 않는다. 7장에서 '죄'라는 단어가 다시 열아홉 번 나오면서 죄에 초점을 맞춘다. 옛 성품과 새 성품 사이에 커다란 투쟁이 계속되는 것이다. '죄'와 '의'가 운명적인 전투에 말려든 것 같다. 그러고 나서 8장이 의기양양하게 등장한다. 역시 열아홉 번 언급되는 '성령'이 마침내 승리한다. 승리의 복된 소식을 2절에서 볼 수 있다. "이는 그리스도 예수 안에 있는 생명의 성령의 법이 죄와 사망의 법에서 너를 해방하였음이라." 이 말씀은 그리스도인의 승리를 보장하는 견고한 성경적 기반이다.

지금쯤 당신은 내가 영성에 대해 저술하는 핵심 의도가 '인내'임을 파악했을 것이다. 우리 침실에는 5,000년 전 이집트인들이 생각한 큰 심판의 날을 묘사한 그림의 복사본이 걸려 있다. 심판자가 보는 가운데 한 여인의 행위가 저울에 달리는 그림이 한 왕의 무덤 벽에 그려져 있다. 배경에는 그 여인의 행위가 자세히 쓰여 있다. 이 그림이 보여 주는 신학은 불충분할지 몰라도 성경적인 진리의 요소는 충분히 담고 있다. 마지막 심판 때 우리의 행위는 어떤 모습으로 나타날 것인가? 나무나 짚이나 풀처럼 타 버릴 것인가? 아니면 완전해진 금이나 은으로 나올 것인가? 마지막까지 견디는 것은 그리스도의 심판석에 서는 데 매우 중요한 모습이다.

컬럼비아 신학교 전 학장인 로버트슨 맥퀼킨(Robertson McQuilkin)은 수년간 깊은 시험을 거치면서 성숙하고 깊은 인상을 주는 그리스도인이 되었다. 인내하고자 하는 그의 마음은 〈주님, 어둡기 전에 본향에 이르게 하옵소서〉(Lord, Let Me Get Home before Dark)라는 그의 시에서 아름답게 나타난다.

해가 졌습니다, 주님.
제 삶의 그림자가 뒤로 드리웠습니다.

오래전에 지나가 버린 희미한 기억 속으로 드리워졌습니다.

죽음은 두렵지 않습니다.

죽음이라는 냉혹한 적은 결국 자신을 배반하고,

나를 삶 속으로 영원히 밀어 넣을 것이기 때문입니다.

당신과 함께하는 깨끗하고 자유로운 삶 속으로.


그러나 두려운 것이 있습니다.

죽음이라는 그 어두운 유령이 너무 일찍 찾아오거나

아니면 너무 늦게 찾아와서,

제 일을 다 끝내지 못하거나

잘 끝내지 못했는데 가야 하는 것은 아닐지 두렵습니다.

당신의 영예를 더럽히거나 당신의 이름을 부끄럽게 하거나,

당신의 사랑하시는 마음을 슬프게 하지는 않았는지 두렵습니다.

잘 끝낸 사람이 드물다고 하던데요……

주님, 어둡기 전에 본향에 이르게 하옵소서.


영혼의 어둠은

야비하고 소심한 사람이 되게 하며, 덩굴의 열매는 쭈그러들고,

친구들은 씁쓸한 맛을 보며, 여전히 나를 사랑하는 몇 안 되는

용기 있는 사람들에게 짐이 됩니다.

그럴 수 없습니다, 주님. 열매가 무성하며 달콤하게 하옵소서.

그 맛을 보는 모든 사람에게 기쁨을 주도록,

하나님이 일하고 계시는 영적인 흔적이 되도록,

마침내는 더 강하고, 충만하며, 밝아지도록.

십자가와 초승달

주님, 어둡기 전에 본향에 이르게 하옵소서.


갈가리 찢겨진 은사, 녹슬어 버리고 반만 사용되거나

나쁘게 사용된 은사, 그 어둠.

한때는 하나님에게 쓰임받았으나

곁길로 비껴나간 삶.

사라져 버린 영광에 대한 슬픔,

하나님이 주시지 않은 일에 대한 염려,

기억이라는 공허한 방에서 한탄하며,

오래전에 지나간 승리의 빛바랜 깃발이나 바라보다니.

끝까지 잘 달릴 수는 없을까요?

주님, 어둡기 전에 본향에 이르게 하옵소서.


내 겉모습은 낡았습니다.

그것을 염려하거나 집행 유예를 구하지도 않습니다.

점점 쇠하여지는 힘은 나를 어머니와 같은 이 땅에서

근절시키며 하늘을 향해 자라게 할 뿐입니다.

불멸이 드리우는 그림자에 연연하지 않습니다.

진정으로 영원한 나를 만들기 위하여 부여된 교수대를

어찌해 보려고도 하지 않습니다.

나를 둘러싼 고치를 부여잡지 않는 것은,

태어나려고 애쓰는 자유로운 영혼을

볼모로 잡아 두려는 투쟁이 헛되기 때문입니다.

그러나 그 문에 이를 때

나는 머뭇거리는 고통과 비비 꼬이는 몸의 괴이한 모습일까요?

내 마음은 밝은 환상 가운데 속박 없이 자유로울까요,

아니면 어두운 두려움 속을 헤맬까요?

아버지여, 겸손하게 은혜를 구하오니

어둡기 전에 본향에 이르게 하옵소서.


이것이 우리의 기도가 되기를 바란다.

## 무슬림과 순종

무슬림에게 바닥에 깔려 있는 육신의 욕망을 이기는 승리의 삶은 알라와 그의 말씀에 복종하는 단순한 문제다. 사실, 잘 알려진 찬송가 〈예수 따라가며 복음 순종하면〉(새찬송가 449장)은 이슬람교의 성화를 위한 전반적인 주제가 될 수 있을 것이다. 무슬림은 이슬람교에서 순종 조항을 아주 분명하게 밝히고 있다는 점을 자랑스럽게 생각한다. 꾸란은 전체적인 안목을 가르쳐 주고, 하디스는 본을 보여 주며, 다섯 기둥(Five Pillars)은 구체적인 사항을 일러 준다.[5] 하나님을 진정으로 찾는 자가 더 바랄 것이 없을 정도로 순종 조항이 명백하다.

스티븐 닐 감독은 순종에 대한 무슬림의 생각을 정확하게 다음과 같이 말했다.


현대 무슬림이 서방에 가장 내세우는 것은 이슬람교의 실행 가능성과 실행 용이성이다. 사람이 의지만 있다면 돌아서서 순종할 수 있다는 것이다. 이슬람교는 사람에게 오로지 이치에 맞는 명령을 내린다. 하나님은 자비하시고 인간이 무엇을 할 수 있는지 아시기 때문에 견디기 힘든 짐을 지우지 않으신다. 금욕주의자나 세상을 완전히 초월할 수 있는 사람에게나 적합할 듯한 비실제적인 예수의 이상주의와, 실제적이며 세상에서도 적용할 수 있는 이슬람의 법규가 날카롭게 대조된다. 무슬림은 기독교가 인간의 죄성을 억누르며 스트레스를 주고 있다고 강하게 반박한다. 그것은 세상을 도피하는 것에 지나지 않는다는 것이다. 그리스도인은 자신의 연약함에 매달려 불순종을 변명하거나 불순종에 대한 하나님의 의로운 심판을 면해 보려 한다는 말이다. 그러나 무슬림은 회피하기보다는 허리를 동여매고 놀랄 정도로 쉬운 조항에 순종하려고 노력한다.

— 닐 1970, 68

순종은 목적이지만, 영적 실재는 무엇인가? 영적 실재를 어떻게 경험할 수 있는가? 무슬림은 전 세계의 그리스도인 사회에서 볼 수 있는 것과 비슷하거나 조금 우세한 정도의 상황이라고 말한다. 그러니까 독실한 소수의 무슬림만이 영적인 승리에 도달하는 길을 발견한다는 것이다. 무슬림 대부분은 단지 이슬람교의 신앙과 실천을 입으로만 외친다는 것이다. 알라는 어느 날 이름뿐인 위선적인 무슬림을 심판하실 것이라고도 한다.

이슬람은 하나님에게 순종하면 좋은 결과를 볼 수 있다고 주장한다. 어느 한 집단의 사람들은 이런 생활을 했다고 한다. "그들은 기도로 정욕과 음탕한 정열을 정복했고 꾸란을 읽음으로 고결한 기쁨을 얻어 육적인 기쁨에는 관심이 없었다"(발리우딘 1980, xix). 튀르키예의 유명한 무슬림 종단인 벡타시(Bektashis)에서는 옷을 갖춰 입고 일곱 절의 기도시를 읊는다.

욕심을 묶고 관대함을 품는다.

분노를 묶고 온유함을 품는다.

탐욕을 묶고 경건함을 품는다.

경멸을 묶고 하나님을 경외한다.

정열을 묶고 하나님을 사랑한다.

불평을 묶고 만족한 마음을 갖는다.

사탄의 능력을 묶고 하늘의 능력을 받는다.

— 크래그 1976, 17

그리스도인은 이슬람교가 종교적인 굴레를 씌우는 강한 율법 체제 같다고 비판하는 경향이 있다. 그들은 내적 정결함이나 선행이 이슬람교의 율법적인 의식만큼 중요한지에 대해 의구심을 품는다. 이슬람교도 이 문제를 언급한다. 어느 정도 엄격하게 느껴지는 하디스에서는 이렇게 말한다.

정기적으로 기도드리고 자주 금식하는 여자에 대한 이야기를 예언자가 들으셨다. 그 여자는 의연금도 자주 냈지만, 여자의 이웃은 그 여자의 욕설에 진저리를 쳤다. 예언자가 말씀하시기를 "그런 여자는 지옥의 불 맛을 보아 마땅하니라!"

— 이스마일 1980, 17

알리 빈 우스만 알-후즈와리(Ali Bin Uthman al-Hujwiri)는 예외적일 만큼 분명하게 다음과 같이 말했다.

외적 정화와 내적 정화는 병행되어야 한다. 예를 들어 손을 씻을 때 마음속의 세상적인 생각을 씻어 내야 하고, 양치질을 할 때 하나님 외에 다른 말을 한 것을 씻어 내야 하며, 세수할 때 친숙한 모든 것에서 얼굴을 돌려 하나님을 바라보아야 하고, 머리를 감을 때 모든 일을 하나님에게 맡겨야 하며, 발을 씻을 때 어떤 문제에서는 정결치 못한 자리에 서지 않기로 결심해야 한다. 종교의 모든 의식에서 외면과 내면은 융합되어야 한다. 신앙을 예로 들면, 입술의 고백과 마음의 믿음이 일치해야 한다.

— 알-후즈와리 1982, 292

나는 이슬람의 경건 서적 작가 중 알-가잘리를 좋아한다. 수피 신비주의자인 그는 항상 속사람이라는 측면에서 이슬람의 영성을 다루려고 노력했다.

당신의 속사람을 경시하지 말라. 속사람이 모든 정결함의 중심에 있다. 무절제함을 회개하고, 후회하는 마음과 앞으로는 그러한 일을 다시 범하지 않으려는 결심으로 속사람을 정결케 해야 한다. 네가 경배하는 하나님은 바로 그 속사람을 점검하시기 때문이다.

— 가잘리 1983, 44

무슬림이 이기심 없이 일한 예는 많다. 한 미국인 정유업자는 사우디아라비아에서 사막을 통과하는 먼 길을 차로 가고 있었는데 연료가 모자라서 다음 마을까지 갈 수 없다는 것을 깨달았다. 날은 어두워지고 마음은 초조했다. 바로 그때, 길가에 주차하려는 신형 트럭이 눈에 띄었다. 그는 그 사우디 운전자에게 자기 문제를 설명했다. 두 사람은 트럭에서 연료를 빨아

올릴 사이펀을 찾았으나 헛일이었다. 갑자기 그 사우디인은 연료 탱크 옆에 통을 갖다 놓더니 칼을 빼내어 쇠로 된 연료통을 뚫어서 가솔린이 흘러나오게 했다. 그 미국인은 그러한 희생적인 사랑의 행동을 결코 잊지 못할 것이다.

최근 나는 알리 박사에게 편지를 받았다. 특히 한 문장이 내게 커다란 의미를 주었다. "당신은 내 형제입니다. 당신이 미국인이거나 기독교를 믿는다고 해서 문제될 것은 없습니다. 당신과 나 사이의 우정은 영원한 것입니다." 정말 훌륭한 무슬림의 모습이다.

프랭크 로바크(Frank Laubach)는 수년 동안 필리핀 남부의 마라마오 무슬림 가운데서 살았다. 이 유명한 문학 전문가는 무슬림을 사랑했다.

> 무슬림 사이에서 친구를 사귀기란 어렵다고 말하는 사람들이 있는데, 그들이 잘 모르고 하는 말이다. 무슬림은 자신들의 종교에 돌을 던지는 사람에게 물론 화를 낸다. 그러나 우리 모습이 무섭도록 그리스도와 다른데, 어떻게 그들을 비난하겠는가? 나는 세상의 어떤 그리스도인들 사이에서보다 무슬림들 사이에서 충실하고 진실한 친구들을 찾았다.
>
> — 로바크 1960, 65

나는 조너선과 로잘린드 고포스(Jonathan and Rosalind Goforth) 부부의 글을 좋아한다. 중국 의화단 운동 당시, 그들 가족은 해변의 안전지대로 가려고 필사적으로 애를 썼다. 피난 도중 그들은 길에서 매를 맞고 중상을 입었다. 비틀거리며 한 마을을 지나가고 있을 때, 친절해 보이는 무리가 그들을 둘러쌌다.

가난하고 늙은 한 남자가 몹시 낡아서 형태도 제대로 잡히지 않는 자기 구두를 갖고 와서 험한 길을 갈 때 발을 보호해 줄 것이라며 가져가라고 말했다. 여자들은 낡아 지저분해진 아동복을 가져와서 밤에는 날이 차니 아이들에게 입히라고 했다. "왜 이다지도 친절하십니까?"라고 한 사람에게 물어보았다. 그는 이렇게 대답했다. "우리는 무함마드를 믿는 사람들입니다. 우리의 하나님은 당신의 하나님입니다. 당신이 쓰러지는 것을 우리가 묵과한다면, 어떻게 하나님의 얼굴을 뵐 수 있겠습니까."

— 고포스 1937, 138-139

존 글러브(John Glubb) 경은 무슬림을 주의 깊게 관찰한 사람이다. 무슬림의 행동에 대한 그의 말은 교훈을 담고 있다.

나는 그리스도인이다. 그러나 나는 내 생의 절반 이상을 무슬림들과 살아왔다. 근처에 그리스도인이라고는 전혀 없이 무슬림만 있는 곳에서 지낸 적도 있다. 나는 이슬람이 훌륭한 사람, 때로는 성자를 만들어 낸다는 사실을 알고 있다. 대부분의 서방 사람이 무슬림에 대해 지닌 '이미지'는 그릇된 것이다.

— 글러브 1971, 8-9

그리스도와 기독교에 대한 내 중심에 흔들림은 없지만, 생의 절반을 무슬림들과 산 것은 나의 큰 특권이었다. 그중 20년간 나는 그들 마을에 살면서 그들의 음식을 먹고 그들의 언어로 말하였다. 나는 무슬림 친구들과 함께 울고 웃었다. 때때로 그들의 행동으로 상쾌함을 느끼기도 했고 좌절감을 느끼기도 했다. 여러 시기와 상황에서 그들의 종교는 나를 도전했고, 격분시키기도 했고, 깜짝 놀라게도 했다. 그들로 말미암아 나는 새롭고 교훈적인 경험을 했다. 나는 그들에게 영원히 감사할 것이다. 그들과 함께 걸었기에 내 삶은 더욱 풍성하고 충만했다.

---

5  다섯 기둥이란 무슬림이 지켜야 하는 다섯 가지 의무 사항이다. 1. 샤하다: 알라와 그의 예언자에 대한 믿음의 고백 2. 살라트: 하루 다섯 차례의 기도 3. 자카트: 자비의 명목으로 추수나 수입의 일정 부분을 헌납 4. 라마단 금식 5. 하지: 사우디아라비아에 있는 메카로의 순례 여행.

십자가와 초승달

++++     **6장**     ++++
++++   **신비주의와 영적 능력**   ++++
++++           ++++
++++           ++++
++++           ++++

웹스터 사전에 따르면, 신비주의는 "하나님 또는 절대자에 대한 직접적 지식을 즉각적인 직관이나 통찰력에 의해 알 수 있다는 믿음"이다. 신비주의적 경험은 제도화된 종교를 통해 얻는 것이 아니다. 나는 자연과 신비적인 조화에 이르러 역동적인 깨달음을 얻었다는 어느 물리학자의 글을 읽었다. 그 과학자가 경험한 것은 궁극적인 존재와의 극적인 만남이었다. 그는 그 만남으로 자신의 추구가 완결되었다고 생각했다.

그러나 신비주의는 일반적으로 하나님을 향한 것이다. 신비주의에서 본 하나님의 '성품'과 '개념'은 아주 다양하며, 종교마다 해석이 여러 가지다. 한 주관적인 신비주의자는 여기에 덧붙여, 자기 스스로 법이 되어 등장하기도 한다. 그는 보이지 않는 세계와 극적인 조화를 이룬다. 그는 하나님에게 말씀을 듣는데, 이것은 평범한 신자는 경험할 수 없다. 신비주의자는 지나칠 정도로 개인적이며, 그들의 주장이 우주 전역에 일반화될 수 있다고 느낄 정도로 독단적이다. 그가 받은 계시를 자세히 조사하거나 비판할 자격이 있는 사람은 없다.

신비주의는 안개에서 시작하여 분열로 끝난다는 조셉 플레처(Joseph Fletcher)의 말은 신비주의의 거의 정곡을 찌른다. 신비주의자는 추종자들을 끌어당긴다. 그러나 종종 여러 분파로 나뉘는 분열로 끝난다. 신비주의에 관심 없는 사람들은 멀리 서서 비웃을 것이다. 어떤 사람들은 추종자 무리와 한때 합세하였다가 좀 더 극적인 다른 신비주의자에게 이끌린다. 많은 사람은 혼란스러워할 뿐이다. 혼란 가운데 그들은 이렇게 말한다. "주님의 말씀을 하는 사람은 진정으로 누구인가?"

그러한 것을 볼 때, 신비주의를 그토록 매력 있게 만드는 것은 무엇인가? E. G. 브라운(Browne)은 그 매력을 몇 마디로 간략하게 요약했다.

> 신비주의가 뿌리내리지 못할 정도의 불모지는 없다. 딱딱한 교의든 부드러운 교의든 신비주의에 휘감기지 않기는 어렵다. 비참한 현실은 무한한 이상을 구속하고 제한한다. 인간의 영혼은 안식을 얻기 위해 끊임없이 부르짖고, 현재의 불만으로 인한 갈망이 만족을 찾지 못하기 때문이다. 인간이 천사보다 못하고 짐승보다 뛰어난 존재라면 이 부르짖음은 한순간도 잠잠하지 않을 것이다. 부르짖음의 목적은 한결같다. 모든 세대, 모든 나라, 모든 교의 가운데서, 브라만의 현인이든, 페르시아의 시인이든, 기독교의 신비주의적 종교 운동가든, 말하고자 하는 바의 핵심은 자아에서 벗어나 하나님과 일치되고자 하는 영혼의 열망이다.
>
> ― 스미스 1931, 2

신비주의자가 되지 않고도 그리스도인이나 무슬림이 될 수 있는가? 지

십자가와 초승달

나치게 전문적으로 말하지 않는다면, 보이지 않는 존재와의 만남은 신비적인 경험이다. 우리는 정도의 문제를 다룰 수 있다. 신비적 신앙의 정도뿐 아니라 신비적 실재의 정도를 생각해 보려 한다. 논쟁의 쟁점은 주로 신비적 실재의 수준에 관한 것이다. 신비주의자인 수도승이 홀로, 사막의 자기 방에서 대단한 초자연적 경험을 한다면 얼마든지 하고 싶은 대로 해도 좋다. 그는 어느 누구도 괴롭히지 않으며 잘못된 길로 인도하지도 않는다. 그러나 146개국에 방영되는 텔레비전 설교가 특정 형태의 신비적 경험을 장려한다면, 전혀 다른 문제다.

성경에는 신비적 주장의 정당성을 강조하는 구절이 몇 군데 있다. 모세는 떨기나무 불꽃 가운데와 시내산 위에서 하나님을 보았다. 주님은 자신의 몸과 피를 먹으라고 명하셨다. 이러한 신비석인 말씀에 관한 논쟁은 수그러들지 않고 계속된다. 바울은 다마스쿠스로 가는 길에서 극적으로 하나님을 만났다. 셋째 하늘에 올라간 바울의 경험은 모든 신비주의자가 간절히 바라는 것이다. 매우 신비적인 의미의 "그리스도 안에서"라는 말을 바울은 164번이나 쓰고 있다. 성경에서 신비주의적 경향이 있는 부분은 시편, 아가(아가에 대해 신비주의적 해석이 많다), 그리고 '로고스'(*Logos*)에 관해 말하는 요한복음의 첫 부분이 포함된다. 무슬림은 어떠한가?

> 무함마드는 주변에서 기독교의 금욕주의에 대해 보고 들었으며, 기독교의 신비적 가르침을 접한 적도 있다. 이러한 지식에서 그는 금욕주의에 기초한 신비주의 교리의 기초를 내놓았다. 이 신비주의 교리에서 발전한 것이 초기 전통주의자이며, 후에는 수피로 알려진 이슬람의 신비주의 체제로 완성되었다.
>
> — 스미스 1976, 152

기독교와 마찬가지로 이슬람교에도 정통주의와 신비주의 사이에 긴장이 있다. 신학적 순수파인 정통주의는 이슬람교 의식의 주요 흐름 밖에서 알라를 만났다고 주장하는 '자유주의자', 즉 신비주의자를 좋게 생각하지 않는다. 의심의 여지 없이 무슬림 근본주의가 주도권을 장악하고 있다. 그러나 무슬림 대부분은 어떤 형태로든 무슬림 신비주의의 영향을 받는다.

이 무슬림들에 대해 그리스도인은 어떻게 생각해야 하는가? 이슬람 율법에 관한 전문가 영국인 노만 앤더슨(Norman Anderson) 경은 이렇게 말한다. "이슬람교를 연구하면서, 위대한 무슬림 신비주의자 몇 명이 전심으로 하나님의 얼굴을 구했다는 사실을 부인할 수 없었다. 그들이 자기 합리화나 신비한 경험 자체를 구한 것이 아니라, 하나님 자신을 구했다는 사실도 나는 의심하지 않는다"(앤더슨 1984, 152). 이 장에서 나는 그리스도인과 무슬림 가운데서 신비주의적 경향을 띠는 사람의 행위를 분명히 밝히려 한다. 진위를 가리는 것은 당신 몫이다.

## 경험과 무아경

경험은 교리를 확증해 준다. 경험은 배운 바를 적용하고 내면화하는 것이다. 신비주의자는 경험을 대단히 중요하게 여긴다. 그는 느끼기를 원한다. 그의 맥박은 빠르게 뛰고, 그의 얼굴은 홍조를 띠며, 그의 손은 떨린다. 한때 차갑고 논리적이던 가르침이 이제는 영혼 깊은 곳에 자리 잡는다. 하나님이 일하시는 것이다. 실재가 삶을 변화시킨다. "나는 ……을 확실히 안다"는 단언이 주관적인 경험일 뿐이라는 말을 수그러들게 만든다.

할리우드 배우들은 자기 역할을 통제할 수 있는 한도에서 과잉으로 표현하라는 요청을 받는다. 이러한 요청을 종교에 적용할 수 있을지 잘 모르겠지만, 그리스도인의 예배 가운데 볼 수 있는 무아경은 경계선을 넘어 고삐 풀린 상태로 빠져들기 쉽다. 감정이 무아경을 가속화할 수 있으며 스스로 오래 지속시키기도 한다. 이것은 어떤 목적을 이루기 위한 방법이 아니라 그 자체가 결말이 되고 만다. 그리고 좀 더 높은 실재를 향해 이끄는 역할을 하지 않고 경험으로 끝나 버린다. 감정을 조작하는 사람이 있어서 그 사람이 정한 목표에 이르면 그만이다. 그러나 모든 무아경이 이런 종류는 아니다. 고요한 내적 기쁨도 무아경을 가져온다.

이러한 서론을 바탕으로, 나는 그리스도인의 틀 안에서 경험과 무아경을 간략하게 설명하려 한다. 실제 경험은 삶의 살과 피가 된다. 나는 진지하게 윤곽을 잡고, 관찰하며, 평가하고, 정리해 볼 것이나.

세포 쉬리애넨(Seppo Syrjanen)은 하나님의 목소리를 들은 한 무슬림의 이야기를 들려준다.

> 마태복음 11장에 관한 질문에 답을 작성한 후 성경 통신 학교로 보내려고 거리를 걷는데, 누가 나를 부르는 것 같았다. "내게로 오라. 내가 네게 쉼을 주리라." 나는 아침에 읽은 말씀이 머릿속에서 반복되고 있을 뿐이라고 생각했으나, 그 소리는 계속 들렸다. 다음 날에도 마찬가지였다. 나는 내 생각 속에서 그 음성을 지워 버리려고 무척 애썼다. 단순히 어떤 상상이나 말씀의 반복이 아니었기 때문이다. 사흘째 되던 날, 그 음성은 매우 가까이 들렸다. 나는 말씀하시는 분의 임재를 느낄 수 있었다. 나는 가게 문을 닫고 아무도 모르게 예수 앞에 무릎 꿇고 그를 내 구주로 영접했다.
>
> — 쉬리애넨 1984, 133

걸샨 에스더(Gulshan Esther)는 자서전 「갈라진 휘장」(The Torn Veil)에서 무슬림인 자신이 어떻게 그리스도를 만나게 되었는지를 설명한다. 에스더는 부요하고 독실한 무슬림 가정에서 태어났다. 유아기에 장티푸스를 앓았는데, 그 후유증으로 왼쪽 몸이 마비되었다. 딸을 사랑하는 아버지는 딸을 위해 파키스탄과 영국에서 최고의 의료진을 찾았다. 알라가 딸의 몸을 만져 낫게 해주기를 바라며 딸을 데리고 메카로 순례 여행을 갔다. 그러나 아무 일도 일어나지 않았으며 에스더는 파키스탄의 자기 방으로 돌아와 홀로 있었다. 어느 날 갑자기 침실에 밝은 빛이 가득해졌다. 에스더는 매우 놀라 이불을 뒤집어썼다. 그다음에 일어난 일을 에스더는 이렇게 말한다.

나는 이불을 내리고 주위를 살펴보았다. 문과 창문은 단단히 잠겨 있고 커튼과 덧문도 내려져 있었다. 그제야 나는 내 침대에서 몇 미터 떨어지지 않은 곳에 긴 옷을 입은 사람들이 빛 가운데 서 있다는 사실을 알았다. 열두 명이 열을 지어 서 있고 열세 번째 사람이 빛의 중심에 서 있는데, 그는 다른 사람보다 크고 빛났다.

"오, 하나님." 나는 큰 소리로 외쳤다. 이마에는 땀방울이 맺혔다. 나는 머리를 숙였다. "오 하나님, 이들은 누구이며, 문과 창문이 닫혀 있는데, 어떻게 들어오셨습니까?"

한 음성이 들렸다. "일어서라. 이 길이 네가 찾던 길이다. 나는 예수요, 마리아의 아들이니라. 너는 나에게 기도하지 않았느냐. 이제 내가 네 앞에 서 있노라. 일어서서 내게로 오너라."

나는 흐느끼기 시작했다. "오, 예수님. 저는 절름발이입니다. 일어설 수 없어요."

그분은 말씀하셨다. "일어서서 나에게로 오너라. 나는 예수니라."

내가 주저하자 그분은 반복해서 말씀하셨다. 내가 여전히 의심하고 있을 때, 그분은 세 번째로 말씀하셨다. "일어서라."

19년 동안 침대 생활을 해온 절름발이인 나 걸샨 파티마는 쇠약한 몸에 새로운 힘이 흘러들어오는 것을 느꼈다. 나는 발을 땅에 딛고 일어섰다. 그리고 몇 걸음 달려가 예수님의 발아래 쓰러졌다. 나는 가장 정결한 빛 가운데 흠뻑 젖었으며, 그 빛은 해와 달을 합친 것만큼 밝게 빛나고 있었다. 그 빛이 내 마음과 지성으로 비쳐 들어왔고, 그 순간 나는 많은 것을 깨달았다.

예수께서 내 머리에 손을 얹으셨는데 나는 그분의 손에 구멍이 뚫린 것을 보았다. 그 구멍에서 흘러나온 한 줄기 빛은 내 초록 옷을 흰색으로 보이게 했다.

그분은 이렇게 말씀하셨다. "나는 예수니라. 나는 임마누엘이니라. 나는 길이요 진리요 생명이니라. 나는 살았고 곧 다시 올 것이니라. 보라, 오늘부터 너는 내 증인이 되리라. 네가 지금 눈으로 보는 모든 것을 내 백성에게 전해야 하느니라. 내 백성은 너의 백성이니라. 너는 내 백성에게 충실하게 전하여라."

그분은 말씀하셨다. "이제 너는 이 옷과 네 몸을 정결하게 지켜야 한다. 네가 어디로 가든지 너와 함께하리라."

— 에스더 1984, 60-61

걸샨은 수많은 나라와 사람들에게 자신의 믿음과 치유를 증거했다.

그러나 정도를 벗어난 경우도 있다. 치유에 관해 불가지론적 견해를 흥미롭게 피력하고 있는 제임스 랜디(James Randi)는 「믿음의 치유자들」(The Faith Healers)이라는 책을 펴냈다. J. C. 라일(Ryle)은 「색다른 것을 좋아한 아테네 사람들_(*Athenian love of novelty*)이라는 책에서 이렇게 말한다. "선풍적 인기를 끌고, 흥분시키며, 감정을 불러일으키는 가르침을 원하는 갈망은 끊임없이 존재한다. 발작적이며 병적 흥분을 일으키는 유의 기독교를 좋아하는 불건전한 사람들도 있다"(라일 [1883] 1979, xxviii). 이것이 19세기에 쓰인 글이라는 점이 흥미롭다. 시간이 흘러도 진정으로 변하는 것은 없는 것 같다.

로스앤젤레스에서 나와 아내는 인도네시아에서 온 특별 강사의 말씀을 듣기 위해 한 교회를 찾아갔다. 처음 우리를 맞이한 것은 기독교 음악이었으나 그 소리는 시끄러울 정도였다. 매력적인 소녀 두 명이 손뼉을 치고 발을 공중으로 차올리며 원 모양으로 춤을 추고 있었다. 아는 사람이 들어오면, 그들은 그 사람을 잡고 잠시 동안 함께 춤을 추었다. 모든 사람이 그 경험을 즐기는 것 같았다. 나는 주께 예배드리기 위해 집중하려고 애써야 했는데, 다른 사람도 나와 같지 않은지 의아스러웠다.

아프리카에 있었던 한 기독교 여성 모임은 다음과 같이 묘사되었다.

> 여러 감정으로 그 방 안의 공기는 무겁다. 여자들은 일어서서 문제를 이야기하고, 때로는 울부짖거나 소리 지르기도 하며 격노하여 작은 소리로 말하기도 한다. 그들은 몸을 떨고 있었다. 그들의 눈은 꼭 감겨져 있거나 하늘을 향해 고정되어 있다. 기적과 병자와 죽은 자에 대한 이야기가 계속되다가, 드디어 한 사람이 강하게 떨기 시작한다. 그것은 그 여자가 성령에 잡힌 바 되는 순간을 위한 전조이며, 그 여자는 설교하기 시작한다. 다른 여자들은 집중하며 그 여자의 말에 귀 기울인다. 설교자가 천천히 감정을 고도로 끌어올릴 때, 청중도 그들의 감정을 설교자 안에서 분출한다.
>
> — 패린더 1976, 85

"주께로부터"라고 말하는 단독적인 인도하심 역시 문제될 수 있다. 시리아에 있는 그리스도인 사이이드는 캐나다의 그리스도인인 샘과 독특한 방법으로 만났다고 나에게 말했다. 샘은 다마스쿠스로 가라는 하나님의 직접적인 명령을 받았다고 한다. 그래서 그곳에 가서 사이이드를 만났고 '직가'라는 거리로 자신을 데려가 달라고 말했다. 그곳에 이르자 샘은 길 중간으로 걸어 내려가며 방언과 예언의 말을 번갈아 하기 시작했다. 커다란 소리로 그는 하나님이 다마스쿠스를 1년 내에 멸망시킬 것이라고 외쳤다. 그는 모든 사람에게 회개하라고 말했다.

그런데 어떻게 된 일인지, 샘과 사이이드는 그런 일이 있었는데도 건재하다. 샘은 시리아의 대통령과 지도자들에게 편지를 써서 임박한 파멸을 경고했다. 그는 또한 교회를 돌아다니며 하나님의 심판이 임하기 전에 모든 그리스도인은 그 도시를 떠나라고 강권했다. 6일 후 샘은 다마스쿠스를 떠났다. 6년이 지났으나 그 도시는 그대로 있다.

**무슬림과 무아경**

최근 방글라데시를 방문했을 때, 나는 알리 박사와 함께 시골길을 걷고 있었다. 우리는 바울파(Baul sect)에 속하는 수피 집단을 만났다. 잠시 동안 즐겁게 대화를 나눈 뒤, 알리 박사는 그들에게 우리를 위해 노래를 불러 달라고 청했다. 그들은 원을 만들고 밴조 비슷한 악기 반주에 맞춰 노래 부르기 시작했다. 처음에는 천천히 조용하게 노래를 불렀다. 템포가 점점 빨라지기 시작했다. 목소리는 점점 커졌으며, 음악에 맞춰 발을 움직이기 시작했다. 빠른 속도로 무리를 이루었다. 잠깐 사이에 무아경에 도달하기 시작했다. 사람들은 더 가까이 모여 들고 손뼉을 치기 시작했다. 독실한 표정을 한 얼굴은 하늘을 향했으며 손은 위로 들었다.

그들이 부르는 노래 가사는 기독교의 찬송가 가사와 비슷했다. "오 하나님, 제 모든 죄를 용서하시고 언제나 당신의 종인 저를 돌아보시옵소서. 멀리 헤매던 비천한 피조물인 제가 이제 온 세상의 구주요 주님인 당신의 용서를 구합니다." 이것은 무슬림 신비주의자의 즉흥적인 집회라기보다는 카리스마틱 기독교인의 예배 같았다.

수피의 무아경을 '와지드'(*wajd*)라고 한다. 이 단어는 원래 '발견', 즉 하나님을 찾아 알게 되었다는 뜻이다. 피조물과 창조주 사이에 위대한 만남이 이루어질 때 그 결과로 나타나는 것이 무아경이다. 사실상 무아경(ecstasy)이라기보다는 내아경(instasy)이라고 하는 것이 맞을 것이다. 신비주의자는 자아 밖으로 끌려 나오기보다는 자아의 깊숙한 곳으로 들어가기 때문이다(쉼멜 1975, 178).

무아경은 짧은 주문을 반복해서 외우고, 호흡을 조정하며, 균형과 불균형 상태로 몸을 움직이는 동작을 반복할 때 이루어진다. 무아경에 이르며 지성과 의지를 정지 상태로 만들기 위해 노래나 악기를 동원한다. 음악은 신체가 의식적인 사고의 지배를 받지 않도록 자유롭게 하는 데 도움되기 때문이다. 규칙적인 음악이 특별한 경험을 일으키는데, 그 경험으로 말미암아 의식을 상실하는 것을 '연합', 즉 찾는 존재와 찾아지는 존재 사이의 감정적 일치라고 생각한다. 어떤 사람의 경우는 이러한 경험이 마약처럼 되어서 영혼과 몸이 계속 그 경험을 갈망한다. 평회원의 경우, 디크르 의식에 참여해도 겨우 이따금씩 무아경을 경험한다. 그런데 이 무아경은 날마다 겪는 실존의 어려움에서 해방을 느끼게 해줄 뿐만 아니라 인간의 한계에서 어느 정도 자유를 주며, 초월적인 경험을 조금이나

십자가와 초승달

마 맛보게 해준다.

— 트리밍엄 1971, 200

중동에는 '빙글빙글 도는 승려'라고 불리는 이슬람교의 탁발승이 있다. 정통적인 무슬림은 그들을 문젯거리로 여긴다. 춤은 무아경을 유발하기 위해 사용하는 부당한 방법이라고 생각하기 때문이다. 알라와 가까이하기 위해 탁발승이 사용하는 방법은 정통 무슬림 학자와 좀 더 미온적인 수피 신비주의자의 공공연한 비난거리가 되어 왔다. 그러나 수피가 하나님과 역동적으로 만나게 되면 그 직접적인 결과로 춤을 추리라는 것이 탁발승의 견해다. 독실한 자는 환희에 압도되어 온몸이 전율한다. 이러한 무아경 순간에, 연습한 적이 없는 자발적인 움직임이 나타나는데, 사람들은 이것을 춤이라고 한다. 그러나 탁발승에게는 춤이라기보다는 반응이다.

> 꾸란의 한 구절이나 하늘의 음성(하티프[hatif]) 또는 시나 음악을 듣는 중에 무아경에 빠지는 사람이 많다. 그렇게 해서 떠오른 감정으로 죽었다는 사람도 많다. 신비주의적 신앙은 하나님이 모든 피조물로 하여금 나름의 언어로 하나님을 찬양하도록 영감을 불어 넣으셨다고 믿는 것이다. 즉 우주의 모든 소리는 하나의 거대한 합창으로, 하나님이 이로 인해 영광받으신다는 말이다. 결과적으로 말하면, 하나님이 어떤 사람의 마음을 여시고 그에게 영적인 지각을 부여하시면 그는 모든 곳에서 하나님의 음성을 들을 수 있다. 그는 무아진(muezzin, 모스크의 기도 시작을 알리는 사람_ 옮긴이)의 운율이 있는 노랫소리나 물을 담은 가죽 부대를 어깨에 짊어진 사카(saqqa)가 거리에서 외치는 소리, 바람 소리, 또는 양, 새 우는 소리를 들을 때

압도되어 무아경에 이른다.

— 니콜슨 1975, 63-64

이것은 범신론과 매우 흡사하지 않은가? 모든 것에서 하나님을 보고 느끼고 경험한다는 수피는 바로 이 점 때문에 범신론자라는 소리를 듣는다. 무슬림과 그리스도인 모두 범신론과 창조물 가운데 하나님의 임재를 느끼는 것 사이에 선을 긋기가 어렵다. 하나님은 창조주이시므로 그분의 창조물 가운데서 그분을 볼 수 있다는 사실은 자명하다. 강한 폭풍 가운데 서서 우리는 경외감을 느끼고, 자연에 담긴 하나님의 능력을 당연하게 볼 수 있지 않은가? 나는 수피 친구들이 바람에 망고나무가 쓰러지고 야자나무 가지가 부러져 땅에 떨어지는 것을 보고 무아경으로 비상하여 들어가는 모습을 본 적이 있다. 신비주의자는 하나님에게 도취된 사람이다. 알라는 어느 곳에나 계신다.

수피즘의 교사인 아부 사이이드 아불-하이르(Abu Saiid Abul-Khair)는 흥미로운 글을 썼다. 그는 예배 시 느끼는 감정의 실제 가치, 즉 청년이 세속적인 정열과 욕망을 극복하도록 돕는 역할에 대해 이렇게 말한다.

욕망에서 자유롭지 못하다는 것이 청년의 특성이다. 욕망이 청년을 지배하고 그 몸을 조절한다. 청년들이 손뼉을 치고 발을 구른다면 욕망의 강도는 약화될 것이며, 외부로 나타나는 행동을 좀 더잘 조절할 수 있을 것이다. 감정의 긴장을 (하나님의 이름으로) 춤으로푸는 것이 사람들 사이에서 분출하는 것보다 훨씬 낫다. 자신이나다른 사람들에게 피해를 입힐 가능성이 없기 때문이다.

— 누르바크 1978, 59

십자가와 초승달

나는 카이로에서 가장 크고 아름답다고 하는 모스크에 가 보았다. 모스크 외형은 딱딱하고 정숙했다. 안내원이 우리를 모스크 한쪽으로 인도했다. 그곳에는 작고 파란 타일이 뒤얽힌 문형으로 벽을 덮고 있는 화려한 방이 있었다. 방 한쪽에 한 신비주의자가 앉아 있었는데, 알라를 추구하는 일에 깊이 몰두해 있었다. 그는 고통과 무아경으로 인한 기괴한 모습으로 얼굴을 찡그리고 있었다. 그는 머리를 이리저리 움직이고 입으로는 아랍어로 찬양의 말을 중얼거렸다. 손은 위아래로 움직이며 조정하지 못하는 것처럼 보였다. 이 이집트인 무슬림은 자신이 사랑하는 분을 열심히 찾고 있었다. 그의 초라한 옷은 그가 가장 가난한 계급 출신인 것을 알려 주었다. 그러나 그것은 문제가 되지 않았다. 그의 영혼은 우주의 가장 높은 주권자가 주시는 음식과 옷을 누리고 있었기 때문이다. 이것이 무슬림 신비주의의 능력이다.

## 묵상과 꿈

마닐라에는 "하나님을 생각하라"(Think God)라는 스티커를 붙이고 다니는 차가 많다. 묵상에 참여하여 삶의 근심과 문제를 잊으라는 뜻인가? 프랭크 로바크라면 이런 생각에 강력히 동의할 것이다.

> 하나님에게 집중하는 것은 힘든 일이다. 그러나 하나님을 찾으면 다른 모든 것은 힘들지 않다. 나는 좀 더 분명하게 생각할 때, 덜 잊어버린다. 나는 쉽게 일하고 어떤 노력이든 애쓰지 않는다. 아무 것도 걱정하지 않고, 잠을 못 자는 일도 없다. 나는 공중을 거니는

것처럼 좋아서 어쩔 줄 모르는 시간이 많다. 거울을 보아도 내 눈에 새로운 빛이 있음을 알 수 있다. 나는 더 이상 무엇을 서두르지 않는다. 매 순간 나는 대수롭지 않은 일을 대하듯이 침착하게 행한다. 한 가지만 빼고 어느 것도 잘못될 리가 없다. 내가 조심하지 않으면 하나님이 내 마음에서 떠나실지 모른다는 것이다. 하나님이 내 마음에 계시면 우주가 나와 함께 있는 것이다. 내 일은 간단하고 분명하다.

— 하크네스 1973, 145

이렇게 고차원적인 영적 체험을 하는 사람은 많지 않다. 묵상은 훈련이다. 캘빈 밀러는 자기를 비우는 묵상의 필요에 대해 말한다. 밀러는 우리 마음에서 이리저리 떠다니는 모습이나 추잡한 생각 또는 관련 없는 생각을 비워야 한다고 말한다.

거품이 일듯이 또는 실을 잣듯이 우리 마음에 끊임없이 모습이 떠오르는데, 우리는 이 문제를 해결해야 한다. 쉬운 일은 아니다. 그러나 아무런 모습도 떠오르지 않는 상태에 가까이 감에 따라 나는 서서히 깨끗한 고요의 단계에 도달한다. 관심이 분산되지 않는 이 시점에서 나는 주님을 받아들일 수 있다.

— 밀러 1984, 36-37

서구에서 묵상이 다시금 활기를 띠고 있다. 그러나 기독교의 영향 때문만은 아니다. 미국의 저명인사 가운데 힌두교의 가르침에 영향받은 사람도 많다. 회사 간부들이 점심시간에 요가 자세로 앉아 묵상하는 것은 평범한

십자가와 초승달

일이 되었다. 그들의 목표는 내적 고요에 이르러 영적 차원에서 '자신과 교제'하는 것이다.

수 세기 동안 꿈은 하늘과 대화하는 통로로 사용되었다. 초대 교회 교부들은 하나님이 계시를 보여 주기 위해 꿈을 사용하신다고 믿었다. "암브로시우스, 아우구스티누스, 동양과 서양의 교회학자들 모두는 꿈이 계시의 원천이라고 믿었다. 동양의 전통은 아직도 그렇게 믿고 있다. 이들은 모두 꿈을 통해 어떤 실재의 세계로 갈 수 있다고 믿었으며, 묵상을 통해 그 세계로 들어갈 수 있다고 생각했다"(켈시 1976, 167-168).

빌키스 셰이크는 그리스도 안에서 새로운 삶을 찾게 만든 꿈에 대해 이렇게 말한다.

> 나는 도무지 꿈을 꾸지 않는다. 그러나 그 밤에는 꿈을 꾸었다. 그 꿈이 몹시 생생하고 꿈속 사건도 매우 사실적이어서 다음 날 아침 나는 그것이 모두 꿈이었다고는 믿을 수 없었다. 내가 본 것은 이랬다.
>
> 예수라는 사람과 식사를 했다. 그분은 우리 집으로 나를 찾아와서 이틀간 머무셨다. 그분은 식탁 맞은편에 앉으셨고, 우리는 평안하고 기쁘게 저녁 식사를 했다. 갑자기 그 꿈은 변했다. 나는 이제 다른 사람과 산꼭대기에 있었다. 그는 긴 옷을 입고 있었으며 샌들을 신고 있었다. 신기하게도 나는 그의 이름을 알고 있었다. 그는 세례 요한이었다. 참으로 이상한 이름이었다. 나는 세례 요한에게 예수가 나를 찾아온 이야기를 했다. "주님이 오셔서 이틀 동안 손님으로 머무셨어요. 그러나 지금은 가셨어요. 그분은 지금 어디 계신가요? 세례 요한, 당신은 나를 도와 그분에게 인도하실 수 있지요?"

꿈에서 깨어 일어났을 때, 나는 큰 소리로 "세례 요한! 세례 요한!"
을 부르고 있었다.

— 셰이크 1978, 25

루스 벨트캄프(Ruth Veltkamp)는 나이지리아의 무슬림 풀라니족 가운데서
사역하고 있었다. 루스는 그 부족민에게 실제로 필요한 것이 무엇인지 조
사하다가, 모든 무슬림이 악몽에 시달려 제대로 잠을 자지 못한다는 사실
을 발견했다. 그들은 그러한 악몽이 마귀의 영향 때문이라고 생각했다. 루
스는 그들에게 악몽을 꾸지 않고 하룻밤만이라도 편안하게 자면 좋겠느냐
고 물었다. 그들은 항상 그렇다고 대답했다. 루스는 악몽을 꾸지 않으려면
예수의 이름으로 기도하라고 말했다. 그들은 쉽게 그러겠다고 동의했다.

다음 날 아침, 루스는 풀라니족에게 잠을 잘 잤는지 물어보았다. 예외
없이 모두 편안하게 잤다고 말했다. 그래서 루스는 풀라니족에게 복음을
전했다. 예수를 마음에 영접하고 그들 마음을 영원히 지켜 주실 것을 구하
면, 예수께서 그들을 마귀의 영향에서 늘 건져 주실 것이라고 전했다. 루스
의 말을 듣고 그대로 받아들인 사람이 많았다.

무슬림의 꿈에 희고 긴 옷을 입은 사람이 가끔 등장한다. 나이지리아의
한 무슬림 교사도 꿈에서 그 사람을 보았다. 그 사람은 교사에게 구원을 주
겠으며 그 교사를 통해 다른 사람들도 구원하겠노라고 말했다. 다음 날, 그
교사는 꾸란에서 예수에 관한 것을 찾아 연구하기 시작했다. 그 말씀은 그
의 마음 깊숙이 박혔다. 얼마 지나지 않아 그는 그 꿈을 다시 꾸었다.

그는 한 그리스도인에게 그 꿈의 뜻을 물었다. 그 그리스도인은 그가 꿈
에서 만난 사람은 그리스도라고 말해 주었다. 그 교사는 예수를 따르는 사
람이 되었다. 그는 예수에 대한 믿음을 고백했기 때문에 심하게 핍박당했

십자가와 초승달

다. 한번은 그에게 몰래 독약을 먹인 일도 일어났다. 그러나 기도 응답으로 그는 나았다. 그 후 그는 열한 명의 무슬림을 그리스도께 인도했으며 그들을 제자 훈련하고 있다.

## 무슬림과 무의식

무슬림 신비주의자의 관심은 속사람이다. 속사람에게 '동화'되기 위해 신비주의자는 어느 정도의 평안과 고요함이 필요하다. "암탉은 시장에서 알을 낳지 않는다"라는 수피 속담이 있다. 그러므로 그들에게는 신체적 또는 정신적 쉼이 필요하다.

> 묵상은 세속적인 모든 것과 관계를 끊는 것, 완전한 추상 작용, 영적인 도취, 전적으로 집중된 사고, 완전한 소멸을 위해 유용하다. 그 일은 이렇게 이루어진다. 구도자는 자신이 죽어 바람에 날리는 먼지더미에 섞여 있다고 생각한다. 또한 하늘이 갈기갈기 찢어져 별이 흩어지고, 눈부신 햇살을 비추는 태양은 완전히 사라졌으며, 모든 사물의 형태와 구성은 무너지고, 하나님만이 홀로 남아 존재한다고 상상한다. 이러한 묵상은 하나님 안에서 완전히 소멸되어 열광의 상태에 이르는 데 도움이 된다.
>
> — 발리우딘 1980, 103

새뮤얼 즈웨머는 "무슬림의 성 프란체스코"를 만난 이야기를 했다. 그 신비주의자는 가난과 묵상의 삶에 몰두해 있었다. 그는 즈웨머와 이야기하는 동안, 일종의 무아경 속에서 하나님의 이름을 뜻하는 99개로 된 묵주를 손으로 빠르게 돌리고 있었다. 갑자기 그가 말했다. "99개의 이름을 세기 위해 묵주가 필요한 것은 아닙니다. 99개의 이름은 이미 손에 새겨져 있으니까요." 즈웨머는 그의 당당한 말에 조금 놀랐다. 이어서 그 무슬림 성자는 손바닥을 펴서 모든 사람의 왼손과 오른손에 있는 손금인 아라비아 숫자 81과 18을 가리켰다. 그 두 숫자를 더하면 99가 되는 것이다. 그 신비주의자는 결론적으로 이렇게 말했다. "이것이 우리가 간구할 때 손을 펴는 이유입니다. 알라의 은혜를 간구할 때 알라께 그분의 자비로운 속성을 상기시켜드리는 것입니다"(즈웨머, 연도 미상, 114-115). 사람의 몸에서 하나님을 발견하는 것은 전형적인 수피의 견해다.

또 다른 무슬림 신비주의자 타와쿨 베그(Tawakkul Beg)는 하나님의 영적인 지침을 따랐을 때, 하나님을 만나게 되었다고 이야기한다.

> 그곳에서 그분은 나를 앞에 앉게 하셨는데, 나는 도취된 것 같았다. 그분은 내 속에 그분의 이미지를 다시 만들라고 명하셨다. 그리고 내 눈을 가리신 후에 내 모든 지적 기능을 내 마음에 집중시키라고 하셨다. 나는 순종했다. 그러자 순식간에 하늘의 은혜와 샤이크(shaykh)의 도움으로 내 마음은 열렸다. 그러자 나는 내 안에 거꾸로 된 컵 같은 것이 있음을 보았다. 그 컵 같은 것을 똑바로 놓자 한없는 행복감이 내 마음을 가득 채웠다.
>
> — 맥도널드 [1909] 1970, 198

베그는 비정통적인 무슬림 절차에 따라 행복감에 도취되는 경험을 했다. 정통 이슬람은 베그의 마음속에 샤이크의 이미지를 다시 만들라는 명령을 강력하게 저주할 것이다. 그러나 신비주의자는 극단적으로 실용주의적이다. 자기가 바라던 효과를 얻는 것이 중요하다.

십자가와 초승달

내가 아는 서아프리카의 한 선교사는 알라를 깊고 열렬히 사랑하는 어느 무슬림 친구에 대해 이야기했다. 그 무슬림 친구는 어떻게 그렇게 생명력 있는 관계를 알라와 맺게 되었느냐는 질문을 받자, 이렇게 대답했다. "기도의 묵주를 수천 번 돌리는 중이었네. 그러던 어느 날 늦은 저녁, 나는 예언자 무함마드의 가장 아름다운 모습을 보게 되었지. 내 마음은 즉시 그분을 향한 사랑으로 가득 찼어. 그 꿈의 영향은 결코 나를 떠나지 않았네. 그것은 내 삶을 완전히 바꾸어 놓았거든."

무슬림은 종종 꿈이 하나님의 메시지가 개인화되어 나타나는 것이라고 믿는다. 이러한 믿음은 전 세계적으로 행해지는 미신과 매우 가깝다. 때로는 꿈이 원리처럼 자리 잡기도 하고, 정도를 벗어난 행동을 일으키기도 한다. 반면에 꿈이 종교적으로 강화되어 적극적인 행동 변화가 나타날 수도 있다. 그런 주관적인 경험과 그 경험에 대한 의견이 옳은지를 분석하려면 관찰할 수 있는 행동을 장기간 살펴보아야 한다.

하버드 대학의 인도-무슬림 문화학 교수인 안네마리 쉼멜은 무슬림 신비주의 전문가다. 쉼멜의 저서는 교인들 사이에서 널리 읽힐 가치가 있다. 무슬림 신비주의의 세계에 대한 쉼멜의 훌륭한 통찰이 담겨 있기 때문이다. 쉼멜은 무슬림 신비주의자가 예언자 무함마드와 어떤 관계인지에 대한 글을 썼는데, 그 관계가 꿈을 통해 고양될 수 있다고 말한다.

> 예언자 무함마드를 축복하고 그에 관련된 이야기를 아름답게 되풀이하여 말하는 충실한 무슬림에게는 살면서 바랄 수 있는 가장 좋은 일, 즉 꿈에 예언자 무함마드를 보는 은혜가 주어진다. 이러한 꿈은 오늘날까지 이슬람의 경건에 특별한 역할을 한다. 그것은 사실이기 때문이다. 사탄은 결코 예언자의 모습을 입지 못한다. 이

런 꿈은 충실한 자에게 위로를 주며 병이 있는 경우나 우울한 경우 치유를 가져올 수 있다. 예언자의 꿈을 꾸는 것이 수피에게는 최초의 경험일 수 있으며, 또는 신학적인 문제 해결에 도움을 주기도 한다.

— 쉼멜 1985, 79

그런 꿈의 예로 아나톨리아의 유누스 엠르(Yunus Emre)에게 일어난 일을 들 수 있다. 그는 이렇게 회상한다.

> 오늘 밤 영감에 찬 꿈에
> 나는 무함마드를 보았습니다.
> 마음의 깨끗한 거울에서
> 나는 무함마드를 보았습니다.
>
> 천사들이 줄지어 서 있었는데,
> 그들은 아름다운 초록색 옷을 입고 있었으며
> 이렇게 외쳤습니다. "무함마드."
> 그래서 나는 무함마드를 보았습니다.
>
> 무함마드는 나에게 그릇을 주셨습니다.
> 그때 나는 도취되었습니다.
> 주님이 나에게 그러한 은혜를 주셨으니
> 나는 무함마드를 본 것입니다.
> 바다로 떨어지는 한 방울의 물과 같은 나,

나는 내 고통에 대한 치유를 발견했습니다.

오늘날 나는 크게 축복받았으니

무함마드를 본 것입니다!

— 쉼멜 1985, 213-214

그리스도에 대한 꿈은 무슬림을 인도하여 그리스도인이 되게 한다. 그러나 그 반대의 일도 일어난다. 적은 수이기는 하지만, 그리스도인이 꿈으로 말미암아 무슬림이 되었다는 경우도 있다. 부다페스트 대학의 동양학과 이슬람학 과장 압둘 게르마누스(Abdul Germanus) 박사는 꿈에 무함마드를 보았는데, 그 일이 직접적인 동기가 되어 무슬림이 되었다.

어느 날 밤, 예언자 무함마드가 내 앞에 나타났다. 그의 긴 수염은 헤나(부처꽃과에 속하는 관목으로 물감의 원료_ 옮긴이)로 빨갛게 되어 있었고, 그의 옷은 단순했으나 매우 우아했고, 기분 좋은 향기를 풍겼다. 그의 눈은 고상한 불빛으로 반짝였으며 그는 우렁찬 목소리로 나를 불렀다. "무엇 때문에 염려하느냐? 네 앞에 곧바른 길이 있으니 지구 표면처럼 안전하게 깔려 있구나. 믿음의 걸음을 걸어라. 믿음의 힘을 갖고 걸어라".

— 게르마누스 1976, 41

이런 꿈과 환상을 이 장 마지막에서도 다룰 것인데, 더욱 날카롭고 신비로울 것이다.

# 초자연주의

호주의 유명한 선교학자 앨런 티페트(Alan Tippett)는 영적 능력에 관해 이런 말을 한다. "선교사가 자신의 발전기를 형이상학적인 수준의 복음 전도에 맞추어 놓으면, 그 발전기는 샤머니즘적인 전압을 가진 모터를 작동시키지 못한다. 전력은 제대로 갖고 있으나 전압이 달라서 사용하지 못하는 발전기와 같은 자신을 발견하는 것은 비극적인 경험이다"(티페트 1960, 413). 이런 생각 때문에 개신교 안에서도 논쟁이 많이 일어난다. 오늘날 오순절과 카리스마틱 운동은 영향력이 커지고 있다. 그 결과, 외형적으로 두드러진 형태의 초자연주의가 일어나서 예전에 많은 사람이 저런 것은 이교도가 아닐까라고 생각하던 개념을 깨뜨리고, 선교학에 새로운 한 장을 열어 놓았다. 성경 해석학에서 문화가 힘을 발휘하는 것을 보면 흥미롭다. 성경은 2,000년 동안 변하지 않았다. 그러나 기독교의 역사적, 문화적, 기호적, 실용적인 시대정신에 따라 성경에 대한 해석은 극히 다양하게 변화되어 왔고 앞으로도 그럴 것이다. 적어도 기독교가 지루한 모습 그대로는 아니다!

신약에서 "이적과 기사"(signs and wonders)라는 용어는 아홉 번 나온다. 그 외에 이적이라는 단어가 따로 나온 경우는 세 번이며, 기사는 두 번 더 나온다. 복음서에서 예수는 스물세 번의 치유를 베푸셨다. 그분은 폭풍을 잠잠케 하거나 물 위를 걷는 것처럼 자연의 힘을 다스리는 명령을 아홉 번 하셨다. 그분이 죽음에서 살리신 사람은 세 명이다. 그리고 치유를 원해서 온 사람을 예수께서 물리치신 기록은 없다.

캐서린 마샬은 신체적인 건강에 관한 성경의 가르침에 대해 이렇게 말한다.

예수께서는 건강에 관해 "하나님의 뜻이라면"이라고 말씀하신 적이 한 번도 없다. 압제당하거나 핍박당한 사람, 화평케 하는 사람에게 복이 있으리라는 말씀은 있지만, 아픈 사람에게 복이 있으리라는 말씀은 없다. 건강이 나쁜 것이 우리의 영적 성장을 촉진하거나 하나님 나라에 유익이 될 수 있으리라는 말씀이 예수의 입에서 떨어진 경우도 전혀 없다. 그보다 그분이 원하신 것은 우리의 병을 고치고, 우리의 건강이 유지되는 것이다.

— 마샬 1974, 166

초자연적인 것에 관한 초대 교회 교부의 주장에 대해 여러 논쟁이 있다. 초자연의 양끝에 서 있는 학자들은 자기 의견을 강화시키기 위해 여러 글을 부분적으로 인용하는 일이 흔했다. 리옹의 감독 이레네우스(Irenaeus, 140-203)의 말이 자주 인용된다.

어떤 사람들은 확실히 그리고 진실로 귀신을 쫓아낸다. 그리하여 악령에서 깨끗해진 사람이 교회에 합류하는 일이 자주 일어났다. 앞으로 일어날 일을 미리 아는 사람도 있다. 그들은 환상을 보며, 예언을 한다. 병자에게 손을 얹어 병을 고치는 사람도 있다. 그렇다. 더구나 이제까지 내가 말해 온 것처럼 죽었다가 살아나 우리 가운데 수년 동안 함께 지낸 자도 있다. 그 이상 무슨 말을 하겠는가? 전 세계의 교회가 예수 그리스도의 이름으로 말미암아 하나님에게 받은 은사는 이루 말할 수 없다.

— 웜버 1986, 158

현대의 신학교에서는 초자연과 관련된 과목이 신설되고 있다. 트리니티 복음주의 신학교에는 "선교 사역에서의 능력 대결"이라는 과목이 있다. 풀러 신학교의 "기사와 이적"이라는 과목은 존 윔버(John Wimber)가 가르칠 때면 학생 수백 명이 관심을 갖고 수강했다. 지금 그 과목은 상당히 개정되었고, 풀러 신학교 교수만이 강의를 맡고 있다.

'이적과 기사' 사역의 결과에 대한 예화는 대단히 많다. 나는 인도네시아의 전도자 멜 타리(Mel Tari)를 만난 적이 있다. 이성적인 내 사고 방식으로는 믿어지지 않았지만, 그래도 멜 타리의 이야기가 허구라고만 말할 수는 없을 것 같다.

> 우리가 머물던 암포앙이라는 마을에서 한 사람이 죽었다. 그가 죽은 것은 몇 분 전이 아니라 이틀 전이었다. 장례식에 많은 사람, 그러니까 사실상 수백 명이 올 예정이었으므로 그 가족은 "위로의 말씀을 좀 베풀어 주십시오"라며 우리를 초대했다.
>
> 우리가 그곳에 도착했을 때, 그곳에는 1,000명이 넘는 사람이 있었다. 그 사람은 죽은 지 이틀이나 되었으며 냄새가 지독했다.
>
> 나는 애도자 가운데 앉아 있었는데, 주님이 말씀하셨다. "지금 가서 죽은 자 주변에 둘러서서 찬송을 불러라. 그러면 내가 그를 살리리라……."
>
> 나는 주님에게 말씀드렸다. "오 주님, 저에게 단순한 심령을 주십시오. 그리고 우리 가운데 역사하십시오." 우리는 주님에게 순종하기로 함께 마음을 정했다. ……
>
> 여섯 번째 찬송을 부를 때, 그 사람은 발가락을 움직이기 시작했으며, 사람들은 두려워했다. 인도네시아에는 죽은 사람이 일어나 관

십자가와 초승달

옆에 있는 사람을 끌어안았다가 다시 죽는다는 이야기가 있다. 그렇지만 우리는 계속 찬송을 불렀다. 일곱 번째 찬송과 여덟 번째 찬송을 부르자 그 형제가 깨어 일어나 둘러보며 미소 지었다.

그는 아무도 끌어안지 않았다. 그리고 입을 열어 이렇게 말했다. "예수께서 나를 살려 주셨습니다! 형제자매님에게 말씀드릴 게 있습니다. 우선은 죽을 때 모든 것이 끝나는 것이 아니라는 것입니다. 이틀 동안 죽어 있던 나는 그 사실을 경험했습니다. 두 번째로 말씀드릴 것은 지옥과 천국이 실제로 있다는 것입니다. 저는 그것을 경험했습니다. 세 번째 말씀드리고 싶은 것은 사는 동안 예수 그리스도를 믿지 않는다면 결코 하늘나라에 갈 수 없다는 것입니다. 지옥의 저주를 받게 될 것이 분명합니다."

그의 말을 듣고, 우리는 성경을 펴서 그가 한 말을 확증했다. 그가 예수를 구주로 발견한 것뿐만 아니라, 이 사람의 증거로 말미암아 그 지역의 21,000명 이상이 예수 그리스도를 구주로 알게 되었다.

— 타리 1971, 76-78

빈야드 미니스트리(Vineyard Ministry)의 존 윔버는 맹인이 눈뜬 경우를 스물다섯 번이나 현장에서 보았다고 한다. 나는 「무슬림 전도의 새 길」(New Paths in Muslim Evangelism)이라는 책에 나면서부터 맹인인 방글라데시 무슬림 여자아이가 눈을 깜빡이며 생전 처음으로 "아버지, 볼 수 있어요. 아버지, 볼 수 있어요"라고 말하는 것을 목격한 이야기를 썼다. 하나님의 능력이 아주 분명히 역사하던 '신유 집회' 중에 일어난 일이다. 거기서 나는 극적인 치유를 처음으로 직접 확인할 수 있었다.

최근 받은 편지에서 나는 한 필리핀 무슬림 여인의 삶에 하나님이 개입하신 이야기를 들을 수 있었다.

> 이 젊은 여자는 대단히 아팠습니다. 그 여자는 "하나님, 나를 창조
> 하신 분이여, 당신이 누구신지 제게 알려 주십시오. 저를 낫게 해
> 주시면, 당신을 섬기겠습니다"라고 기도드렸다고 합니다.
> 그러고 나서 그 여자는 구름 속에서 예수 그리스도의 환상을 보았
> 다는군요. 이 일을 겪은 후, 그 여자는 근처 대학에서 온 한 그리스
> 도인을 만났고, 결과적으로 그리스도를 영접했습니다.

참된 것과 더불어 변칙적인 것도 나타난다. 신유 사역에서 이러한 변칙
적인 경우를 많이 볼 수 있다. 텔레비전을 통해 세계적으로 알려진 한 명사
가 자신의 전도 사역에 헌금을 낸 사람들에게 '축복의 헝겊'을 보냈다. 그
전도자에 의해 능력이 기름 부어진 헝겊이었다. 그리고 그를 열광적으로
따르는 사람들에게 그 헝겊을 베개에 넣거나 옷에 꿰매 놓으라고 권했다.
그 헝겊을 통해 하나님의 능력이 확실하게 그들에게 이른다는 것이다.

마닐라에는 1985년 "예수 기적의 십자군"(Jesus Miracle Crusade)의 전도자
와일드 알메다(Wilde E. Almeda)의 광고가 널리 알려졌다. 사람들을 초청하는
내용의 신문 광고에 이렇게 쓰여 있었다.

> 암? 백혈병? 류머티즘? 천식? 모든 불치병? 맹인, 절름발이, 농인?
> 마약에 중독되었습니까? 결혼 문제나 속상한 문제가 있습니까? 행
> 복하기를 원합니까? 영생의 확신을 갖고 싶습니까? 성령 세례와
> 중생을 원합니까?
> 복음이 기근, 혼돈, 살인, 무질서, 무정부 상태를 막을 것입니다.

십자가와 초승달

복음은 핵전쟁을 단단히 저지시킬 것이며 당신이 하늘나라에 가도록 준비시키고 증거를 줄 것입니다. 절름발이가 걸을 것이며, 맹인이 볼 수 있고, 농인이 들을 것이며, 동성애자는 정상이 될 것입니다. 기사와 이적, 기적이 있을 것입니다.

로마 가톨릭 가운데 매우 유명한 기적이 종종 일어난다는 보고가 있다.

수 세기에 걸쳐 가장 기이한 현상, 이른바 성흔(십자가에 달린 예수의 상처 자국이 성인의 몸에 나타나는 것_옮긴이)이라는 현상 때문에 세계는 놀랐다. 구주의 손과 발과 옆구리, 그리고 가시 면류관에 의한 머리의 상처가 하나님의 종인 어떤 사람의 몸에 다시금 나타나는 것이다. 구주께서 고난당하시고 십자가에서 피 흘리신 금요일, 그 시각에 그 상처에서 피가 흘러나오는 경우도 있고, 계속 흘러나오는 경우도 있다. 굉장히 많은 사람이 목격한 것이기 때문에 그 사실에 관해 가능한 모든 불신을 배제시킨다.

— 윌리엄슨 1921, 154-155

여러 신문에 신비의 목걸이가 사랑과 운과 보호를 가져다준다는 광고가 실렸다. '운수 대통 목걸이'는 사업, 복권, 경기, 사랑에 운수 대통한다는 것이다. "매우 효능이 좋은 기도와 지침이 들어 있음"이라고 광고하며 한 개에 2달러다. 위험과 병, 그리고 적에게서 보호한다고 약속하는 목걸이도 있다. 베드로 신비 서원(Peter's Mystical Book Center)에서 팔고 있다는 것이다.

필리핀은 심령 치료사가 많은 걸로 유명하다. 이 치료사들은 놀라운 위업을 이루었다. 가장 명성 있는 치료사는 토니 아그파오아(Tony Agpaoa)인데, 그는 마닐라 북쪽 산에 사치스러운 휴양지를 세웠다. 나와 아내는 토니의 왕국에서 '심령 치료 시술'을 관찰할 기회가 있었다.

우리가 그곳에 간 날은 특별한 날로, 캐나다인 33명이 지구의 반을 돌아 토니에게 치료를 받으러 왔다. 우리는 절름발이와 병든 사람들을 따라 그 휴양지 교회로 들어갔다. 그곳에서 사람들은 기도를 드리고 기타 반주에 맞춰 찬송을 부르고 있었다. 그 후 우리는 수술이 시행되는 '병원'으로 들어갔다. 사람들은 혈압을 잰 후 심령 치료를 받기 위해 어떤 사람은 토니에게, 어떤 사람은 토니의 누이에게 맡겨졌다. 나와 아내는 토니의 누이가 시술하는 것을 지켜보았다.

환자는 몸을 드러내 놓고 침대에 누워 있었다. 반소매 블라우스를 입은 그 의사는 환자의 위가 있는 부분에 손을 얹고 누르고 비틀었다. 갑자기 의사의 손아래에서 '피'가 흘러나오기 시작했다. 그러고 나서 그가 '상한 기관'을 끄집어냈는데, 우리가 보기에 그것은 닭의 내장 같았다. 그 기관을 플라스틱 통에 버리고 피는 솜으로 닦았다. 칼을 댄 흔적은 전혀 없었다. 그 환자에게 다 나았다고 말하며, 다음 환자를 불러들였다. 기타 연주자는 바깥에서 계속 연주하며 성가를 불렀다. 그 휴양지를 떠날 때 우리는 닭이 가득한 축사를 지나왔다. 토니 아그파오아는 그 후 얼마 지나지 않아 심장마비로 죽었다.


## 무슬림과 초자연주의

하디스에는 기적에 관한 이야기가 많이 등장한다. 대부분은 예언자 무함마드와 관련된 것이다.

한 안사리 여인이 알라의 사도에게 이렇게 말했다. "알라의 사도시여! 제게 목수 일을 하는 종이 있사오니, 당신이 걸터앉으시도록 뭘 좀 만들어 드릴까요?" 사도는 "네가 원한다면"이라고 대답했다. 그래서 그 여인은 그를 위하여 강단을 만들도록 시켰다. 그 예언자가 강단에 앉으신 것은 금요일이었다. 예언자가 설교를 전하던 자리 가까이에 있는 대추야자 줄기가 심하게 울어서 터질 지경이었다. 예언자는 강단에서 내려와 그 가지로 가서 끌어안았다. 그랬더니 신음 소리를 내기 시작했는데, 그 모습이 울지 말라고 달램받은 아이의 모습과 같았다. 그러더니 울기를 그쳤다. 예언자는 "그 줄기가 운 것은 종교적 지식을 듣기 위해 사용하던 부분을 잃어버렸기 때문이니라"고 말씀하셨다.

— 부카리 3권, 174-175

비가 전혀 오지 않는 때였다. 무함마드의 제자들은 무함마드에게 가뭄을 해결해 달라는 기도를 알라께 드려달라고 요청했다. 그 일이 이루어져 비가 매우 강하게 내리기 시작하자 예언자의 제자들은 비를 피해 집까지 가지도 못할 정도였다. 이번에는 너무 많은 비가 문젯거리가 되었다. 다른 제자가 무함마드에게 다시금 기도하여 자연의 힘을 다스려 달라고 요청했다. "그에 대하여 알라의 사도가 말씀하시기를 '오 알라시여! 우리를 피해 가시고 우리 위에는 내리지 마옵소서.' 아나스는 덧붙여 말하기를 '구름이 오른쪽과 왼쪽으로 흩어지더니 비가 계속 내렸으나 메디나 위에는 내리지 않았다'"(부카리 2권, 69-70).

무함마드가 한번은 음식을 여러 배로 늘렸다고 한다. "알라 덕택에, 한 주먹의 음식을 가져오면, 아래에서 그 음식이 한 주먹을 넘어 모든 사람이 배불리 먹을 때까지 늘어났다. 그리고 남은 것은 원래 분량보다 많았다. 아부 바크르는 음식이 처음 분량과 같거나 많음을 보았다"(부카리 4권, 504).

무함마드와 관련된 가장 장엄한 기적은 그가 달이 갈라진 모습을 관측한 것이다. 이 점에 관하여 꾸란의 한 구절은 이렇게 말한다. "심판의 날이 가까워 오매 달이 둘로 분리되더라 그들이 그 예증을 보았다 하더라도 이것은 항상 있는 마술에 불과하다고 그들은 말하노라 그들은 진리를 거역한 채 그들의 욕망을 따를 뿐이라 그러나 모든 일은 지정된 시각에 이르노라"(수라 54:1-3). 하디스는 무함마드의 역할을 분명히 밝힌다. "예언자 무함마드의 생애 중에 달이 둘로 쪼개어졌으며, 예언자는 '이 일을 증거하라'고 말씀하셨다. 메카의 사람들이 알라의 사도에게 기적을 보여 달라고 하자 그는 달이 쪼개지는 것을 보여 주었다고 아나스는 전하였다"(부카리 4권, 533).

이런 말에 대하여 부끄러움을 느끼는 무슬림이 많다. 그들은 이 말씀을 마르마두크 피크탈(Marmaduke Pickthall)이 꾸란을 번역할 때 해석한 것처럼 생각하기를 좋아한다. 피크탈은 "하늘에 있는 달이 이상한 모습이 되어 두 동강이 난 것처럼 보이는 것"(피크탈 1953, 379)이라고 말한다. 문자적으로 믿는 무슬림은 이러한 비유적인 해석을 전적으로 불합당하다고 생각한다. 그것은 진리를 부인하며 자기 욕심대로 생각하는 사람들의 해석이라고 말한다.

무함마드는 치유의 능력이 있다고 기록되어 있다. 하디스를 보면, 살라마는 다리가 아팠다. 걱정된 사람들이 그를 예언자 무함마드에게 데리고 왔다. 살라마는 직접 이렇게 간증한다. "그래서 예언자에게 갔는데, 그는 타액을 아픈 곳에 세 번 불어넣었다. 그 이후로 지금까지 나는 아픈 줄 모른다"(부카리 5권, 366).

이 능력으로 무함마드는 아내의 병도 고쳤다. 다음 구절로 무함마드가 신유 능력의 근원은 알라라고 생각했다는 사실을 알 수 있다.

십자가와 초승달

아이샤가 이렇게 말했다. 예언자 무함마드는 오른손으로 아내들의 아픈 부분 위를 지나며 "오 알라, 사람들의 주시여! 이 병을 제거하시고 환자를 치료해 주시옵소서. 당신은 치유자이시니이다. 당신의 치유가 아닌 다른 것은 무효하오니, 당신의 치유는 아픔을 남기지 않기 때문이니이다."

— 부카리 7권, 428

꾸란과 하디스에서 하늘의 치유 행위에 무함마드가 참여한 경우는 드물다. 그는 치유를 위해 주로 여러 토속적인 방법을 권했다. 현대를 사는 사람들은 납득하기 어려운 처방도 있다. 하디스에 이러한 처방이 실려 있는데, 무슬림이 된 프랑스 의사 모리스 뷔카이유는 이러한 7세기의 처방을 설명하기 위해 노력했다.

약을 과학적으로 사용해도 제한적인 효과밖에 없는 경우, 간단한 방식을 제안하는 것은 이상한 일이 아니다. 예를 들면 사혈(瀉血), 부황, 뜸, 그리고 이가 있는 경우 머리를 민다거나, 낙타 젖과 검은 쿠민 같은 씨와 인디안 쿠스트 같은 식물을 사용하는 것 등이다. 야자나무 잎으로 만든 멍석을 태워 그 재를 상처에 넣어 지혈하는 방법도 있다. 응급 시에는 진짜 효험 있다는 방법을 모두 동원해 보아야 한다. 그러나 낙타의 오줌을 마시라는 방법은 좋은 생각이 아닌 것으로 보인다.

— 뷔카이유 1979, 245-246

하디스에는 예언자가 환자에게 낙타의 오줌을 마시면 나을 수 있다고 권한 것이 분명하게 기록되어 있다. 문제시되는 이 구절을 적절하게 설명하는 무슬림을 나는 한 번도 본 적이 없다.

## 귀신을 쫓아내는 의식

알리 박사가 귀신을 쫓아내는 의식을 직접 보았다는 편지를 나에게 보냈다. 이것은 무슬림 세계 중 시골에서 많이 일어나는 전형적인 경우다.

귀신 들린 사람은 아름다운 젊은 여자로 결혼해서 아이가 둘 있었다. 그 여인의 행동은 항상 모범적이었고, 매우 종교적이고 정숙했다. 그런데 갑자기 욕지거리를 하고 거의 벌거벗은 상태로 뛰어 돌아다녔다. 발작을 일으키면 발로 마루를 구르기도 하고 여기저기로 펄쩍 뛰기도 했다. 필사적이 된 가족은 고행 수도승(무슬림의 거룩한 자)을 불렀다. 알리 박사의 말은 다음과 같다.

수도승은 중년으로 더부룩한 수염에 머리는 길고 헝클어진 모습이었네. 그의 눈은 날카롭고 꿰뚫어 보는 듯했어. 그의 치아는 깨어지고 고르지 않았다네. 나뭇잎을 계속 씹고 때때로 마리화나를 피더군.

그가 처음 한 일은 환자의 눈을 정면으로 바라보는 것이었어. 수도승을 본 순간, 젊은 여인은 비명을 지르며 구석으로 갔네. 수도승은 작은 거울과 돌로 된 반지를 갖고 있었는데, 환자에게 마술 거울을 통해 들여다보라고 했지. 그러나 그 여인은 완강히 거부했어. 그러자 수도승은 만트라(mantra)를 읽고 여인 위로 그것을 불더군. 그는 다시 환자에게 거울을 통해 보라고 했어. 여자는 거울 안에 물체가 있다고 표시하더군. 그 수도승은 그 여자를 사로잡고 있다고 생각되는 악령에게 소리 높여 욕설을 퍼부었다네. 그의 몸 전체가 흔들리고 떨리기 시작하더군. 그는 무슬림과 힌두 사회의 종교 서적에서 터득한 어떤 주문을 외웠어. 그는 알라, 하리, 마하데프, 무함마드, 크리슈나, 파티마, 알리, 그리고 마칼리의 이름을 사용하고 있었다네. 그리고 나서 심황을 태우더니 그 여인에게 냄새를 들이키라고 하더군. 그 여인은 거절하더니 난폭해졌어. 그러나 수도승이 그 여인을 빗자루로 때리고 귀에 겨자기름을 넣었다네. 수도승은 악령에게 신분을 밝히라고 계속 요구했지. 환자는 수도승의 말을 따르려고 하지 않았어. 그러자 수도승은 겨자씨를 태우고 그 위에서 만트라를 읽더군. 그렇게 하니까 바라던 일이 이루어졌다네. 여자의 몸 전체에 타는 듯한 감동이 일었네. 그 여자는 말하겠다고 하더군. 그리고 나서 수도승과 환자는 이런 대화를 나눴어. 환자라기보다는 그 여인을 사로잡고 있던 악령과의 대화라고 할 수 있겠지.

수도승: 너는 누구냐? 어디에 사느냐?

환자: (강한 콧소리로) 나는 칼루다. 집 뒤에 있는 대나무 숲에 산다.

수도승: 이 여인의 몸속으로 들어온 이유가 뭐냐?

환자: 이 여인은 아름다워. 나는 이 여인을 좋아해.

수도승: 즉시 이 여인에게서 떠나라.

환자: 싫어. 나는 이 여인의 남편을 죽여 버릴 거야.

수도승: 너에게 이 여인을 떠나라고 명한다.

환자: 떠나지 않겠다.

수도승: 너를 내보내고 말테니 봐라.

수도승은 만트라를 중얼거리기 시작했어. 그리고 가방에서 약초 뿌리를 꺼내더군. 한편 그의 동료들은 양철을 두드려 시끄러운 소리를 내기 시작했네. 수도승은 또한 그 여인을 잔혹하게 매질하더군. 그 여인의 힘은 대단했어. 그 여인의 머리카락은 헝클어지고 옷은 찢어져 떨어지고 있었어. 마침내 그 여인에게 억지로 약초 뿌리를 먹였는데, 그 여인은 그것을 씹어 삼키더군.

수도승: 이제 떠나겠느냐? 내가 너보다 힘이 세다는 것을 보았지?

환자: 그래. 떠나겠으니 걱정마라.

수도승: 그 여인을 떠날 때 이 집에서 물이 가득한 토기를 네 이빨로 물고 가서 깨뜨려라.

환자: 알겠어. 네가 시키는 대로 하겠어.

그러자 그 여인이 물을 가득 담은 토기를 이로 물고 4.5미터쯤 가더니 그것을 깨뜨렸다네. 수도승은 재빨리 그 여인의 얼굴에 물을 뿌리더군. 그리고 여인을 방으로 데리고 들어갔는데, 수 시간을 자고 일어나더니 정상으로 돌아왔어.

수도승은 남편에게 제사를 드리고 그 가족이 알고 있는 수피 성자의 성소에 약간의 돈을 드리라고 했네.

이슬람교에서는 이런 능력을 가진 자를 높게 평가한다. 그것이 신학적으로 합당한지를 따지지는 않는다. 무슬림은 실용주의적이다. 악령에게서 해방되기만 하면 된다는 것이다. 「이슬람으로 가는 다리」(*Bridges to Islam*)에서 나는 능력을 받는 데 열심인 무슬림의 예를 상세히 쓰려고 노력했다. 무슬림 세계는 이른바 전통 무슬림으로 가득한데, 이들은 자기를 묶고 있는 영향력에서 즉각적이고 극적으로 해방되기 위해 정통적인 길을 벗어난다.

## 결론

신비적인 믿음과 행위는 모든 사람 가운데 일반화되어 있다. 신비주의는 종교만큼이나 역사가 길고, 기독교의 카리스마틱 운동과 번성하는 무슬림 수피 수도회가 이 세상에 존재하는 한 신비적인 믿음과 신비적인 행위는 공존하기 때문이다.

신비주의자는 사랑과 미움을, 존경과 두려움을, 저주와 환영을 동시에 받는다. 많은 사람은 신비주의자를 현실이 없는 사람으로 생각하지만, 신비주의자는 세상에 현실이 없다고 생각한다.

다른 세상 사람인 듯, 그리고 신앙심에 가득 찬 듯 신비주의자는 삶의 샛길로 넘어간다. 그들은 정통적 신앙이 지나치게 엄격하고 관습적이라고 생각한다. 그들이 추구하는 것은 '경험'이다. 그들의 마음은 극적이고, 신선하며, 새로운 경험을 갈망한다. 결국 영혼은 자유로워져야 한다. 영혼은 계속 새장 문 앞에 앉아 있는 새와 같아서, 자유롭게 비행할 수 있는 순간을 기다린다. 자유롭게 날아올라 광대한 우주 공간으로 가려는 것이다.

그리스도인과 무슬림 신비주의자는 공통점이 많다. 나는 이러한 공통점이 개발되기를 간절히 바란다. 기독교에는 진지하게 하나님을 찾는 무슬림 신비주의자가 관심을 가질 만한 것이 많다. 그리스도인의 의무는 진리를 가장 매력적인 태도로 전달하는 것이다. 이러한 의미에서 복음주의자는 능력 있는 사역의 가능성을 새롭게 생각해 보아야 한다. 이러한 능력의 사역은 하나님이 참으로 살아 계심을 무슬림에게 보여 줄 수 있기 때문이다.

++++
++++
++++
++++
++++
++++

7장

++++
++++
++++
++++
++++
++++

# 그리스도와 예언자 무함마드

무함마드와 예수의 삶에 대해 쓴 책은 수없이 많다. 나의 목적은 역사상 가장 유명한 이 두 사람에 대해 샅샅이 조사하는 것이 아니다. 그보다는 그들의 개인적 삶과 사역의 영적인 양상에 초점을 맞출 것이다. 세계 인구의 절반에 영향을 끼친 것은 그들이 영적 지도자로서 행한 역할 때문이다.


## 예언자 무함마드

무슬림은 무함마드 개인의 성실성과 알라의 계시 전달 통로 역할 사이에 필연적인 연관이 있다고 생각한다. 꾸란과 하디스는 무함마드의 인격이 본보기라고 선언한다. "진실로 너희에게 하나님께서 보내신 선지자의 훌륭한 모범이 있었거늘 이는 하나님과 내세와 하나님을 염원하는 것을 원하는 자를 위해서라 …… 하나님과 그분의 선지자는 무엇이 진실인가를 무리에게 말씀하셨도다"(수라 33:21-22). 선지자 무함마드는 첫째 무슬림이므로, 모든 신자의 모범이 된다. "나는 그분께 순종하는 자 가운데 먼저임이라"(수라 6:163).

　무슬림은 예언자의 위치를 탄생 때부터 높이는 것이 중요하다고 생각한다. 무함마드의 탄생에 관한 한 가지 전설은 이렇다. "그가 탄생할 때 찬란한 빛이 동에서 서까지 온 세계를 비추었다. 무함마드는 태어나자마자 땅에 엎드려서, 흙 한 줌을 집었으며 하늘을 응시했다. 그는 양이 태어날 때처럼 하나의 점도 흠도 없이 태어났으며 탯줄은 이미 끊어져 있었다"(안드레 1960, 35).

　무함마드에게 붙여진 이름은 수없이 많다. 그는 "우주의 인도자, 사랑의 나이팅게일, 유일신 세계의 태양, 연인의 주관자, 세계 양대 세력의 축, 예언자 초원의 장미"(쉼멜 1985, 113)라고 불린다. 과장된 미사여구를 축소해 생각하더라도, 무슬림이 이 예언자를 얼마나 사랑하고 헌신하는지 느낄 수 있다.

　수피 신비주의자가 무함마드를 사랑하는 마음은 한계를 넘어선다. 그들의 비전통적 신비주의는 예언자를 찬양하는 범위를 다음 시와 같이 넓혔다.

> 오 선지자시여, 당신은 사도이시며 세 가지 세상의 소유자이십니다.
> 당신은 주의 형상을 소유한 실체 또는 궁극적 존재이십니다.
> 당신은 태양과 달의 아름다움이시며, 당신은 하늘이시니.
> 당신은 아홉 개의 행성과, 공기, 해, 그리고 불이시니이다.
> 당신은 세상의 정결함이시오니,
> 여자의 태에서 나오지 않으셨음이며,
> 당신은 감추어졌다가 나타나는 이름이며 당신은 신 중에 신이시

니이다.

— 하크 1975, 410

무함마드를 "신 중에 신"이라고 부르는 소리를 들으면 정통 무슬림은 몸
서리를 칠 것이다. 그러나 굳이 반발하고 나서지는 않을 것이다. 그들은 이
런 이교도적 발상이 최소한 올바른 방향으로 향하고 있다고 생각하기 때문
이다. 그러나 무함마드에게 지나치게 헌신하는 무슬림은 정통적 신학이 정
상적으로 허용하는 한도를 넘어선다.

후세인 이븐 만수르 알-할라지(Husain ibn Mansur al-Hallaj)는 초기 신비주의
순교자다. 그가 예언자 무함마드를 높이는 마음은 하늘의 경지에 이른다.

> 무함마드보다 더 분명하고, 더 확실하며, 더 위대하고, 더 유명하
> 며, 더 빛나고, 더 능력 있으며, 더 지혜 있는 사람이 누구인가? 무
> 함마드는 지금도 계시고, 예전에도 계셨으며, 피조물이 존재하기
> 이전부터 이미 알려진 분이다. 그는 '이전'의 이전에, '이후'의 이후
> 에, 그리고 물질이 있기 전에 기억되었고 지금도 기억되는 분이다.
> 그의 실체는 전적으로 가볍고, 그의 말씀은 예언의 말씀이며, 그
> 의 지식은 하늘의 지식이고, 그의 표현은 아랍어이며, 그의 종족은
> "동쪽도 아니고 서쪽도 아닌"(수라 24:35) 곳에서 기인하고, 그의 계
> 보는 족장 때부터 이어지며, 그의 소명은 화해시키는 것이고, 그의
> 이름은 "글로 쓰일 수 없는 이름"이다.
>
> — 만수르 1974, 21

아담의 정결, 야곱의 슬픔, 다윗의 애곡, 솔로몬의 부요를 무함마드에게

돌리는 사람도 있다. "그는 가장 높은 왕보다 높다. 그는 해가 달보다, 또는 대양이 한 방울 물보다 뛰어난 것처럼 예언자 중 으뜸이다"(패드윅 1961, 170-171).

꾸란은 분명 예언자를 존중한다. 그러나 그 존중의 정도는 그의 추종자가 보내는 존중만큼은 아니다. "실로 하나님과 천사들이 예언자를 축복하여 주셨으니"(수라 33:56). 무함마드를 하나님과 가까운 위치에 놓은 구절도 있다. "믿는 사람들이여 하나님께 순종하고 선지자에게 순종하라"(수라 47:33). 알라가 무함마드에게 세상에 전하라고 특정한 메시지를 주었다는 놀랄 만한 구절도 있다. "일러 가로되 너희가 하나님을 사랑한다면 나를 따를 것이라 그리하면 하나님께서 너희를 사랑하사 너희의 죄를 사하여 주시니 하나님은 용서와 자비로 충만하시니라"(수라 3:31). 하디스를 보면, 예언자가 이렇게 말했다고 한다. "너희가 아버지와 자녀와 모든 사람보다 나를 더 사랑하지 않으면 믿음을 갖지 못할 것이다"(부카리 1권, 20).

파키스탄의 시인 무함마드 이크발(Muhammad Iqbal, 1877-1938)은 유명한 두 시구로 무함마드를 불멸화하였다. "예언자의 사랑은 사회라는 혈관 속을 피처럼 흘러 다니노라"(쉼멜 1985, 256). 두 번째 시구는 경이롭다. "그대는 하나님을 부인할 수 있을지언정, 예언자를 부인할 수는 없으리라"(쉼멜 1975, 227). 아마도 그가 말하려는 요점은 무함마드의 역사성이 명백한 사실이라는 점일 것이다. 보지 못한 존재(알라)를 부인할 수는 있지만, 역사 서적을 채우고 있는 무함마드는 어떤 의심의 여지도 없다는 것이다.

14세기 압둘 다림 알-질리(Abdul Darim al-Jili)가 쓴 예언자에게 바치는 송시에는 무함마드의 여러 특성이 언급되어 있다.

오 나침반의 중심이시여!
오 진리의 가장 깊숙한 내면의 기반이시여!

오 필연과 우연의 축이시여!

오 모든 사회 존재의 눈이시여!

꾸란과 푸르깐(*Furqan*)의 핵심이시여!

오 완전한 존재시여, 가장 완전한 자보다 완전하니,

자비로우신 하나님의 광대함이 그를 아름답게 하였음이라!

당신은 가장 놀라운 일의 절정(*qutb*)이십니다.

최고의 고독한 영역은 당신에게 돌아옵니다.

당신은 탁월하시며, 아니 편재하시며,

아니 당신은 불멸하는 것과 멸하는 것, 아는 것과 모르는 것,

그 모든 것입니다.

실재의 당신은 존재이시며 존재가 아니시고,

최저와 최고가 당신의

두 가지 의복입니다.

당신은 빛이시며 그 반대도 되십니다.

아니, 당신은 현혹된 불가지론자에게는

오로지 어둠일 뿐입니다.

　　　　　　　　　　　　　　　— 쉼멜 1985, 137-138


　수피 시인은 자연의 역동력을 글로 쓰는 것을 즐겼다. 모든 창조물은 예언자에게 찬양과 영광을 돌릴 수 있었다.


그분이 계심에 나무들은 경의를 표했고

그분의 빛에 꽃들이 열렸으며

그분의 축복에 열매들이 성숙했고

그분의 약속에 나무들은 모든 방향에서 움직였으며

그분의 빛에서 다른 모든 빛이 터져 나왔고

가장 척박한 사막의 땅을 그가 여행하실 때

야생 동물들이 그분의 옷자락에 매달렸음이여.

— 패드윅 1961, 147

독실한 무슬림은 하루에 적어도 40번 넘게 알라의 은총이 무함마드에게
임하기를 기원한다. 다섯 차례의 기도 시간은 물론, 이야기하거나 글을 쓰
다가도 무함마드의 이름이 나오면 매번 "그에게 평화가 있기를"이라고 말
하기 때문이다. 매일 매 순간 수많은 무슬림이 존경하는 예언자에게 알라
의 축복을 빈다는 사실을 기억하며 힘을 얻는다. 한 작가는 이런 질문을 했
다. "인간 역사상 그렇게 많은 축복을 받은 사람이 또 있는가?"(칸 1980, 283)

예언자를 공경하려는 마음에서, 무슬림은 지나칠 정도로 유적을 돌본
다. 세계 많은 곳에서 무함마드의 머리카락과 치아를 찾을 수 있다. 나는
이스탄불 톱카프 궁전에 있는 무함마드의 치아와 머리카락을 가까이에서
보았다. 이러한 유물은 견고한 보안 조치 아래 보관되어 있다. 화려한 하즈
랏-발(Hazrat-bal) 모스크는 예언자의 머리카락 한 가닥을 잘 보관하기 위해
카슈미르의 스리나가르에 세워진 것이다. 몇 년 전, 그 귀한 머리카락을 도
적맞아 스리나가르에 무서운 폭동이 일어났다. 무슬림이 무함마드의 머리
카락을 그렇게도 귀중히 여기게 된 것은 하디스에 다음과 같은 말씀이 있
기 때문이다. "나는 아비다에게 이렇게 말했다. '안나스나 그의 가족에게서
무함마드의 머리카락을 좀 가져왔습니다.' 아비다는 이렇게 대답했다. '머
리카락 한 가닥이라도 있다면, 나는 그것을 온 세상과 그 세상에 들어찬 것
들보다 사랑할 것입니다'"(부카리 1권, 119).

## 무함마드의 밤 여행

예언자의 생애 중 가장 장관인 사건은 메카에서 예루살렘으로, 그리고 더 올라가 일곱 하늘로 여행한 것이다. 이 모든 일은 하룻밤에 일어났다. 이 일에 대해 꾸란은 이렇게 말한다. "하나님의 종을 밤중에 하람 사원에서 아크사 사원으로 밤하늘 여행을 시킨 그분께 영광이 있으소서 그곳은 하나님이 축복을 내린 이웃으로 하나님의 일부 표적들을 보여 주고자 함이라 실로 하나님은 들으시며 지켜보고 계시니라"(수라 17:1). 이 말씀은 메카에서 예루살렘에 이르는 여정에 한정된 것이다. 여기에는 무함마드가 일곱 하늘까지 여행한 이야기가 전혀 없다.

그러나 하디스에는 그 여행의 시작에 대한 이야기가 있다.

> 알라의 사도가 말씀하셨다. "내가 메카에 있을 때 내 집 천장이 열리더니 가브리엘이 내려와서 내 가슴을 열어 특별한 물로 깨끗이 씻었다. 그리고 나서 그는 지혜와 신앙이 가득 담긴 금 쟁반을 가져와서 내 가슴에 쏟아 붓고 내 가슴을 닫았다. 그리고 그는 내 손을 잡고 가장 가까운 하늘로 올라갔다."
>
> — 부카리 1권, 211

하늘에 거주하는 사람들을 묘사하여 보여 주는 하디스도 있다.

> 알라의 사도가 말씀하셨다. "내가 하늘에 올라간 날 밤, 나는 예언자 모세를 보았는데, 그는 마른 체구에 머리숱이 적어서 샤누아 종족인 것 같았다. 예수는 보통 키에 얼굴은 방금 목욕탕에서 나온 사람처럼 빨간 모습이었다. 나는 예언자 아브라함의 후손보다 아

십자가와 초승달

브라함을 더 닮았다."

— 부카리 4권, 398

무함마드가 하늘 여정에서 타고 간 빠른 흰 말 부라끄(Buraq)에는 늘 관심과 초점이 쏠려 있었다. 특히 그 말은 여인의 머리와 공작의 꼬리를 하고 있다. 나는 무슬림 세계 전역의 시장에서 특이한 이 동물 그림이 그려진 포스터를 자주 보았다.

신비주의자들은 무함마드의 밤 여행 사건을 생각하며 수많은 시간을 보낸다. 페르시아의 신비주의자 파리두딘 아타르(Fariduddin Attar)는 그의 작품 「일라히나마」(Ilahinama)에서 이러한 빛나는 사건 중 하나를 기술했다.

밤에 가브리엘이 와서, 기쁨으로 가득 차 소리쳤다.

"깨어 일어나십시오, 세계의 인도자시여!

일어서서, 이 어두운 곳을 떠나 이제

영원한 주님의 왕국으로 여행하십시오!

당신의 발걸음을 '아무 장소도 없는 곳'으로 향해 가서

성전의 문을 두드리십시오.

세상은 당신으로 인해 흥분으로 가득할 것이며,

지품천사는 오늘 밤 당신의 비천한 종이 되고,

이 축복된 밤에 당신의 아름다움을 보기 위하여

사도들과 예언자들이 줄지어 서 있습니다.

낙원의 문과 하늘들이 열려 있음은

당신을 바라보기 위함이며, 많은 마음에 기쁨을 채우기 위함입니다.

오늘 밤 주님에게 당신 마음의 소원을 구하십시오.

당신이 그를 뵈올 것은 분명한 사실이기 때문입니다!"

부라끄가 지금 번개처럼 빠르게 다가오고 있습니다.

하나님은 정결한 빛으로 부라끄를 창조하셨습니다.

머리부터 발굽까지 하나님의 빛이 생기를 불어넣었습니다.

그 말은 바람으로부터 신속성과 속도를 배웠습니다.

예언자는 그 말을 시간과 공간 가운데서 탔습니다.

그가 이 장소를 떠나 간 곳은

"아무 장소도 없는 곳."

가장 위대한 보좌에서 소동이 일어났습니다.

"여기 그 시작, 세상들의 보름달이 온다!"

천사들은 모두 마음과 영혼을 다해 사랑하는 그를 위하여

동전을 흩어 놓으려고 쟁반을 들고 와 서 있었습니다.

그는 하늘의 신비를 말해 주려고 줄지어 서 있는 예언자들을 보았습니다.

— 쉼멜 1985, 166


예언자의 여행은 실제였을까, 아니면 상상이었을까? 이 여행은 고린도 후서 12장 1-10절에서 볼 수 있는 바울의 경험과 얼마나 관련되어 있는가? 무함마드가 정말로 하늘에 들어갔었다고 믿는 무슬림이 많다. 그 사건은 '하늘에 올라간 날 밤'으로 무슬림에게 기억되며, 해마다 이슬람력의 라잡 월 27일에 기념행사를 한다. 오로지 자유주의적인 무슬림만이 그 사건을 신화로 생각한다.

이 사건은 무함마드의 지상 생활 중 영적 절정을 보여 준다. 알라는 그의 예언자에게 하늘의 신비를 볼 수 있는 특혜를 주셨다. 땅에 한정되어 살

아가는 무슬림으로 '가장 최후의, 가장 위대한 예언자', 즉 그들의 예언자가 특별히 고안된 짐승을 타고 우주를 지나 항해한다고 생각하면 얼마나 흥미 진진하겠는가! 여행길에 그는 옛적의 위대한 예언자들을 만나 함께 이야기를 나눈다. 그리고 장엄하게 보좌에 앉아 계신 알라께서 직접 그의 말을 들어주시는 압도적인 특권을 누린다. 자신의 삶을 이슬람교에 맡기고 "무함마드는 알라의 예언자이시다"라고 말하는 무수한 무슬림에게 이 이야기는 얼마나 힘이 되겠는가!

## 무함마드는 살아 계시다!

이것은 무슬림 신앙의 모퉁잇돌이다. 10억 인구의 위대한 영적 지도자의 몸은 죽은 것이 확실하지만, 그는 현재 하늘에서 활동적으로 살아 계신다. "우리는 주 안에 있으며 주께로 돌아가나이다"(수라 2:156). 이 몇 마디 말이 무슬림 세계에서 묘비명으로 가장 널리 쓰인다. 멸하는 것과 불멸하는 것에 대한 진정한 인식이 담겨 있는 말이며 이것은 예언자에게도 적용된다.

"무함마드는 한 선지자에 불과하며 그 이전 선지자들도 세상을 떠났노라 만일 그가 죽거나 살해당한다면 너희는 돌아서겠느뇨"(수라 3:144). 무함마드 시대에 내려진 이 계시는 예언자의 피치 못할 죽음에 대비하여 주어진 말씀으로 보인다. 무함마드가 실제로 죽었을 때, 그 장면은 혼돈이었다. 신경질적인 흐느낌과 통곡 소리가 있었다. 이러한 혼란의 소용돌이에서 우마르(Umar)는 흥분한 목소리로 예언자는 죽지 않으셨다고 선포했다. 그는 무함마드가 이 세상을 떠났다는 사실을 받아들일 수 없었다.

아부 바크르(Abu Bakr)가 방으로 들어와 모든 사람에게 조용히 하라고 명했다. 그가 다음으로 한 말이 하디스에 기록되어 있다. "너희 중에 무함마드를 숭배해 오던 사람이 있다면, 무함마드는 죽은 것이다. 그러나 너희가 알라를 숭배해 왔다면, 알라는 살아 계시고 결코 죽지 않으신다"(부카리 5권, 524). 무함마드는 실제로 죽었다. 그러나 보편적인 무슬림 신앙은 그가 현재 영으로 살아 계시며 무슬림을 위한 중재 역할을 열심히 수행하신다고 믿는다. 알라는 한때 지상에서 자신의 대변자 역할을 하던 사람이 구하는 기도와 소원을 당연히 들어준다는 것이다. 이러한 믿음을 뒷받침하는 하디스가 둘 있다.

예언자가 말씀하셨다. "사람들이 나에게 올 것이며 나는 알라의 보좌 아래 엎드릴 것이다. 그러면 알라께서 나를 부르실 것이다. '오 무함마드! 너의 머리를 들어라. 중보하여라. 너의 중보를 나는 받아들일 것이니라. 구하여라. 네가 구하는 것은 무엇이든 주리라.'"

— 부카리 4권, 151-152

예언자가 말씀하셨다. "무함마드의 중재 기도 덕분에 불 가운데서 빠져나온 사람이 몇 명 있을 것이다. 이들은 낙원으로 들어갈 것이며 지옥 불의 사람들(알-쟈한나미인)이라고 불릴 것이다."

— 부카리 8권, 371

많은 시가 중보 기도라는 강렬한 영적 활동을 수행하는 무함마드를 칭송한다. 인도의 무슬림 시인 샤킬 바다유니(Shakil Badayuni)는 사후에 무함마드의 은혜를 입고자 하는 마음으로 글을 썼다.

나의 소원은 이것이니,
죽을 때에

여전히 웃을 수 있기를,


그리고 내가 갈 때에,
무함마드의 이름이
내 혀에 있기를.

— 쉼멜 1985, 87


## 무함마드의 영성에 대한 고찰

무함마드는 죄인이었다. "그러므로 인내하라 실로 하나님의 약속은 진리라 너희 잘못에 대하여 용서를 구하고"(수라 40:55). 하디스도 꾸란의 이 구절을 뒷받침한다.


> 우마르가 말하였다. 나는 예언자 무함마드의 말씀을 들었다. 그는 이렇게 말씀하셨다. "그리스도인이 마리아의 아들을 칭송하는 것처럼 지나치게 나를 칭송하지 말라. 나는 종일 뿐이다. 그러므로 나를 알라의 종, 알라의 사도라 부르라."
>
> — 부카리 4권, 435


> 예언자 무함마드가 기도하시기를, "오 알라시여! 눈과 우박의 물로 나의 죄를 씻기시옵고, 깨끗하게 빨래한 흰옷처럼 내 죄에서 내 마음을 정결케 하옵소서."
>
> — 부카리 8권, 257


이러한 말씀에도 무함마드를 거의 신성시하는 것을 어떻게 설명할 수 있는가? 내 경험으로 보면, 보통 무슬림은 출처가 무엇이든 예언자 무함마드에게 오류가 있다는 암시를 모두 무시한다. 무함마드가 예언자의 소명을 받기 전에는 죄인이었을 수 있지만 알라에게 기름부음 받은 후에는 더 이상 어떤 죄도 범하지 않았다는 것이다. 이런 생각으로 말미암아, 무함마드의 기적을 일으키는 힘과 하늘로 올라가는 능력, 도움이 필요한 무슬림을 위해 알라께 중재할 수 있는 힘의 존속을 믿을 수 있게 되는 것이다.

그런데 여성에 대한 무함마드의 강한 욕망은 어떻게 된 것인가? 대부분의 학자는 무함마드가 열두 명의 아내를 두었다는 데 동의한다. 이 사실은 위대한 영적 지도자의 지위와 부합하는가? 무함마드는 성(sex)이라는 측면에서 확정적으로 말할 수 있는 도덕적 결함을 갖고 있었는가? 이슬람 안에서 인정되는 역사적 사실을 근거로 하는 하디스를 살펴보자.

미모가 아내를 선택하는 한 가지 기준인 것은 확실하다.

> 그리하여 우리가 카이바르에 도착하여 알라의 능력 주심으로 카이바르를 정복했을 때, 사피야 빈트 후야이 빈 아크타브의 아름다움을 무함마드가 들으셨다. 그녀의 남편은 그녀가 새색시일 때 죽임을 당했다. 그래서 알라의 사도는 자기 아내로 그녀를 뽑아 사드 아즈 사흐바에 도착하기까지 데리고 갔다. 거기서 그녀의 월경이 끝났으므로 그는 그녀를 아내로 삼았다.
>
> ― 부카리 4권, 92

예언자 무함마드의 결혼에서 논쟁이 되는 것 중 하나는 그의 양자의 아내였다가 이혼한 자이납과의 결혼이다. 하디스는 이렇게 말한다. 자이납이 결혼한 상태였을 때, 무함마드는 그 집에 갔다가 그녀의 아름다움에 반했

십자가와 초승달

다. 무함마드의 양자 제이드는 그 사실을 이해하고 아내와 이혼하여 그녀
가 예언자 무함마드와 결혼할 수 있도록 전적으로 승인했다. 이 사실은 다
음의 놀랄 만한 꾸란 말씀으로 하나님의 인가를 받는다. 이 말씀은 알라의
직접적인 말씀이라고 한다.

> 제이드가 그녀와의 결혼 생활을 끝냈을 때 하나님은 필요한 절차
> 와 함께 그녀를 그대의 아내로 하였으니 이는 양자의 아들들이 그
> 녀들과 이혼했을 때 장래에 믿는 사람들이 그 아내들과 결혼함에
> 어려움이 없도록 함이라 이것은 이행되어야 할 하나님의 명령이
> 었노라 하나님이 선지자에게 명령한 것을 이행하는 것은 죄악이
> 아니거늘.
>
> — 수라 33:37-38

서방 사람들은 아버지가 양자의 아내와 결혼하는 것을 매우 불쾌한 일
로 생각한다.

무함마드의 결혼에서 그 다음으로 가장 비난받는 것은 그가 50대 중반
에 아이샤와 결혼한 것이다. 많은 독자가 무함마드의 다음과 같은 행동을
보고 충격받을 것이다.

> 카디자(Khadija, 무함마드의 첫째 아내)는 무함마드가 메디나로 출발하
> 기 3년 전에 죽었다. 무함마드는 그곳에 2년 남짓 머물다가 아이샤
> 가 여섯 살 소녀일 때 그녀와 결혼하였다. 그리고 아홉 살이 되었
> 을 때 신방에 들었다.
>
> — 부카리 5권, 153

하디스의 다른 곳에는 아이샤가 무함마드와 함께 살게 되었기 때문에 인형을 갖고 놀지 못하게 되었다고 한다. 여러모로 볼 때, 이 결혼은 잘 진전되었다. "나는 예언자 무함마드에게 가서 '당신은 누구를 가장 사랑하십니까'라고 물었다. 그는 '아이샤'라고 대답했다"(부카리 5권, 453). 아이샤는 무함마드가 63세에 죽었을 때 겨우 18세였지만 항상 그를 존경했다고 한다.

예언자 무함마드가 유부녀를 방문하면서 무슨 마음을 품었는지는 물어봄직한 질문이다.

> 알라의 사도는 종종 움 하람 빈트 밀한을 방문했는데, 그녀는 우바다 빈 아스-사미트의 아내였다. 하루는 예언자 무함마드가 그녀를 방문했는데, 그녀는 그에게 음식을 대접하고 그의 머릿속에서 이를 찾기 시작했다. 그러자 알라의 사도는 잠이 들었다.
>
> — 부카리 9권, 108

또한 알라의 사도는 친구들에게 나이 든 과부와 결혼하는 것보다 젊은 처녀와 결혼하는 것이 이롭다는 점에 관하여 조언하기도 했다.

> 내가 알라의 허락을 얻었을 때, 그는 나에게 처녀와 결혼했는지 나이 지긋한 부인과 결혼했는지를 물었다. 나는 부인과 결혼했다고 대답했다. 그는 "왜 처녀와 결혼하지 않았는가? 처녀는 너와 함께 놀 것이며 너는 그녀와 함께 놀 것인데"라고 말씀하셨다.
>
> — 부카리 4권, 134

무슬림 가운데 잘 알려진 속담처럼, 예언자 무함마드는 여인, 향수, 기도를 그 순서대로 사랑했다고 한다. 그의 잦은 결혼은 하디스에 언급되어 있을 정도다. "예언자 무함마드는 하룻밤에 아내 모두에게 들렀다. 그 당시 그에게는 아홉 아내가 있었다"(부카리 1권, 172-173).

무슬림은 예언자의 모든 행동이 알라가 계시하신 뜻 안에 있는 것이라고 대답한다. 그는 결코 간음을 범한 적이 없다. 그의 아내 대부분은 보호해 줄 남편이 필요한 과부였다. 게다가 구약의 다른 예언자들, 특히 다윗과 그의 간음, 그리고 계획된 우리아 살인과 비교해 볼 때, 무함마드를 어떻게 정죄할 수 있겠는가? 무슬림은 또한 솔로몬이 700명의 아내와 300명의 후궁을 거느렸다는 점을 지적한다.

그렇다면 이 모든 것은 무함마드를 군중의 영적 안내자로 평가하려는 우리 마음을 어디로 인도하는가? 우리는 그의 성적 충동을 강조하는가? 폭력과 응보의 경향이 있는 그의 성격은 어떠한가? 무함마드에 관하여 시인 단테와 같은 견해를 취하겠는가? 단테는 예언자 무함마드에게 지옥의 스물여덟 번째 영역을 할당했다. 단테의 〈신곡〉에서 무함마드는 머리부터 허리까지 몸이 잘린 모습으로 나타난다. 그는 자신의 절단된 가슴을 손으로 사악하게 잡아 뜯는다. 그릇된 종교를 신봉했기 때문이다. 중세의 지성인 단테는 무함마드가 하늘의 계시라고 주장하는 것을 "저주받은 영혼 중 최고"라는 칭호를 받을 만큼 불경한 거짓으로 보았다. 후세대 그리스도인들은 무함마드에게 더 관대한 견해를 갖는 경향이 있으나, 많은 사람이 여전히 무함마드는 도덕적인 면에서 의심스러운 사람이라고 생각한다.

그렇다면 성경에 있는 믿음의 영웅은 도덕적으로 순결한가? 누구를 들어 무함마드와 비교할 수 있는가? 술에 취해 장막에 누워 있던 노아? 아니면 방금 살해한 이집트인 위에 서 있는 모세? 또는 수많은 아내와 후궁을 거느린 다윗인가? 많은 외국인 아내로 말미암아 참된 하나님에게서 돌아선

솔로몬은 어떤가? 그토록 오랫동안 진리와 함께 걸었으나 그분을 저주하고 부인한 베드로? 아니면 무함마드를 주 예수 그리스도와 비교해야겠는가? 명료하게 선언할 수 있는 것은 무함마드가 죄인이라는 것과 무함마드가 신성이나 구주 됨을 주장한 적이 없다는 사실이다. 그는 그리스도와는 범주가 다르다. 그러므로 꾸란도, 무함마드 자신도 그런 주장을 한 적이 없음을 기억해야 한다.

예언자 무함마드는 참 선지자였는가, 아니면 거짓 선지자였는가? 그는 추종자들에게 속임수를 쓰지 않은 진지한 예언자였는가? 그가 의식적으로 제자들을 교묘하게 다루고 자신의 목적을 이루기 위해 계시를 사용한 때가 있는가? 존 길크리스트(John Gilchrist)는 관찰 결과를 이렇게 말했다. "무함마드가 의도적인 사기꾼이라는 견해는 거부해도 좋을 것이다"(길크리스트 1986, 54).

우리는 무함마드가 소명이라고 여긴 신앙으로 인해 얼마나 큰 고통을 받았는지 생각해야 한다. 사람들은 그를 놀리고, 그에게 침을 뱉었으며, 돌을 던졌다. 그의 두 딸은 이혼당했다. 그의 삼촌 아부 탈리브는 무함마드에게 이슬람교를 전파하지 말라고 설득하려 애썼다. 예언자 무함마드의 답변은 수 세기를 거쳐 지금까지 내려오고 있다. "오 삼촌이시여, 내 오른손에 해를, 그리고 왼손에 달을 올려 준다 하더라도 설교를 중지할 수는 없습니다"(콰시미 1987, 77).

무함마드를 둘러싼 복잡성과 미스터리는 대단히 많다. 나 개인적으로는 그가 참된 선지자였다고 단언할 수 없다. 그렇다고 한다면, 그의 계시가 하나님에게서 온 것이고 또 모든 사람에게 구속력을 끼치는 것이라고 받아들여야 할 것이다. 꾸란은 대단히 많은 곳에서 성경의 메시지를 잘라 버렸다. 나는 성경이 하나님의 유일하고, 궁극적이며, 무오한 계시임을 믿는다. 그러나 무함마드가 의도적인 사기꾼이라고 선언할 생각은 없다. 그가 그런 사람일 수도 있지만 그 사람의 마음속을 판단하는 일을 나는 하나님에게 맡길 것이다. 진지하지만 대단히 다양한 종교 지도자들이 세계 역사의 지평선을 넘어 사라졌다. 그들은 각각 하나님 존전에 서게 될 것이다. 나는 심판자이신 하나님의 능력을 확고히 믿는다.

무함마드는 영적인 사람이었는가? 신약의 고전적인 의미로 보면 결코 그는 영적인 사람이 아니다. 그러나 그는 하나님을 찾으려 한 사람이며, 진지하고 독실하여 알라의 계시라고 진심으로 믿는 것을 실행하려고 노력한 사람이다. 적의나 궁극적인 독단주의적 태도를 지양하는 나의 유동적인 생각이기는 하지만, 그는 그런 사람이었던 것 같다.

## 구주 예수

늘 명료한 방식의 글을 쓰는 케네스 크레그가 꾸란의 이사(예수)와 신약의 그리스도를 비교한 글은 걸작이다.

> 꾸란과 신약의 예수를 나란히 검토해 보라. 이슬람이 알고 있는 그리스도인의 예언자 예수는 서글프게도 얼마나 희석된 모습인지! 주님이라 불리던 그분의 감동적인 말씀과 깊은 통찰, 은혜로운 행동과 강권하는 자질은 어디로 갔는가? 자신이 메시아임을 알고 있던 자각은 의심의 여지가 없었으며, 제자들과 나누던 부드럽고 친밀한 관계는 발견되지 않는다. 예수를 간략하게 표현한 "길이요, 진리요, 생명이니"라는 말씀은 어디로 갔는가? 유다에게 고통을 준 십자가 위의 예수의 말씀은 어디에 있는가? 빈 무덤이 증거하

는 부활의 승리는 어디에 있는가? 꾸란에는 갈릴리도, 겟세마네도 없으며, 나사렛이나 감람산도 없다. 베들레헴이라는 이름도 찾을 수 없고, 베들레헴의 가장 장엄한 그 밤은 멀고도 이상하게 그려져 있다. 이슬람 세계에서 산상수훈은 침묵하고 있는가? 꾸란에 선한 사마리아인의 이야기는 전혀 나오지 않아야 했으며, 간결하게 우리 모습을 반영한 탕자의 이야기는 방황과 용서라는 핵심을 반영하지 않아야 했는가? "수고하고 무거운 짐 진 자들아 다 내게로 오라 내가 너희를 쉬게 하리라"는 초대는 들리지 않아도 좋은 것이며, 예수께서 떡을 가지고 축사하신 이야기는 하찮은 것인가? "너희도 가려느냐?"라는 질문의 의미를 모든 사람은 들어야 하지 않겠는가?

— 크래그 1964, 261-262

이슬람은 예수에 대해 불편한 감정을 갖고 있다. 무슬림은 한편으로 이슬람 전통을 따라 그리스도를 가장 위대한 예언자 중 한 사람으로 존중하고 싶으나, 다른 한편으로는 기독교권에서 '그리스도를 숭배'하는 모습이 지나치다고 생각하여 머뭇거리며 예수께 단순한 존경 이상의 경의를 표하려 하지 않는다. 무슬림에게 그리스도의 신성과 십자가의 죽음은 거대한 걸림돌이다.

예수의 강렬한 영적 사역을 작은 지면에서 개관하기는 어렵다. 그러므로 나는 십자가에 중심을 두려 한다. 십자가가 그리스도인에게는 모든 영적 진리 가운데 가장 귀한 것이며, 무슬림에게는 모든 그리스도인의 신앙 가운데 가장 비위에 거슬리는 것이다. 제대로 살펴본 결과, "이슬람과 기독교의 기본적인 다른 점은 전자의 경우 십자가 교리가 빠져 있다는 것이다.

십자가와 초승달

그리스도의 십자가는 무슬림 계명에서 빠져 있는 고리다"(즈웨머 1920a, 75-76).
꾸란은 십자가를 정면으로 공격한다.

> 마리아의 아들이며 하나님의 선지자의 예수 그리스도를 우리가
> 살해하였다라고 그들이 주장하더라 그러나 그들은 그를 살해하지
> 아니하였고 십자가에 못 박지 아니했으며 그와 같은 형상을 만들
> 었을 뿐이라 이에 의견을 달리하는 자들은 의심이며 그들이 알지
> 못하고 그렇게 추측을 할 뿐 그를 살해하지 아니했노라 하나님께
> 서 그를 오르게 하셨으니 하나님은 권능과 지혜로 충만하심이라.
>
> — 수라 4:157-158

새뮤얼 즈웨머는 무슬림이 십자가에 반감을 품는 이유를 종합해 보았다.

1. 논리에 맞지 않는다.
2. 유일신 사상에 맞지 않는다. 무소부재하시며 영원하신 하나님이 어떻
   게 자신을 낮추어 처녀의 자궁에 들어갈 수 있는가?
3. 하나님의 지성에 맞지 않는다. 십자가가 사실이라면, 구원 계획이 후
   에 마련된 것이라는 뜻이 된다.
4. 하나님의 자비와 공의에 어긋난다. 정직한 그리스도에게 고난을 허락
   하셨다는 점에서 자비에 어긋나고, 그리스도를 못 박은 자들을 처벌
   하지 않으셨다는 점에서 공의에 어긋난다.
5. 불경건한 사람이 될 것이다. 이것이 구원의 길이라면, 사람이 아무리
   악해도 십자가로 구원받을 수 있고 결코 처벌받지 않을 것이기 때문
   이다(즈웨머 1920a, 85).

십자가는 신약에서 탁월한 자리를 차지한다. 십자가는 짧막한 서신서인 빌레몬서, 요한이서, 요한삼서를 제외한 신약 전권에 언급되어 있다. 공관복음서는 그리스도의 삶과 교훈에서 십자가에 가장 많은 부분을 내주고 있다. 마태복음에서 십자가에 초점을 맞춘 구절은 141개다. 마가복음은 119개, 누가복음은 긴 두 장을 할애하여 고난 주간을 다루고 있다. 가장 놀라운 것은 요한복음의 반 이상이 그리스도의 마지막 며칠을 다룬다는 것이다.

세계의 가장 위대한 그림 중 많은 것이 십자가를 중심으로 그린 작품이다. 장엄한 음악도 십자가의 주제에서 영감을 이끌어 낸 것이 많다. 그리스도의 죽음은 영화와 연극의 풍성한 주제가 되고 있다. 대부분의 예술 형태에서 우리는 십자가의 영향을 발견한다.

십자가의 모든 영적 교훈 가운데 가장 의미 깊은 것은 이기심 없는 사랑이다.

> 여기 십자가의 그리스도를 보라. 그분의 상처를, 그분의 찢어진 손을, 영광의 왕이 가시면류관을 쓰신 모습을 보라! 사랑이 무엇인지 당신은 아는가? 여기 사랑이 있다. 여기 십자가에 사랑이 있다. 당신의 죄 때문에 못과 가시를 참으시고 납처럼 무거운 천벌을 받아 갈가리 찢기어 죽기까지 피 흘리신 사랑이 있다. 예수를 결코 알지 못하고 생각지 않으며 그분의 희생을 결코 기억하지 않을 사람들 때문에 죽기까지 하신 사랑. 그분에게서 하나님을 사랑하는 법과 사람을 사랑하는 법을 배우라! 이 십자가를, 이 사랑을, 당신의 삶을 그분에게 드리는 법을 배우라.
>
> — 머튼 1948, 323

십자가와 초승달

십자가는 깊은 실망에 빠져 있어도 붙잡을 수 있는 영원한 희망의 상징이다. 알렉산드르 솔제니친은 소비에트 굴라크에 죄수로 갇혀 있을 동안 발견한 위대한 진리 중 한 가지를 그림처럼 묘사하고 있다.

솔제니친은 러시아 북부의 혹독한 기후 속에서 일하면서 힘들고 긴 세월을 지냈다. 소망이 없다는 생각이 몰려와 그를 압도할 때, 그는 삽을 집어 던지고 투박한 의자에 주저앉았다. 감시관의 막대기가 강하게 내리치면 삶과의 헛된 투쟁이 마침내 끝날 것이라고 생각하며 그는 머리를 숙이고 기다렸다.

그가 감시관을 기다리며 앉아 있는 동안, 늙고 주름진 사람이 그의 옆에 앉았다. 얼굴에 아무 표정도 없었으나, 그는 근처에 있는 막대기를 집어 들어 솔제니친의 발 밑 모래 위에 십자가 표시를 그리기 시작했다. 솔제니친은 그 모래 몇 알에 담긴 메시지에 사로잡혔다. 그 늙은이는 그의 절망적인 상황을 어떻게 알았을까? 보잘것없는 한 사람이 어떻게 변화를 일으키겠는가? 그러나 그는 십자가 위의 예수가 세상을 뒤엎는 일을 어떻게 시작했는지를 생각하기 시작했다. 새로운 힘을 얻어, 그는 자신을 일으켜 세우고 삽을 집어 들어 다시 일하기 시작했다. 그 당시 그는 진리와 자유에 대한 자신의 저작이 어느 날 세상에 불을 붙이리라는 사실을 알 리가 없었다 (콜슨 1983, 172).

십자가의 능력에 대한 경험으로 감동을 주는 또 다른 예는 캐서린 마샬이 전해 준 것으로, 나치 돌격대원에서 루터교 목사가 된 사람의 이야기다.

> 1941년 12월, 그 돌격대원은 독일 육군과 함께 러시아를 침공했다. 나무가 울창한 지형의 크림 반도에서 전쟁은 독일에 불리하게 진행되기 시작했다. 후퇴해야 하는데, 그 독일 대원은 본대에서 떨어

져 러시아군 전선에 홀로 남게 되었다. 그는 혼자서 숲을 뚫고 나가며 매 순간 포로로 잡힐까 봐 두려움에 떨었다. 그러던 중 한 오두막 굴뚝에서 가늘게 올라오는 연기가 보였다. 그는 총을 손에 들고 주위를 살피며 기어가서 문을 두드렸다. 자그마한 러시아 할머니가 문을 열었다.

할머니를 밀치고 들어가 오두막을 수색해 보니 할머니는 혼자 사는 것이 확실했다. 남자들은 분명히 전쟁으로 멀리 갔거나 죽은 것 같았다. 할머니가 음식과 먹을거리를 내놓자 그 독일인은 매우 놀랐다. 할머니는 상대방의 언어를 한 마디도 할 줄 몰랐지만, 그 군인을 보살피며 사흘 밤낮을 숨겨 주었다. 그는 점점 당황했다. 전 유럽에서 살해당한 유대교인 수보다 많은 러시아인을 죽인 독일 나치인, 그보다 심한 적이 없는데도 그를 숨겨 준 것이다. 그 숲은 러시아 군인으로 꽉 차 있었으며, 독일인을 숨겨 준 것이 발각되면 할머니는 총살감이었다.

어떻게든 말해 보려고 그는 몸짓과 얼굴 표정으로 이렇게 질문했다. "당신이 목숨을 걸고 나를 숨겨 주고 내 친구가 되어 주는 이유가 무엇입니까?"

그 할머니는 한참을 조용히 그를 바라보고 나서 돌아서더니 침대 위에 걸린 십자가에 못 박힌 예수상을 가리켰다.

그 사건을 나에게 이야기하며 그 루터교 목사는 이렇게 덧붙였다. "나는 도망하여 독일 측 전선에 도달했지만, 아무리 잊으려 해도 그 일을 잊을 수 없었습니다. 그러한 사랑이 가능하리라고는 생각지 못했으니까요. 결국 나는 자기 자신보다 다른 사람을, 더구나 그 다른 사람이 잔인하고 무서운 적군인데도 사랑으로 구해 준, 자

그마한 러시아 여인에게 사랑의 능력을 부어 주신 분에게 끌려가
지 않을 수 없었습니다. 나는 내 삶에도 그러한 십자가의 사랑이
있기를 원했습니다. 그것이 오늘날 내가 그리스도인이 된 이유입
니다".

— 마샬 1974, 240-241

그리스도의 십자가를 믿어 삶이 바뀐 사람은 대단히 많다. 모든 역사가
이 점에 초점이 맞추어져 있다. 하나님의 성육신이 중요한 만큼, 성육신의
진리는 그리스와 힌두교 신화에 등장하는 신들의 성육신과 뚜렷이 대비된
다. 부활은 교리적으로 대단히 중요하지만, 세상의 종교 전설에 비슷한 경
우가 많이 등장한다. 그러나 하나님의 성육신과 십자가의 대속을 통해 나
타난 하나님의 구속 계획은 역사상 유일무이하다. 기독교는 십자가에서 결
정 나는 것이다.

새뮤얼 즈웨머는 이렇게 말한다. "십자가는 신약 사상의 중심일 뿐 아니
라 주축이다. 십자가는 그리스도인 신앙의 유일한 표식이며, 기독교와 그
찬미 대상의 상징이다"(즈웨머, 연도 미상, 서문). 그리스도를 믿는 독실한 신자
에게 영성은 십자가 안에서 가장 심오하게 나타난다. 이 영성은 지식적으
로 분석되거나 분해될 수 없다. 무슬림에서 기독교로 회심한 H. B. 데카니
타프티는 이 진리를 이렇게 표현했다.

전능하신 하나님이 어떻게 이 세상에 오셨으며, '십자가'라는 사건
이 자신에게 일어나게 하셨는지를 나는 완전하게 이해할 수는 없
다. 그러나 내 마음 깊은 곳에서 하나님이 그렇게 하신 이유를 조금
은 알 수 있을 것 같다. 십자가에서 인간의 죄가 어떻게 용서받는

것인지를 나는 완전하게 이해하지는 못한다. 그러나 십자가의 예수를 바라보며 그분의 사랑과 그분의 의도와 그분의 목적을 이루시는 방법을 이해하려 할 때, 나는 꿇어 엎드려 격렬하게 외치지 않을 수 없다. "오 주님, 비천한 죄인인 제게 자비를 베푸시옵소서."

— 데카니 타프티 1959, 71

데카니 타프티가 십자가를 생각하며 말한 것은 그리스도인의 견해를 웅변적으로 요약한 것이다. 신앙은 우리를 겸손으로 인도하며, 그 겸손은 영원한 삶으로 인도한다. 이것이 우리 영적 인도자이신 예수께서 인간을 위해 마련하신 것으로, 우리는 그 이상 바랄 것이 없다.

++++
++++
++++
++++
++++

++++
++++
++++
++++
++++

8장

# 지옥과 천국

대부분의 사람이 죽음 후에 또 다른 삶이 있다고 믿는다. 인간은 마지막 숨이 끝이라고 믿기를 거부하며 의로운 사람에게는 상이, 악한 자에게는 형벌이 주어져야 한다고 생각한다. 히틀러가 테레사 수녀와 함께 영원을 보내서는 안 되는 것처럼, 누구에게나 공평하게 다가오는 죽음은 축복과 고통의 갈림길이 되어야 한다.

기독교와 이슬람교의 미래에 대한 교리는 극히 중요하다. 두 종교는 모두 이 세상의 삶은 끝없는 삶의 짧은 서곡일 뿐이며, 그 영원한 삶은 궁극적인 행복 아니면 기괴한 고통이 될 것이라고 가르친다.

## 녹아내리는 피부

불신하는 자들은 불길에 옷이 찢기며 머리 위에는 이글대는 물이

부어지리라 그것으로 인하여 그들의 내장과 피부도 녹아내릴 것
이라.

— 수라 22:19-20

꾸란은 지옥에 대해 77가지를 언급한다. 지옥은 항상 형벌 장소로 나타난
다. 거짓말을 했거나, 더러운 행위에 가담했거나, 예언자 무함마드의 메시
지를 비웃었거나, 다가올 심판의 시간을 부인했거나, 가난한 자의 궁핍을
무시했거나, 부의 축적에 지나치게 집착한 사람들이 지옥에 간다.

꾸란은 죽음과 큰 심판 사이의 중간 상태를 거의 언급하지 않는다. 영혼
이 정지 상태라는 것이 꾸란의 일반적인 주장이다. 그러나 확실히 그렇다
고 정의하는 것도 아니다. 꾸란에서 말하는 정지 상태는 성경에서 구약의
어두운 '스올'(Sheol)에 해당한다. 꾸란에는 잠자는 장소에서 죽은 자들을 불
러일으킬 심판 날의 나팔을 묘사하는 구절이 있다.

나팔의 소리가 들리니 보라 그들은 무덤으로부터 서둘러 주님께
로 나가니라 그들은 말하리라 오 슬프도다 우리의 침상에서 우리
를 일으키는 자가 누구뇨 이때 한 음성이 들려오니 그것은 자비로
운 분이 약속하시고 선지자들이 그 진리를 말한 것이라 강한 질풍
이 몰아치자 보라 그때 그들 모두는 하나님 앞으로 불리워 오더라.

— 수라 36:51-53

알라의 달력에서 그다음으로 중요한 일은 인간의 부활에 이어 일어나는
믿음과 선행에 대한 심판이다. 이 일은 하나님의 저울 위에서 선행과 악행
을 측량하는 것이다. "하나님은 심판의 날 공정한 저울을 준비하나니 어느

십자가와 초승달

누구도 불공평한 대우를 받지 않도록 함이라 비록 겨자씨만 한 무게일지라도 그분은 그것을 드러내 계산하리니 계산은 하나님만으로 충분하니라"(수라 21:47).

좀 더 일반적으로 언급되는 심판은 지옥을 가로지르는 다리에 관한 것이다. 이것은 수라 36:66과 37:23-24에 조금 완곡하게 언급되어 있다. 구원받은 자와 저주받은 자 모두는 그 다리를 지나가야만 한다. 다리 위를 지키는 천사들은 그 다리를 통과하려고 노력하는 사람들을 심문한다. 알라는 거기 계시며 정의롭고 용서받은 자들이 건너가는 일을 용이하게 도우신다. 말로만 믿은 무슬림은 유죄 판결을 받고 그 다리에서 떨어져 불 가운데로 빠진다. 그러나 그들은 지옥에서 일정 기간만 있게 된다.

믿음도 선행도 없는 사람에게 그 다리는 점점 좁아지고 칼보다 날카로워진다. 저주받은 자들은 더 이상 나아갈 수 없으며 지옥의 무서운 불 가운데로 떨어진다. 하디스에 따르면 모든 그리스도인은 이러한 무서운 결말을 맞는다.

> 그리스도인은 이런 말씀을 들을 것이다. "너희는 누구를 숭배하였느냐?" 그들은 "저희는 알라의 아들이신 메시아를 숭배했습니다"라고 답할 것이다. "너희는 거짓말하는구나. 알라에게는 아내도 아들도 없다. 이제 너희가 원하는 것은 무엇이냐?" 그들은 "우리에게 물을 주십시오"라고 대답할 것이다. 그들에게 "마셔라"라는 소리가 들리겠지만, 그들은 마시는 대신 지옥으로 떨어질 것이다.
> — 부카리 9권, 395

꾸란에 나타난 심판 날에 여자의 위치는 조금 위험해 보이나 소망을 주는 말씀도 있다. "믿음을 갖고 선을 행하는 남녀가 천국에 들어가나니"(수라 4:124). 한편, 하디스는 여자에게 암울한 전망을 던져 준다. "알라의 사도는 '고양이를 가두어 죽게 만든 여자는 고통당하고 지옥에 떨어졌다'고 말씀하셨다"(부카리 3권, 323). 극도의 처벌인 것 같다.

무슬림 여자에게 큰 불씨를 던져 줄 내용의 다음 하디스가 자주 인용된다.

> 한번은 알라의 사도가 이드-알-아드하 또는 알-피트르 기도를 드리려고 무살라로 나갔다. 그때 여인이 그의 옆을 지나가자 그가 말씀하셨다. "오 여자여! 헌금을 드려라. 내가 보았는데 지옥 불에 거하는 자들 중 대부분은 너희 여자들이었다." 그들이 물었다. "오 알라의 사도시여! 그 이유가 무엇입니까?" 그는 이렇게 대답하셨다. "너희는 욕을 잘하고 남편에게 고마워하지 않기 때문이다. 지적으로나 신앙적으로 너희보다 부족한 자를 나는 보지 못하였다." 여자들이 묻기를, "오 알라의 사도시여! 우리의 지성과 신앙에서 부족한 점이 무엇입니까?" 그가 대답하시기를 "두 여자의 증언이 한 남자의 증언에도 미치지 못하지 않으냐?" 그들은 그렇다고 대답했다. 그가 말씀하시기를 "이것이 너희 지성의 부족을 의미하는 것이다. 너희 여자들은 월경 기간에는 기도도 금식도 안 하지 않으냐?" 여자들이 그렇다고 대답했다. 그는 "이것이 너희 신앙의 부족한 점이다"라고 대답하셨다.

> — 부카리 1권, 181-182

무슬림은 지옥에 가게 될까 봐 매우 두려워한다. 그들은 영생에 대한 완전한 확신이 없다. 미래의 종착지에 대한 질문을 받으면 그들은 "하나님만

십자가와 초승달

이 아신다"라고 대답한다. 그러나 알라의 자비가 마침내 승리할 것이며, 앞서 말했듯이 지옥에 가더라도 잠시 동안만 머물 것이라는 소망을 품고 있다. 꾸란은 무슬림의 이러한 생각을 뒷받침한다. "너희 가운데 거기에 이르지 아니할 자 아무도 없나니 그것은 너희가 피할 수 없는 주님의 단호한 결정이시라 그러나 하나님께서 악을 경계하는 자들은 구제할 것이되 사악한 자들은 그 안에서 무릎을 꿇게 하리라"(수라 19:71-72).

시아파 교도의 자수품에 수놓인 다음 글은 심금을 울린다.

> 나의 하나님이여, 당신에게 고개를 들어 기도하던 내 얼굴을 당신의 불로 태우시겠나이까? 나의 하나님이여, 당신을 경외하여 흐느끼던 내 눈을 당신의 불로 태우시겠나이까? 나의 하나님이여, 꾸란을 암송하던 내 혀를 당신의 불로 태우시겠나이까? 나의 하나님이여, 당신 앞에 겸손하게 낮추던 내 몸을 당신의 불로 태우시겠나이까? 나의 하나님이여, 당신 앞에 엎드리던 내 사지를 당신의 불로 태우시겠나이까?
>
> — 패드윅 1961, 283

또 다른 재미있는 하나님과의 대화는 14세기 아나톨리아의 신비주의자 유누스 엠레의 글이다.

> 오 나의 하나님, 당신이 나를 심문하신다면,
> 저는 이렇게 대답하겠나이다.
> 제가 저 자신에게 죄를 범하였을지라도
> 당신에게는 무슨 죄를 범하였나이까? ……

당신은 죄를 측량하는 저울을 창조하셨나이다.

당신은 저를 그 불 가운데로 던지기 원하시나이까?

저울은 장사꾼에게나 적합한 것이며,

금 세공인이나 약사나 행상인에게 필요한 것이니이다.

그리고 당신은 모든 것을 아시오니 내 마음도 아시나이다.

당신에게 나를 측량할 저울이 참으로 필요한 것이니이까?

— 쉼멜 1979, 167-168

마지막 종착지에 대한 불신으로 말미암아, 지옥의 성난 불 가운데로 떨어지지나 않을까 하는 두려움이 한층 극심해진다. 설교자가 지옥의 고통을 그림 그리듯 묘사하는 것을 듣고 한 무슬림이 두려워 죽었다는 이야기가 있다. 꾸란이 지옥의 무서움에 대한 무슬림의 근심을 더하는 것은 사실이다. 제인 스미스(Jane Smith)와 이본느 하다드(Yvonne Haddad)는 악한 자가 거할 미래의 거처에 관한 꾸란의 구절을 조사했다.

> 꾸란은 지옥 불의 고통에 관해 여러 차례 구체적으로 언급한다. 들끓는 뜨거운 물속(수라 55:44), 작열하는 불지옥과 검은 연기(수라 56:42-43), 분노하여 폭발할 것처럼 울부짖으며 끓는 불(수라 67:7-8). 지옥 불 속에서 불행한 자들이 한탄과 통곡을 하고(수라 11:106), 그들의 탄 살은 새 살로 바뀌어 새롭게 고통을 맛보고(수라 4:45), 그들은 피가 섞인 곪은 물을 마시고 죽음이 모든 곳에서 다가오지만 죽을 수 없고(수라 14:16-17), 사람들이 70척 길이의 쇠사슬에 묶여 걸으며(수라 69:30-32), 액체로 된 옷을 입고 얼굴은 불에 둘러싸이고(수라 14:50), 불신하는 자들 머리 위로 이글대는 물이 부어질 것이며,

그들의 내장과 피부는 녹아내리고, 그들을 벌할 철로 된 회초리가 그들을 뒤로 잡아끌 것이다(수라 22:19-21).

— 스미스와 하다드 1981, 85-86

하디스 역시 지옥을 생생하게 묘사한다.

나는 예언자 무함마드의 말씀을 들었다. "부활의 날에 지옥 불에서 형벌을 가장 적게 받은 사람도 그 형벌이 이와 같으리니, 그의 발아래에 연기 나는 잔화(殘火)가 있어서 그로 인하여 그의 두뇌가 끓을 것이다."

— 부기리 8권, 368

알라의 사도가 말하기를 "알라 덕택에 부를 얻었는데 자카트를 지키지 않는 자는 누구든 부활의 날에 그의 재산이 민둥민둥한 머리에 눈 위로 검은 점이 두 개 있는 수놈 독뱀 노릇을 할 것이다. 그 뱀은 그의 목을 휘감고 그의 뺨을 물며 이렇게 말할 것이다. '나는 네 재산이니, 나는 네 부요니라.'"

— 부카리 6권, 69

지옥에 대한 두려움은 무슬림으로 하여금 더 영적인 생활로 이끄는가? 알라의 진노와 공의를 두려워하는 무슬림이 많다. 그러나 대부분 미래의 심판에 대한 염려에 별로 영향받지 않으며, 여전히 불경건하게 생활하고 있다. 기독교의 경우와 전혀 다르지 않다!

# 불 못

또 내가 보니 죽은 자들이 큰 자나 작은 자나 그 보좌 앞에 서 있는

데 책들이 펴 있고 또 다른 책이 펴졌으니 곧 생명책이라 죽은 자

들이 자기 행위를 따라 책들에 기록된 대로 심판을 받으니 바다가

그 가운데에서 죽은 자들을 내주고 또 사망과 음부도 그 가운데에

서 죽은 자들을 내주매 각 사람이 자기의 행위대로 심판을 받고 사

망과 음부도 불 못에 던져지니 이것은 둘째 사망 곧 불 못이라 누

구든지 생명책에 기록되지 못한 자는 불 못에 던져지더라.

— 계 20:12-15

가혹한 말씀이다. 이것은 이슬람이 말하는 크고 두려운 마지막 날보다 덜

하지 않다. 두 종교 모두 지옥은 무서운 고문과 고통의 장소라고 말한다.

신약은 지옥을 여러 방식으로 말한다.

- 슬피 울며 이를 가는 바깥 어두운 장소다(마 8:12).
- 악한 자는 풀무 불에 던져질 것이다(마 13:50).
- 그 불과 형벌은 영원히 지속될 것이다(마 25:41).
- 구더기도 죽지 않고 불도 꺼지지 않는다(막 9:48).
- 열기로 고통을 당해 물을 갈구하게 된다(눅 16:24).
- 천국과 지옥 사이에 커다란 구렁텅이가 있다(눅 16:26).
- 지옥의 풀무 가운데 심한 연기가 있다(계 9:2).
- 지옥은 불과 유황 못이다(계 20:10).

성경에 기록된 대로, 구주 예수를 믿는 구원의 신앙을 갖지 않은 모든 사람이 이러한 상태에서 영원을 보내리라는 것이 기독교 교리다. 물론 그리스도인 사이에서도 의견이 서로 다르다. 지옥은 영원한 것이 아니라 더 짧은 기간으로 한정되어 있다고 말하는 사람도 있다. 그리스도에 대해 들어본 적 없는 사람이 지옥에 갈 리가 없다고 말하는 사람도 늘고 있다. 그래서 '성경적 보편구원설'에 마음이 쏠리는 사람이 생긴다. 「무조건적인 복음: 성경적 보편구원설에 대한 이해」(*Unconditional Good News: Toward an Understanding of Biblical Universalism*)의 저자 닐 펀트(Neal Punt)는 그러한 견해를 당연하게 생각한다.

그러나 기독교의 주요 흐름은 C. S. 루이스(Lewis)의 견해와 같다.

어떤 사람은 구속받지 못할 것이다. 내게 그럴 힘만 있다면, 기독교의 교리 중 가장 먼저 없애 버리고 싶은 교리가 바로 이것이다. 그러나 이 교리는 성경, 특히 우리 주의 말씀에 전적으로 뒷받침되고 있다. 이것은 기독교가 늘 주장해 온 바이며, 이론적으로도 타당하다. 경기가 시작되었다면 지는 사람이 있게 마련이다. 피조물의 행복이 자신을 드리는 일에 달려 있다면, (많은 사람이 그를 도울 수는 있겠지만) 본인이 아니고는 자신을 드릴 수 없으며 그 본인이 거절할 수도 있다. 진심으로 "모든 사람이 구원받을 것이다"라고 말할 수 있다면 무슨 대가라도 치르고 싶다. 그러나 내 논리는 이렇게 반박한다. "그들의 의지가 들어 있는가, 빠져 있는가?" 내가 "그들의 의지 없이"라고 대답하는 경우 나는 즉시 모순을 발견한다. 최고의 자발적 행동인 자신을 드리는 일이 어떻게 비자발적일 수 있는가? 또 내가 "그들의 의지가 들어 있는"이라고 말한다면, 나의

이성은 "그들이 허락지 않는다면 어떻게 하느냐?"라고 응답할 것
이다.

— 루이스 1940, 106-107

선교사를 대상으로 한 설문에서 다음과 같은 반응이 나왔다.

• 거듭나지 않은 모든 사람은 죽어서 지옥에 가는가?

그렇다: 357          아니다: 8

• 당신의 대답이 '그렇다'이면, 그들이 지옥에 가는 것이 마땅하다고 생
  각하는가?

그렇다: 333          아니다: 10

(47명은 대답하지 않았다.)

• 당신의 대답이 '그들은 지옥에 갈 것이다'이면, 이 사실로 당신은 괴로
  운가?

그렇다: 332          아니다: 26

지옥은 "진노하신 하나님의 손 안에 있는 죄인", 또는 "언젠가 계산해야
하는 날"과 같은 제목의 설교에서 중요한 복음적 요소가 되어 왔다. 웅변술
이 뛰어난 설교자들은 회중 가운데 앉아 있는 잃어버린 자에게 지옥의 불
과 유황을 비유적으로 설명하여 그들의 마음을 뒤흔들어 놓았다. 그 결과,
적지 않은 수의 죄인이 진노에서 달려 나와 그리스도께로 돌아왔다.

그리스도인들에게 지옥은 세상 끝까지 그리스도의 구원을 전파하는 중

요한 동기가 되어 왔다. 나 개인적으로도 지옥과 천국의 실재를 믿지 않는다면, 무슬림을 전도하는 데 26년을 드리지 않았을 것이다. 나는 그 성경의 진리에 강권함을 받은 것이다. 루이스처럼 나도 그러한 교리가 없으면 좋겠다. 그러나 그것은 성경에서 매우 중요한 부분으로, 나로서는 그것을 선포하는 것 말고는 다른 선택의 여지가 없다.

이 책 4장을 다시 생각해 보라. 민감한 그리스도인들은 의인이 왜 고난당하느냐는 질문에 낙담한다. 이 글을 쓰고 있는 지금, 어린 세 아이의 어머니인 한 선교사가 마닐라에서 세 시간 거리에 있는 필리핀의 한 시골 마을에 묻히고 있다. 나흘 전, 그 선교사는 부엌에 들어와 있는 도둑과 마주쳤다. 선교사는 도망가다가 수차례 칼에 찔렸고 세 시간 후에 하늘나라로 갔다. 귀여운 아이들은 어머니를 잃었고, 남편은 사랑하는 아내를 잃었고, OMF는 장래가 매우 촉망되는 선교사를 잃었다.

그 여인이 심한 육체적 고통 속에서 보낸 이 세상에서의 마지막 몇 분을 생각하면 마음이 갈가리 찢어지는 것 같다. 하물며 영원히 성난 불 속에서 영원히 타게 될 사람들은 어떻겠는가? 이러한 생각이 우리 마음에 얼마나 깊은 타격을 주는가? 이 성경의 진리는 우리 삶에 얼마나 큰 동기를 부여하는가? 아마도 우리 대부분은 무서운 설교자의 말에 조는 듯 끄덕이며 머리로만 동의하고는 항상 해오던 일을 하러 가는 것 같다. 지옥에 관해 농담이나 지껄이는 그리스도인도 있다. 나는 그런 일을 도무지 이해할 수 없다.

이것은 심각한 문제다! 그러나 지옥은 천국만큼 성경적인 사실이다. 그 사실을 무시했다가는 위험에 처할 것이다.

# 술이 흐르는 강

> 의로운 자들에게 약속된 천국을 비유하사 그곳에 강물이 있으되
> 변하지 아니하고 우유가 흐르는 강이 있으되 맛이 변하지 아니하
> 며 술이 흐르는 강이 있으니 마시는 이들에게 기쁨을 주며 꿀이 흐
> 르는 강이 있으되 순수하고 깨끗하더라.
>
> — 수라 47:15

이슬람교가 알코올을 엄격하게 금지한다는 점에 비추어 볼 때, 무슬림이
천국에 둘러앉아 자기 앞에 놓인 영원토록 끊이지 않는 술잔을 들고 있는
모습을 생각하면 조금 놀랍다.

그 내용이 바울 서신과 매우 흡사한 하디스 한 곳에는 무슬림에게 축복
된 미래의 날을 기쁜 마음으로 기대하라는 말씀이 있다.

> 예언자 무함마드가 말씀하셨다. "알라께서 '나는 나를 경건하게
> 숭배하는 사람들을 위하여 눈으로 본 적이 없고, 귀로 들은 적도
> 없으며, 아무도 생각지 못할 그러한 것들을 준비하였다. 내가 마
> 련해 놓은 것에 비기면 네가 본 것은 아무것도 아니다'라고 말씀하
> 셨다."
>
> — 부카리 4권, 289

천국은 엄격하게 무슬림만을 위한 곳이다. "무슬림 영혼 외에 낙원에 들
어올 자는 하나도 없다"(부카리 4권, 190). 천국은 폐쇄된 곳이다. 이슬람교의
명령을 충실하게 따른 사람들을 위해 육신적인 모든 즐거움이 영원토록 마

십자가와 초승달

련된 곳이다.

무함마드는 중요한 죄를 범한 무슬림도 천국에 들어갈 수 있다는 확언을 알라게 받았다고 한다. "가브리엘이 와서 나에게 말하기를, '알라만 숭배하며 너를 따르는 자 중에 누구든지 죽으면, 천국에 들어갈 것이다.' '만약 그가 이러이러한 죄를 지었더라도(예를 들어 도둑질을 했거나 불법적인 성관계를 맺었더라도) 천국에 들어갈 수 있습니까?'라고 내가 물었다. 그는 '그렇다'라고 답하셨다"(부카리 3권, 337). 알라의 자비와 용서에 대한 이슬람교의 가르침 덕분에 이것은 사실로 여겨진다.

어떤 특정한 무슬림은 죽자마자 하늘나라로 직접 가게 된다고 확신한다. 이슬람교의 지하드에서 순교한 사람이 이 부류에 속한다. "하나님의 길에서 살해당했거나 죽었다면 하나님으로부터 관용과 자비가 있을시니 이는 생전에 축적한 것보다 나으리라 만일 너희가 죽었거나 살해당했다면 너희는 하나님께로 돌아가느니라"(수라 3:157-158).

이러한 확신은 이슬람 광신주의를 부추긴다. 그리하여 이란의 소년들이 지뢰를 밟아 죽는 것이 바로 하늘나라로 장엄하게 입장하는 것이라는 확신을 갖고 이라크의 지뢰밭을 걸어 나간 것이다. 그런 마음에 사로잡힌 소녀 사나 알-무하이들리(Sanaa al-Muhaidli)는 레바논 남부에서 이스라엘군 호송대 가운데로 폭발물이 가득한 차를 몰고 진입하여 자멸을 초래했다. 무슬림 세계는 이 소녀를 위대한 애국자로 떠받들었다. 이 소녀는 자신의 피로 쓴 감동적인 글을 유산으로 남겼다.

> 나의 사랑하는 사람들이여! 인생은 명예와 자존심을 지키는 것일 따름입니다. 나는 죽지 않았습니다. 나는 살아 있으며, 당신들과 함께 있습니다. 이처럼 영웅적인 순교를 하였기에 나는 얼마나 행

복하고 기쁜지요. ……

이렇게 용감하게 순교한 나를 보고 울지 마십시오. 세상에서 갈가리 흩어진 내 육신은 하늘나라에서 다시금 하나로 재결합될 것입니다!

오, 어머니! 우리의 적, 시온주의자를 끝장내어 제 육신이 뼈에서 떨어져 나가고 제 피가 영혼 속으로 물결쳐 들어갈 때, 저는 얼마나 행복하겠습니까!

— "한 순교자의 마지막 말" 1985, 19

이 소녀가 죽음을 앞두고 바라던 소망은 이루어졌다. 많은 무슬림이 이 소녀의 발자취를 따른 것이다.

## 낙원의 기쁨

무슬림의 천국은 광대한 차원의 장소다. "예언자 무함마드는 '낙원에는 큰 나무가 있는데, 말을 타고 100년을 달려도 그 나무의 그림자를 다 지나지 못한다'고 말씀하셨다"(부카리 6, 376). 그 정원은 하늘과 땅만큼 넓다. 사방에 샘과 큰 천막과 강이 있다. 감미로운 열매가 풍성하게 열려 있다.

그러나 무슬림 미술가, 시인, 평신도를 사로잡고 흥분케 하는 것은 앞서 열거된 내용과는 전혀 상관없다. 그들을 사로잡는 것은 이 세상에 사는 동안 알라에게 충성을 다해 헌신한 사람들을 위하여 아름다운 처녀가 준비되어 있다는 사실이다.

이 처녀를 '후리'(houris, 아랍어로는 '후르'[hur])라고 하는데, 꾸란이 이들을 직접 언급하는 것은 네 번 정도다.

십자가와 초승달

1. 무슬림은 그들과 결혼할 것이다(수라 44:54).

2. 그들은 침상에 줄지어 기대 있으며, 눈이 큰 아름다운 모습이다(수라 52:20).

3. 그들은 어떤 남자나 진(*jinn*, 영적 존재)과 접촉한 일이 없는 여인이다. 그들은 초록빛 방석과 아름다운 융단에 기대 쉬고 있다. 그들이 거하는 곳은 커다란 천막이다(수라 55:72-76).

4. 그들은 잘 보호된 진주와 같다(수라 56:23). 또한 그들은 새로운 창조물처럼 순결한 처녀다(수라 56:35-36).

이들에 대한 간접적인 언급은 감각적이다. 그들은 요염하고 부풀어 오른 가슴을 갖고 있다고 한다. 성적인 면에서 정결하게 보존되었으며 눈을 아래로 깔고 정숙하게 다닌다. 이들은 세상에 살던 무슬림 남편의 아내가 아니다. 충성스러운 무슬림이 하늘나라에서 성적인 즐거움을 누리기 위해 특별히 마련된 창조물이다. 무슬림 여자들도 낙원에 가지만, 그들이 그곳에서 무엇을 할지 또는 영원히 그들을 즐겁게 해줄 특별한 남자들이 있는지에 관해서는 분명하게 언급되어 있지 않다. 이슬람의 천국은 분명히 맹목적이라는 인상을 받는다.

낙원에 대한 하디스의 묘사는 꾸란보다 훨씬 명료하다.

> 알라의 사도가 이렇게 말씀하셨다. "낙원으로 처음 들어가는 일단의 사람들은 보름달처럼 빛날 것이며, 그다음으로 들어가는 사람들은 가장 반짝이는 별처럼 빛날 것이다. 그들의 마음은 총각의 마음과 같아서 그들 사이에 적대감이 없을 것이며, 모든 사람에게는 두 명의 아내가 있는데, 둘 다 매우 아름답고, 정결하고, 투명해서

다리의 살을 통해 골수가 들여다보일 것이다. 그들은 아침과 저녁에 알라께 영광을 돌릴 것이며, 병에 걸리지 않을 것이며, 코를 풀지 않을 것이며, 침을 뱉지 않을 것이다. 그들이 쓰는 도구는 금과 은으로 만들어진 것이며, 그들의 빗은 금이요, 향을 피우는 재료는 침향나무일 것이며, 그들의 땀에서는 사향 향기가 날 것이다."

— 부카리 4권, 307-308

이 글에서 우리는 문화적 가치를 쉽게 찾아볼 수 있다. 무함마드 시대에는 가정용품, 머리빗, 향이 우선적으로 중요한 물품이었다. 다음 하디스에서 밝히듯, 신체의 분비물은 더러운 것으로 경시되었다.

알라의 사도는 이렇게 말씀하셨다. "그들은 소변이나 대변을 보지 않을 것이며, 침을 뱉거나 콧물을 흘리지 않을 것이다. 그들의 머리빗은 금으로 되어 있고, 그들의 땀에서는 사향 향기가 날 것이다. 침향나무로 향을 태울 것이다. 그들의 아내는 후리가 될 것이다. 그들 모두는 비슷해 보일 것이며 그들의 조상 아담을 닮은 모습으로 키는 육 척일 것이다."

— 부카리 4권, 343

이러한 내용을 읽은 후라면, 한 아라비아 무슬림이 이슬람의 낙원에 대해 이런 말을 했다고 해도 놀라지 않을 것이다.

무함마드의 낙원은 상징적으로 표현된 것일 뿐이라는 주장을 입증하려는 노력을 요즈음 많이 하고 있다. 현자들은 모든 것을 잘

십자가와 초승달

도 설명한다. 그러나 나도 한마디 해야겠다! 나는 이 타는 듯한 사막에서 하나님에게 충성하며 살아 왔다. 나는 낙원을 얻기 위해 이 세상에서 끊임없이 다가오는 유혹을 물리쳤다. 내가 낙원에 도착해서 시원한 강과 대추야자 나무와 아름다운 소녀를 발견하지 못한다면, 나는 완전히 속았다는 느낌이 들 것이다.

— 와디 [1976] 1982, 129

내가 볼 때, 무슬림의 천국은 상당히 감각적인 곳이다. 또한 '타는 듯한 사막'을 똑같이 견딘 충실한 무슬림 여자에게는 대단히 불공평한 장소다. 나는 무슬림 여자가 이슬람의 천국에 대해 항거하는 것을 들어 본 적이 없다. 그들은 알라의 뜻에 자신을 맡길 뿐이다. 그러나 남자들은 충실하게 알라에게 충성한 대가로 그러한 낙원을 매우 기대한다.

## 황금길

그 성곽은 벽옥으로 쌓였고 그 성은 정금인데 맑은 유리 같더라 그 성의 성곽의 기초석은 각색 보석으로 꾸몄는데 첫째 기초석은 벽옥이요 둘째는 남보석이요 셋째는 옥수요 넷째는 녹보석이요 다섯째는 홍마노요 여섯째는 홍보석이요 일곱째는 황옥이요 여덟째는 녹옥이요 아홉째는 담황옥이요 열째는 비취옥이요 열한째는 청옥이요 열둘째는 자수정이라 그 열두 문은 열두 진주니 각 문마다 한 개의 진주로 되어 있고 성의 길은 맑은 유리 같은 정금이더라.

— 계 21:18-21

좀 우스운 것 같지만, 나는 천국에 대한 무슬림과 그리스도인의 관점을 이런 식으로 생각하게 되었다. 낙원에 대한 생각을 하자 나는 7세기 아라비아 사막에 거주하는 사람의 꿈은 어떤 것이었을까 상상하게 되었다. 그들은 소용돌이치는 먼지와 이글거리는 더위에 포로로 잡혀 있다. 물이라고는 거의 없다. 성과 술은 금지되어 있다. 그러나 미래에는 하나님이 직접 허락하신 환상의 세계가 있다. 그 세계는 합법화된 성과 어지럽거나 두통이 없는 술이 풍성하다. 커다란 천막과 샘물이 많다. 강변에는 아주 달콤한 열매가 열린 나무의 시원한 그늘이 드리워져 있다. 참으로 낙원이다!

그런데 이제 현대의 경제적인 사람을 위한 천국이 있다. 그리스도인인 그들은 매우 오랫동안 탐욕과 싸워 왔다. 주식, 땅, 자산 획득이 삶의 추진력이다. 그러나 갈릴리의 목수는 항상 멀리 서 계신다. 우리의 경제적인 중개인 친구는 그 갈등에 피곤함을 느낀다. 그런데 멀리 좀 더 나은 것이 도래한다는 비전을 본다. 그는 천국에는 보지도 생각지도 못한 것이 있다는 말씀을 듣는다. 그렇다면 그러한 것은 성경에 기록된 귀한 돌, 값비싼 진주, 정금의 길을 초월하는 것임이 틀림없다. 진정으로 자본주의자의 환상이 실현된 것이다.

우스운 생각은 이제 접어 두자. 그리스도인은 해방의 날을 바라보라는 대단히 확고한 말씀을 듣는다. 물질적인 상을 기대할 수도 있겠지만, 우리 마음에 뵙기를 열망하는 분이 여기 계신다. 그분은 하늘에서 사람들의 관심과 사랑의 중심이 되는 분이다.

또 내가 보매 거룩한 성 새 예루살렘이 하나님께로부터 하늘에서 내려오니 그 준비한 것이 신부가 남편을 위하여 단장한 것 같더라 내가 들으니 보좌에서 큰 음성이 나서 이르되 보라 하나님의 장막

십자가와 초승달

이 사람들과 함께 있으매 하나님이 그들과 함께 계시리니 그들은 하나님의 백성이 되고 하나님은 친히 그들과 함께 계셔서 모든 눈물을 그 눈에서 닦아 주시니 다시는 사망이 없고 애통하는 것이나 곡하는 것이나 아픈 것이 다시 있지 아니하리니 처음 것들이 다 지나갔음이러라 보좌에 앉으신 이가 이르시되 보라 내가 만물을 새롭게 하노라 하시고 또 이르시되 이 말은 신실하고 참되니 기록하라 하시고.

— 계 21:2-5

나의 선교사 생활에서 가장 고귀한 순간은 인도네시아의 해변 마을 자야푸라에서 비행기로 이리안자야라는 거대한 섬의 중심부로 들어간 때다. 산과 늪지 위를 날아갈 때, 나는 불길이 올라오는 많은 소규모 거주지를 내려다보았다. 1950년대에 그곳에서 그리스도계로 돌아오는 큰 역사가 시작된 이후 지금까지 계속되고 있다. 동화의 나라 같은 아름다운 골짜기에 내렸을 때, 우리는 즉시 반라의 남녀들에게 둘러싸였다. 이들은 양의 피로 구속받은 귀한 사람들이었다. 한때는 식인종이었으나 이제 그들은 농부요, 목축인이었다. 하나님의 은혜와 몇몇 선교사가 죽기까지 희생하여 이루어낸 일이었다.

하늘나라를 주제로 다음과 같은 감동적인 설교를 쓴 사람은 본토인인 오토토메 마이세니(Ototome Maiseni)로, 두킨도가(Duqindoga) 골짜기 가운데 있는 30개 교회의 총책임자이며, 그 지역에서 처음으로 믿은 사람이다. 유행성 감기로 교인 중 90명이 죽었을 때 그는 신자들에게 이 말씀을 전했다.

행복에는 두 가지가 있습니다. 한 가지는 이 세상에서 찾을 수 있고, 다른 한 가지는 하늘나라에서 찾을 수 있습니다.

이 세상에서 찾을 수 있는 행복을 먼저 생각해 봅시다. 사람들은 많은 재산, 조가비, 돼지, 식량을 모읍니다. 그들은 유명해지기를 원합니다. 모든 산꼭대기에서 자기 이름이 울리기를 원합니다. 그들은 이런 것들을 모으고 유명해지면 기뻐합니다.

세상적인 열심 가운데 그들은 하나님이 말씀하시려는 것을 한 마디도 귀 기울여 들으려 하지 않습니다. 번거롭게 생각하며 하나님의 말씀을 듣기 싫어하는 것입니다.

"무엇 때문에 그 말씀을 들어야 합니까?"라고 그들은 말합니다. "내가 무엇이 부족하여 하나님에게 귀 기울이는 고생을 해야 한단 말입니까? 내게 모자란 것이 무엇입니까? 아무것도 없습니다!" 그들은 얄팍한 행복에 만족하며 즐거워합니다.

그들이 이 세상의 행복을 풍족히 누리고 있는 것처럼 보일지라도, 그들은 하나님이 하늘과 땅을 소멸하실 앞날을 생각지 않는 것입니다.

미래는 생각하지 않고 그들은 활과 화살을 들고 의기양양하게 활시위를 뒤로 당깁니다. "우리는 전쟁에서 많은 사람을 죽였노라"고 뽐냅니다. "많은 사람의 피가 우리 손에 있도다"라고 말합니다. 매일 밤 그들은 앉아서 여자들에게 노래를 불러 줍니다. 그들은 첩에 아내를 더하며, 아내가 더 생겼으므로 정원을 넓힙니다. 정원을 넓히는 것은 더 많은 돼지를 들인다는 뜻입니다. 더 많은 돼지는 더 많은 조가비를 뜻하며, 조가비는 아내를 사는 데 쓰이는 것입니다. 결코 끊이지 않는 이러한 순환 때문에, 그들이 점잔 빼면서 걸으며 멋을 부리는 화식조(火食鳥)와 같습니다.

그들은 "너희는 가난하고 어리석다"고 우리를 비웃습니다. "너희는 무엇 때문에 굳이 하나님을 섬기려 하느냐? 너희는 먹을 것도 충분히 없지 않으냐? 너희는 입을 옷 한 벌도 없다. 너희 급료는 어디에 있느냐? 너희는 참으로 어리석구나."

그렇습니다. 불신자는 세상의 기쁨을 가득 마십니다. 그러나 예수께서 오시면, 그의 기쁨은 끝날 것입니다. 마침내 그는 자신의 악행을 후회할 것입니다.

이 세상에서 최고로 치는 것을 따르는 사람은 그들의 기쁨이 일순간만 지속되는 것이므로 꽃이 시드는 것처럼 그 즐거움이 끝난다는 사실을 발견할 것입니다. 소리 질러대는 불신자 때문에 흔들리지 마십시오. 그는 한 시간 노래 부르고 영원히 울 것입니다.

이제 이 세상에서 슬픔 가운데 사는 우리를 생각해 봅시다. 우리는 누구입니까? 우리는 예수를 마음에 영접한 사람들입니다. 우리는 굶주린 자들입니다. 우리는 정원을 가꾸기 위해 밖으로 나가 잡목을 자르고 울타리를 만들고 흙을 팝니다.

우리는 허리가 아프고 흙투성이 손에는 못이 박혔으며, 손으로 이마의 땀을 닦습니다. 우리는 바위를 부숩니다. 우리는 나무를 쓰러뜨립니다. 우리는 새벽부터 해질 때까지 노동합니다.

굶주림을 모르는 사람은 "그런 식으로 살다니 미쳤군" 하고 비웃습니다. "일하고 땀 흘리고! 그런 일이 뭐가 좋으냐? 일을 하는데도 굶어 죽는구나"라고 말합니다.

그렇습니다. 우리는 배가 고파 웁니다. 예수를 섬기는 우리는 피로가 쌓입니다. 하나님의 일을 하는 것은 작은 일이 아닙니다. 우리 마음에 슬픔이 찾아올 때가 많습니다. 병도 찾아옵니다. 일의 압박감이 우리를 누릅니다.

우리 중에 어떤 사람은 "그리스도인의 삶은 매우 어렵습니다"라고 말하며, 궤도를 이탈하여 하나님에게서 돌아섭니다.

그것은 잘못된 결정입니다. 우리는 이 세상에서 잠시만 머물 것입니다. 우리의 진정한 집은 하늘에 있습니다. 우리의 시민권은 그곳에 있습니다. 행복은 그때를 위한 것입니다. 그때 우리는 큰 기쁨을 누릴 것입니다.

그때 우리에게 영광이 있을 것입니다. 이곳의 짧은 시간에 슬퍼하는 사람들은 표현할 수 없는 슬픔으로 끝을 맺을 것입니다. 그러나 오늘 배고픈 우리는 내일 영생처럼 영원히 끊임없이 지속될 기쁨 외에는 아무것도 알지 못할 것입니다.

우리는 하나님과 함께 배고픔과 슬픔과 고통이 없는 곳에서 살 것입니다. 우리 믿는 자들, 죄를 이긴 자들은 하나님의 오른편에서 영원한 기쁨이라는 큰 선물을 받을 것입니다.

— 스코트 1980, 79-81

우리가 기대하는 하늘나라의 실재에 대하여 이렇게 감동적인 찬사를 보낸 글은 찾아보기 어려울 것이다.

어떤 사람은 그리스도인이 현대 사회의 압력을 견디지 못하는 도피주의자라고 비난하기도 한다. 우리가 환상의 삶을 산다고도 한다. 그러한 공격에 대한 최선의 반응은 단지 성경으로 눈을 돌리는 것이다. 우리는 신실한 하나님 말씀에 우리 삶을 맡겼다. 성경은 우리에게 이생의 짧은 순간이 덧없음을 반복하여 경고한다. 우리는 영원에 대한 생각은 전혀 없이 영원히 이 세상에 사는 사람처럼 살 수 없다.

그러나 "하늘로 숨어 버리는 사람"이라는 비난에 대해 생각해 보아야 한다. 어떤 유익이 있으리라는 약속을 접어 두고라도 이 세상에서 하나님을 믿고 순종하는 삶을 살면 그 자체로 보상이 있다. 이 사실을 E. 스탠리 존스보다 더 잘 말한 사람은 없을 것이다. 그는 인도에서 죽기 두 달 전에 다음과 같은 글을 썼다.

> 마지막에 이르러 그곳에 도착하여 하늘나라가 없다는 것을 발견한다면, 나는 이렇게 말할 것이다. "우주여, 좋다. 네가 나를 실망시켰구나. 너에게는 영원성과 실재성이 있기는 하지만, 공허밖에 없으며 하늘나라는 찾을 수가 없구나. 그러나 나는 내가 그리스도인이었다는 점을 후회하지 않는다. 나에게 선택권이 다시 주어지더라도 나는 이렇게 말할 것이다. '하늘나라가 있건 없건, 나는 확신과 선택에 의해 그리스도인이 될 것이다.' 이 결정을 잘했다고 생각하는 데에 하늘나라가 필요한 것이 아니다."
>
> ─ 존스 1975, 148

믿음으로 전진하는 신실한 그리스도인은 이 말에 온 마음으로 동의할 것이다.

9장

# 진리를 향한 추구

'진리'라는 단어에는 온갖 긍정적인 어감이 들어 있다. 이 단어에는 고상하고, 고귀하며, 정결한 모든 것이 담겨 있는 듯하다. 그러나 역사를 통해 보면, 진지하고 용감한 사람들이 진리에 대한 자신의 견해를 남에게 강요하기 위해 가장 야만적인 행동을 일삼았다. 이 점에 있어 무슬림과 그리스도인은 떳떳하지 않다.

나는 개념적이며 실제적인 진리가 무엇인지 밝히고 그 진리 위에 행동하는 것보다 긴급한 문제는 없다고 본다. 나는 내가 어디에서 영적 진리에 대한 추구를 종결했는지에 대한 개인적인 회고로 이 책을 끝맺으려 한다.

## 진리를 향한 추구

무슬림은 그들이 진리를 발견했다고 전적으로 확신한다. 이 확고부동한 확

십자가와 초승달

신으로 그들은 7세기 중엽 낙타와 말을 타고 사막을 달렸다. 산을 가로지르고, 강을 넘고, 사하라의 모래 언덕을 뚫고 전진했다. 무슬림은 진리를 받아들였으면 전파해야 한다고 처음부터 믿었다. 이슬람은 이 큰 사명을 진지하게 받아들였다. 무슬림은 신앙을 위해 살고 죽었다. 궁극적인 진리라면 그러한 요구를 하는 것이 당연하다.

꾸란은 꾸란이 절대적 진리라고 강력하게 주장한다. "하나님은 너희 중에서 그것을 거역하는 자들을 알고 계시니라 실로 그것은 불신자들에게 큰 슬픔이라 실로 그것은 분명한 진리라 그러므로 위대한 그대 주님을 찬양하라"(수라 69:49-52). 이런 독단적인 단언에 비추어 보면, 대체로 무슬림이 마음 문을 닫고 진리에 대한 다른 견해에 귀 기울이지 않는 이유를 이해할 수 있다. 그들은 어떤 식으로든 다른 주장을 조사해 보는 것이 알라의 명확하고 비길 데 없는 말씀에 대한 믿음을 파괴하는 것이라고 생각한다. 적어도 현대 그리스도인은 무엇에 의문을 갖는 정신에 큰 영향을 받아 왔다. "물론 예수께서 진리요, 하나님에게로 가는 유일한 길이라고 말씀하셨지만, 그 말씀을 하신 이유는 무엇인가? 전후 문맥은 어떻게 되는가? 그분이 진정으로 의미하신 바는 무엇인가? 그분의 말씀은 우주적인가, 아니면 지역적인 적용만 해야 하는 것인가? 그 말씀은 영원한 것인가, 아니면 시간의 제약을 받는 것인가?" 우리의 비평 능력은 끝이 없는 듯 계속된다.

무슬림은 이러한 그리스도인을 보고 뒤로 기대 앉아 웃는다. 그리스도인이라고는 하지만 예수의 신성과 성경의 권위에 의문을 품는 학자들이 저술한 「성육신의 신화」(The Myth of God Incarnate)를 손에 들고 무슬림은 "너희 그리스도인은 자멸을 초래하고 있어"라고 말한다. 무슬림은 신앙에 대한 이런 식의 의문을 전혀 용납하지 않는다. 그들은 이슬람의 순결이 보존되어야 한다고 생각한다. 꾸란을 공격하는 것은 알라를 공격하는 것이다. 살만 루슈디(Salman Rushdie)는 「악마의 시」(The Satanic Verses)를 발간했다가 전 세계 이슬람이 쏟아 붓는 공격을 당해야 했다. 무슬림은 전 세계가 아직 이슬람교를 믿지 않고 있기 때문에 고통당하고 있다고 생각한다. 그들은 진리를 어디서 찾을 수 있는지 확실히 알고 있다. 사실상 그들은 모든 사람이 무슬림으로 태어난다고 믿는다. 즉 모든 신생아는 나면서부터 무슬림이지만, 부모 때문에 '곁길'로 빠진다는 것이다. 그러나 많은 사람이 방황하는 만큼 이제는 진정한 믿음으로 돌아와야 한다고 생각한다. 하디스는 이렇게 말한다. "알라의 사도가 말씀하셨다. '모든 아이는 이슬람의 진정한 믿음을 갖고 태어난다. 예컨대 알라 이외에는 아무도 숭배하지 않는다. 그러나 부모가 유대교나 기독교로 개종시키는 것이다'"(부카리 2권, 247).

세예드 호세인 나스르는 이슬람교에 대한 자신의 믿음을 어느 누구보다 잘 표현한다.

> 외적으로 표현된 이슬람의 참된 모습 중 고요함이 있는데, 고요함은 필연적으로 진리에 대한 사랑을 뜻한다. 이슬람은 무엇보다 진리를 앞세운다. 이슬람은 편파적인 성향이 없으며, 대화 시 논리적이고, 감정이나 편견이 지적 판단을 흐리지 않는다. 이슬람은 이성주의자가 아니지만, 사물의 진리를 살피고 모든 것보다 진리를 사랑한다. 진리를 사랑하는 것은 진리이신 하나님을 사랑하는 것이다. 하나님의 이름 중 하나는 진리이시다(알 하크).
>
> — 나스르 1966, 75

나스르 박사가 이슬람에 어떻게 그토록 높은 점수를 주었는지 이해하기 어렵다. 내가 만난 무슬림은 대부분 편파적이고 비논리적이며, 감정적이고

십자가와 초승달

편견이 심했다. 그러나 공평하게 말한다면, 이슬람에도 다양한 사람이 있다. 나스르 박사는 이슬람을 대표하는 가장 훌륭한 사람이다. 그는 아마도 자신의 견지에서 이슬람교 전체를 평가한 것으로 보인다.

프랑스인 의사로서 이슬람교로 개종한 모리스 뷔카이유 박사는 궁극적인 진리를 발견했다고 선언했다. 그는 꾸란이 진리의 기준을 충족시키며, 편견 없이 모든 사람이 쉽게 이해할 수 있는 책이라고 말한다. 그는 진리의 증거를 이렇게 열거한다.

1. 꾸란의 이성적인 가르침
2. '실수, 삭제, 개찬, 중복이 없는' 꾸란의 전적인 완벽성
3. 하나님 말씀에 신화와 미신이 없는 점
4. 꾸란의 과학성
5. 꾸란 예언의 진실성

그리고 그는 이렇게 말을 맺는다. "우리 모두 영원한 진리를 볼 수 있기를 기원한다"(뷔카이유, 연도 미상, 20-21).

그는 고도의 과학 교육을 받은 지성인이다. 그런데 그는 비판적인 분석을 전혀 용납하지 않는 꾸란을 객관적으로 분석한 것이다. 이러한 그의 견해에 그리스도인이 할 수 있는 가장 '영적'인 해답은 그가 사탄에게 속았다는 것이다. 그러나 무슬림은 성경의 권위와 삼위일체를 믿는 그리스도인에게도 이와 같은 말을 한다. 그리하여 '궁극적인 진리'에 대한 문제는 여전히 남고 논쟁은 수그러들지 않는다.

편견 없는 마음으로 진리를 평가할 수 있는가? 내가 진리의 길로 개종하기를 저녁마다 기도한다는 무슬림 친구는 객관성의 문제를 언급했다. 그는

그리스도인에게서 부모와 문화의 영향을 배제할 수 있다면 그들은 모두 무슬림이 될 것이라고 확신했다. 좌절감을 느끼며 그는 이렇게 말했다. "진리를 입증할 수 있는 유일한 방법은 화성에서 사람들을 데리고 와서 두 종교를 평가하여 한 진리를 선택하도록 하는 거야. 지구상의 모든 사람은 편견에 사로잡혀 있기 때문에 객관적인 평가가 거의 불가능해." 나는 그가 그리스도인에게서 편견 없는 사고를 이끌어 내려고 노력하는 것처럼 무슬림에게서 편견 없는 사고를 이끌어 내려고 노력할 때 그의 말에 공감한다.

철학자 데이비드 흄(David Hume)과 신학자 에른스트 트뢸치(Ernst Troeltsch)는 유추의 교리를 연구했다. 이것은 사물을 인지할 때, 우리의 경험과 이해의 범주에 비추어 생각하는 사고력 과정이다. 우리의 과거와 우리가 현재 경험하는 것 사이에는 연결이 있게 마련이다. 이것이 요컨대 선입견이다. 새로운 상황을 접할 때 과거에서 영향력을 끌어오는 것이다. 나는 완전히 객관적일 수 없다는 일반적인 견해에 동의한다. 누구든 객관성을 갖기 위해서는 이 사실을 알고 있어야 하며, 편견을 없애기 위해 노력을 기울여야 한다. 대체적으로 이 점은 그리스도인이 무슬림보다 낫다고 나는 믿지만, 이 생각 역시 또 다른 선입견이 작용한 것일 수도 있다.

하버드 대학에서는 '진리'를 뜻하는 라틴어 '베리타스'(*Veritas*)를 곳곳에서 볼 수 있다. 베리타스가 새겨진 대학 문장이 의자, 옷, 편지지 등에 찍혀 있다. 이곳은 모든 연구에서 전적으로 진리만 추구하는 학구적인 사회다. 나는 명석한 교수가 내 견해와 정면으로 반대되는 의견을 말하는 것을 가끔 듣는다. 그러면 나는 그 교수 뒤로 교실 벽에 걸려 있는 하버드의 문장을 바라본다. 교수와 나는 둘 다 베리타스에 헌신되어 있다. 그러나 우리의 의견은 얼마나 다른지!

종교를 뜻하는 영어 'religion'의 어원은 '*religio*'며, 그 뜻은 '묶는다'는 것

십자가와 초승달

이다. 더 확대된 개념은 '진리에 묶는다'는 것이다. 그러나 여러 세대를 지나오면서 진리에 대한 종교의 해석은 놀랄 정도로 다양해졌다. 힌두교의 관점에서 생각한 모한다스 간디는 절대적인 진리를 추구하는 동안 상대적인 진리를 붙들어야 한다는 자신의 생각을 이렇게 말했다.

> 나는 진리로서의 하나님을 숭배한다. 나는 아직 그를 발견하지 못했다. 그러나 그를 추구하고 있다. 이 추구를 위해 나는 내게 가장 귀한 것을 희생할 각오가 되어 있다. 그 희생이 내 생명 자체를 요구하는 것일지라도 그것을 희생할 수 있기를 바란다. 그러나 이 절대적인 진리를 깨닫지 못한 지금, 나는 내가 파악하고 있는 상대적인 진리를 붙잡아야 한다. 절대적 진리를 발견할 동안, 그 상대적 진리는 나의 횃불과 방패와 방호물임이 틀림없다. 비록 이 길이 좁고 협착하며 면도날처럼 날카로워도, 나에게는 이것이 가장 빠르고 쉬운 길이다.
>
> — 간디 1957, xiv

최근 나는 필리핀 민다나오 섬 남부의 한 마을인 미드사얍을 방문했다. 차를 타고 그 마을로 가는 길에 나는 주 도로에서 하나의 모스크와 여러 교회를 보았다. 사방복음 교회, 말일성도 교회, 가톨릭교회, 필리핀 연합교회, 남침례교회, 구원의 교회, 선교동맹교회. 이 교회들은 모두 권위 있는 성경을 믿고 있다. 그러나 나는 그 마을의 한 무슬림이 교회에 가서 기독교의 진정한 메시지를 듣기 원할 때 느낄 혼돈을 생각하지 않을 수가 없었다. 기독교에 교파가 매우 많다는 점을 나에게 상기시키는 필리핀 무슬림 친구가 많지만 나는 이에 대해 간단하고도 적절한 대답을 해주기가 어렵다.

진리 추구라는 개념을 고민할 때, 우리는 적어도 케네스 크래그가 "사는 것과 살게 하는 것"이라는 선택을 연구하면서 한 이 말을 이해할 수는 있지 않을까?

'그리스도인들에게': 그 문제를 그저 방치하지 않는 이유는 무엇인가? 살아가면서 다른 사람을 나름대로 살게 내버려두지 못하는 이유는 무엇인가? 신약이 말하는 대로 예수의 영향 또는 자취를 이슬람 세계도 느끼고 받아들여야만 한다면서 그 문제를 염려하는 이유는 무엇인가? 장애물이 지나치게 크지 않은가? 몹시 두려운 저지물이 있지 않은가? 문제에 대한 열정이 오인을 받거나 오판을 당하는 것인가? 기독교는 일단의 사람이 추구하는 것이며, 전 세계 사람들에게 기대할 수는 없는 일 아닌가? 세상에는 여러 종교가 있으며, 정신과 문화와 언어가 다양하고, 신앙이 사회에서 조화를 이루지 못하는 것 같은 상황에 대해 하나님이 덤덤하게 말씀하신 내용은 없는가?

— 크래그 1985, 295

그러나 크래그는 그냥 내버려둘 수 없었다. 나도 그럴 수 없다. 우리 그리스도인에게는 유일한 진리를 갖고 있다는 사실을 믿도록 만드는 무언가가 있다. 그렇기 때문에 우리는 다음으로 넘어갈 수 있다.

십자가와 초승달

# 진리이신 그리스도

무슬림은 기독교 전도자가 하나님의 아들 예수의 이름 외에는 구원이 없다고 선포하는 것을 듣는다. 그 메시지에서 그들이 느끼는 것은 모독감이다. 그들은 감정이 솟구쳐 오른다. 알라가 가장 불경한 방식으로 공격받았기 때문이다.

1985년 싱가포르에서 출간된 출판물에 한 무슬림이 자기의 생각을 이렇게 실었다.

> 나는 하나님을 전혀 믿을 수 없다고 고백해야겠다.
> 십자가에서 그의 지고의 속성을 나타냈고,
> 내 악행의 결과에서 나를 구원하기 위해 자기 아들을 희생시켰으며,
> 내 성품에 죄의 오염이 내재하도록 나를 창조한 후에, 내가 선택한 결과가 아니라 원래 주어진 대로의 그 악한 성품의 결과를 들어 나를 심판하려고 앉아 있으며,
> 내 행위를 통해서가 아니라 하나님이 자신을 나타내신 그 어떤 일을 믿음으로, 내 흉한 성품을 기적적으로 변화시켜 아름다운 것으로 만드는 존재이며,
> 율법을 지킬 수 없게끔 사람을 창조해 놓고, 어떤 교리를 믿는 사람만 구원하는 분이다.
>
> ─ "네 가지 중요한 속성" 1985, 13-14

오해가 좀 있기는 하지만, 이 말에는 기독교의 불가사의한 영역이 많이 드러나 있다. 베드로처럼 우리는 때로 이해하기 힘든 일과 씨름한다. 그러

나 기독교가 질문의 여지가 없고 완전히 증명된 사실 위에만 근거한다면, 피조물이 겸손히 창조주를 의지할 믿음의 연결고리가 필요하겠는가? 처음부터 하나님은 눈에 보이는 것이 아니라 믿음으로 자신의 자녀들과 관계 맺기를 바라셨다. 그 외의 어떤 것도 내가 보기에는 로봇의 속성과 같은 것이며 역동적인 사랑을 결여한 것이다.

나는 내 아내보다 22센티미터나 크고 25킬로그램이나 무겁다. 내가 윽박질러 아내에게 무엇이나 시킬 수 있다. 내 힘은 그냥 아내를 질리게 할 수 있다. 그러나 내가 아내에게 절대로 윽박질러 시킬 수 없는 것이 하나 있는데, 이것은 아내가 내게 줄 수 있는 가장 귀한 선물이다. "여보, 당신을 사랑해요"라는 말은 아내에게서 스스로 나와야 한다. 내가 아내의 입술에서 강제로 이런 고백을 받아 낼 수 있을지라도, 그런 것은 가치도 의미도 전혀 없다.

하나님은 우리 인간을 전혀 다르게 창조하실 수 있었으나 우리가 "하나님, 사랑합니다" 혹은 "하나님은 필요 없습니다"라고 고백할 수 있도록 우리를 창조하기로 선택하셨다. 하나님의 자녀들이 자의로 무릎 꿇고 "하나님, 그리스도 안에서 제게 행하신 모든 일을 생각하니, 제가 전심으로 주를 사랑한다고 말하고 싶습니다"라고 고백하는 것을 하나님은 무한히 큰 기쁨으로 바라보신다.

물론 이런 간단한 고백은 엄청난 믿음에 근거한다. 그것은 에덴동산과 거기서 생긴 인간과 하나님의 불화로 거슬러 올라간다. 그것은 구약에 나오는 하나님과의 분리와 인간의 의지에 대한 기록을 확인한다. 그러나 우리 마음에 더 위안을 주는 것은 구유(그리고 기적)와 십자가와 부활이다. 그러나 가장 놀라운 것은 교만하고 건방지고 목이 곧은 나 자신이 앞서간 수백만의 성도와 함께 그리스도의 구속 사역을 믿고 경배하는 모습이다. 오직

십자가와 초승달

그리스도의 구속 사역 때문에 나는 하나님과 영원히 연결된다.

성공회 소속 인도 선교사로 여러 해 사역한 레슬리 뉴비긴(Lesslie Newbigin)은 이렇게 자기 믿음을 요약했다. "파스칼의 표현대로, 나는 예수가 최고 권위라는 믿음에 내 삶을 걸었다. 내 대답은 '나는 믿는다'는 고백이다"(뉴비긴 1978, 17).

그리스도는 나타난 진리의 최종적이고 온전한 표현이다. 우리는 진리를 위해 살고, 진리를 위해 죽을 의향이 있다. 우리는 이것을 마음에 품고, 이것을 외친다. 진리! 얼마나 감격스럽고 포근한가. G. H. 얀센(Jansen)이라는 언론인은, 복음을 전하여 기독교인과 무슬림 사이에 깊은 골을 만들고 겨우 수천 명을 개종시키는 것이 의미 있느냐고 물었다(얀센 1979, 61). 양극화나 분리는 나도 극구 반대하지만 나는 그에게 확실히 대답하고 싶다. 유일한 진리이신 그리스도께 완전히 헌신한 복음주의자들이 이슬람교를 십자가 밑으로 이끌어 가는 일은 중단할 수 없다.

1986년, 나는 니제르의 투아레그라는 유목민을 방문할 기회가 있었다. 우리는 사하라 사막 이남 지역으로 차를 몰고 가면서, 미국인 선교사들이 악조건 속에서 사역하는 것을 보고 놀랐다. 먼지로 눈이 따가운 가운데도 나는 사랑의 역사를 볼 수 있었다.

포장도로는 거기서 끊어졌다. 보라색 천으로 몸을 감고 베일을 쓴 투아레그족 남자가 우리가 방문할 마을을 가리켰다. 지프차는 모래 언덕을 웅웅대며 올라가면서 이리저리 미끄러지며 길을 찾았다. 곧 우리는 작은 마을에 도착했다. 60센티미터 남짓 되는 천막 입구를 머리 숙여 들어가서 니제르 전역에서 몇 안 되는 이 유목민 신자 한 사람과 같이 앉아 있는 것은 큰 즐거움이었다. 우리는 함께 독한 차를 마셨는데, 성찬의 포도주처럼 신비하게 느껴졌다. 여기 가장 외딴 곳에 그리스도의 몸의 귀한 지체가 있었다.

좀 있다가 이슬람교도인 추장이 왔다. 그는 우리를 벽돌로 된 자신의 집으로 인도했다. 우리는 함께 앉아 차를 마시며 삶의 여러 가지를 이야기했다. 한쪽에서는 가족이 기도 의식을 준비하기 시작했다. 이 사막의 이슬람교도에게는 지난 1,300여 년간 삶의 변화가 거의 없다는 생각이 들었다.

우리는 추장이 선물한, 손으로 만든 지갑에 깊이 감사했다. 우리는 다시 차를 몰아, 활주로에서 선교사 비행기에 몸을 싣고 수도 니아메로 향했다. 사막을 날면서, 25년 동안 그 선교사들이 얼마나 큰 희생을 치렀는지 생각해 보았다. 그리고 그 결과, 니제르에 수십 명의 투아레그인이 공적으로 그리스도를 고백하게 되었다. 대가는 큰데, 결과는 미미하다. 세상은 비웃고 "낭비"라고 말하겠지만 성경의 그리스도께 헌신된 그리스도인들에게 이것은 최종 진리에 순종하는 계획의 한 부분이다.

## 영성

이 책의 집필은 힘겨웠다. 삶의 여러 슬픔, 특히 영성과 고난의 관계를 생각할 때 나는 감정적이 되었다. 지금 이 글을 쓰는 순간은 성탄절 다음 날이다. 필리핀 사람들에게 이번 휴가는 비통했다. 며칠 전 전시가 아닌데도 최악의 해상 사고가 일어났다. 2,000명을 초과 승선한 페리와 유조선이 충돌하여 몇 명 외에는 화염에 휩싸여 죽었다. 생존자는 겨우 몇 명뿐이었다. 날마다 신문에는 불에 타거나 상어에게 찢긴 몸뚱이의 섬뜩한 사진이 실렸다.

닷새 후, 나는 매우 소중한 관계를 정리하기 위해 고향으로 갈 것이다. 어머니가 폐암과 간암으로 죽어 가고 있다. 어머니는 50년 동안 나에게 희생적인 사랑을 보여 주셨다. 헤어지기 힘들 것이다. 그렇다면 이 모든 가슴 아픈 삶의 문제에 우리는 어떤 영적인 반응을 보여야 하는가?

그리스인은 '횃불 달리기'를 즐겨 했다. 그 경기는 군중을 사로잡았다.

그 경주의 목적은 다른 경주자를 물리치고 처음으로 결승점에 도착하는 것만이 아니었다. 목표는 완주하되 불이 켜져 있어야 한다. 불꽃이 꺼져 있으면 그 주자는 실격이었다. 많은 그리스도인이 결승점까지 올 수 있지만, 그들의 횃불은 빛나면서 타는 불꽃이 아니라 거의 꺼져 가는 빛일 경우가 종종 있다. 기존의 교리에 집착하거나 교회에 정기적으로 출석할 수는 있다. 그러나 기독교의 진정한 도전은 삶의 마지막 숨을 내쉴 때까지 영적 열정과 실재를 생생하게 경험하는 것이다.

다카의 남침례 선교부 손님용 숙소에 앉아 나는 생각에 잠긴 채 창밖으로 보이는 풍경을 바라본 적이 있다. 당시 장마철이었는데 홍수로 논에 물이 가득했다. 우리는 아름다운 호수 가운데 있는 것 같았다.

배를 젓는 사람은 깊은 곳이 어딘지 잘 알고 있기 때문에, 배가 두 줄로 줄지어 서로 반대 방향으로 가고 있었다. 한 줄은 바람과 같은 방향으로 가는 중이었다. 땀도 날 리 없었다. 목표 방향을 향해 정교하게 조종하는 사공은 쉬엄쉬엄 담배를 피우고 있었다. 바람은 그의 친구였다. 그는 바람과 같은 방향이었다. 삶은 문자 그대로 미풍과 같았다.

반대쪽 줄은 바람을 거스르며 가고 있었다. 낡은 돛은 내려졌다. 배마다 사공 두 명이 배를 조금이라도 앞으로 가게 하려고 노를 저으며 애쓰고 있었다. 자연의 힘은 전혀 그들의 친구가 되지 못했다. 그러나 그들은 마음을 정하고 있었다. 그들의 몸은 땀으로 범벅 되었으며 얼굴은 고통으로 뒤틀려 있었다. 그러나 그들은 정녕 목표인 항구에 도착할 것이었다.

나는 사공을 그리스도인에 견주어 생각해 보지 않을 수 없었다. 우리는 이 세상의 주요 흐름을 따라 흘러가기를 택할 수 있다. 믿음 때문에 구속받을 일도 없고 조롱받지도 않으며 도덕성과 정직성을 위한 대가를 지불할 필요도 없다. 그러나 그러한 선택을 하겠는가?

결코 그럴 수 없다. 그리스도인은 이 세상에 있으나 이 세상에 속한 사람이 아니다. 예수께서는 그리스도인이 이 세상에서 믿음과 전도 때문에 핍박과 환난을 당할 것이라고 말씀하셨다. 우리는 물살을 거슬러 위로 올라가는 사공이다. 고생과 고통이 있을 것이다. 그러나 그 모든 일을 통하여 우리는 계속…… 계속…… 계속 나아가야 한다! 하나님의 은혜로 우리가 소망하던 항구에 도착하게 될 것이다.

그러나 무엇이든지 내게 유익하던 것을 내가 그리스도를 위하여 다 해로 여길 뿐더러 또한 모든 것을 해로 여김은 내 주 그리스도 예수를 아는 지식이 가장 고상하기 때문이라 내가 그를 위하여 모든 것을 잃어버리고 배설물로 여김은 그리스도를 얻고 그 안에서 발견되려 함이니 내가 가진 의는 율법에서 난 것이 아니요 오직 그리스도를 믿음으로 말미암은 것이니 곧 믿음으로 하나님께로부터 난 의라 내가 그리스도와 그 부활의 권능과 그 고난에 참여함을 알려 하여 그의 죽으심을 본받아 어떻게 해서든지 죽은 자 가운데서 부활에 이르려 하노니.

— 빌 3:7-11

십자가와 초승달

# 부록

## 선교사의 영성에 관한 설문지

이 설문은 내가 전 세계에 흩어져 있는 선교사들에게 보낸 것으로 32개국 선교사 390명이 응답했다.

| 질문 | 항상 그렇다 | 가끔 그렇다 | 거의 그렇지 않다 | 전혀 그렇지 않다 |
|---|---|---|---|---|
| 기도할 때 생각이 집중되지 않는가? | | | | |
| 성경 읽기가 즐거운가? | | | | |
| 신약을 주로 읽는가? | | | | |
| 성경을 읽을 때 주석을 사용하는가? | | | | |
| 결혼했다면, 가정 예배를 드리는가? | | | | |
| 악과 고난의 문제에 관해 하나님을 의심하는가? | | | | |
| 그리스도와 영생을 누릴 것을 진정으로 확신하는가? | | | | |
| 죽음이 두려운가? | | | | |
| 그리스도의 재림은 당신에게 생생한 실재인가? | | | | |
| 선교사가 아닌 다른 직업을 갖고 싶다고 생각한 적이 있는가? | | | | |

| 질문 | 항상<br>그렇다 | 가끔<br>그렇다 | 거의<br>그렇지<br>않다 | 전혀<br>그렇지<br>않다 |
|---|---|---|---|---|
| 소속 선교 위원회의 정책을 좋아하는가? | | | | |
| 더 높은 학력을 갖고 싶다고 생각한 적이 있는가? | | | | |
| 파송된 것을 기쁘게 생각하는가? | | | | |
| 기독교에 관하여 지적인 의심을 갖고 있는가? | | | | |
| 자신이 전적으로 믿지도 않는 메시지를 전하고 있다는 생각을 한 적이 있는가? | | | | |
| 삶에 대해 실망한 적이 있는가? | | | | |
| 좌절이 당신 삶의 일부가 되고 있는가? | | | | |
| 정서적인 긴장을 느낀 적이 있는가? | | | | |
| 분노가 당신에게 문제되고 있는가? | | | | |
| 교만이 당신에게 문제되고 있는가? | | | | |
| 동료 선교사들을 사랑하는가? | | | | |
| 당신에게 상처 준 선교사를 용서할 수 있는가? | | | | |
| 선교지에서 현지 그리스도인을 사랑하는가? | | | | |
| 당신은 정욕으로 성적인 환영을 보는 일이 있는가? | | | | |
| 당신은 성적으로 자극적인 책을 읽는가? | | | | |
| 당신은 (부모 동반시 관람 가능한) 미성년자 관람 불가 영화를 보는가? | | | | |

| 질문 | 항상 그렇다 | 가끔 그렇다 | 거의 그렇지 않다 | 전혀 그렇지 않다 |
|---|---|---|---|---|
| 당신은 (선정적인) 성인 영화를 보는가? | | | | |
| 하루에 평균 몇 시간 기도하는가? | | | | |
| 하루에 평균 몇 시간 성경을 읽는가? | | | | |
| 당신의 삶에서 가장 커다란 영적 투쟁은 무엇인가? | | | | |
| 정기 구독하는 잡지는 무엇인가? | | | | |
| 일반 서적을 매달 몇 권 정도 읽는가? | | | | |
| 기독교 서적을 매달 몇 권 정도 읽는가? | | | | |
| 무오성의 교리를 아는가? | | | | |
| 성경의 무오성에 전적으로 동의하는가? | | | | |
| 무오성에 동의한다고 했다가 의심이 생긴 경우, 선교 위원회나 동료 선교사에게 그 사실을 말하겠는가? | | | | |
| 선교사가 된 후에 안정제를 복용한 적이 있는가? | | | | |
| 술을 마시는가? | | | | |
| 선교사가 된 후에 성적인 면에서 도덕적인 생활을 유지하였는가? | | | | |
| 카리스마틱 경험을 한 적이 있는가? | | | | |
| 방언을 한 적이 있는가? | | | | |
| 구원 후에 성화되는 경험을 한다는 말이 성경적으로 타당하다고 보는가? | | | | |

# 용어 해설

- 꾸란(Quran): 문자 그대로의 뜻은 "암송." 이슬람의 경전.
- 능력의 밤(night power): 무슬림 달력의 라마단 기간 중 밤으로서 무함마드가 꾸란의 계시를 처음으로 받기 시작한 때.
- 다섯 기둥(five pillars): 모든 무슬림을 묶고 있는 다섯 가지 의무. 하지, 라마단, 살라트, 샤하다, 자카트.
- 대중적인 이슬람교(popular Islam): 일반 대중 수준의 추종자들이 실행하는 이슬람교 형태로, 신비적인 요소에 강조를 두는 경향이 있음.
- 디크르(dhikr): 하나님의 이름들과 속성들을 외우는 일에 중점을 두는 제사 의식.
- 라마단(ramadan): 이슬람의 금식 기간.
- 만트라(mantra): 신비주의자 개개인에게 영적 중요성을 지닌 문구.
- 무슬림 탁발승(dervish): 무슬림 신비주의자로 질서는 있지만 열광적인 춤을 추며 알라의 여러 이름을 부르는 사람.
- 무타(muta): 일시적인 결혼. 이슬람 중 특히 시아파에서 볼 수 있음.
- 무함마드 라술 알 라(Muhammad Rasul al lah): "무함마드는 하나님의 사도이시다"라는 고백.
- 바라카(baraka): 축복.
- 밤의 여행(night journey): 무함마드가 날개 달린 말을 타고 메카에서 예루살렘과 낙원으로 여행한 것.
- 살라트(salat): 하루에 다섯 차례로 정해진 무슬림의 기도로, 메카를 향해 의식을 갖추어 행함.
- 샤하다(shahadah): 이슬람의 중심 고백. "알라 외에 신은 없다. 무함마드는 알라의 사도 또는 예언자다." 이슬람의 다섯 기둥 중 가장 첫 번째이며 가장 빼놓을 수 없음.

- 수라(sura): 꾸란의 장(章).
- 수피주의(sufism): 이슬람 학파 중 신비주의적 경향이 많음. 신비주의적 무슬림을 수피라고 함. 수피는 알라를 직접 경험할 수 있다고 주장함.
- 아흘 알 키타브(ahl al Kitab): "책의 사람들", 무슬림이 그리스도인과 유대교인을 일컫는 말.
- 알-일라(Al-ilah) 또는 알라(Allah): 유일신 하나님.
- 알-함두-릴-라(Al-Hamdu-li-llah): "하나님을 찬양하라."
- 알하지(Alhaji): 메카로 순례 여행을 가는 무슬림.
- 와지드(wajd): 무아경.
- 움마(umman): 무슬림 사회. 무함마드를 통해 알라의 계시를 받아들이고 순종하는 사람들.
- 이맘(imam): 모스크에서 기도를 인도하는 사람. 꾸란의 해석에도 능통함.
- 이사(Isa): 무슬림이 일컫는 예수의 이름.
- 인샬라(in shallah): "하나님의 뜻이라면……."
- 인질(Injil): 신약의 사복음서.
- 자불(Zabur): 구약의 시편.
- 자카트(zakat): 문자적인 뜻은 "정화"(淨化). 이슬람의 다섯 기둥 중 하나. 무슬림은 이슬람교를 위하여 수입의 2.5퍼센트를 드리라고 명령함.
- 정결제(ablutions): 무슬림이 기도 전에 씻는 의식.
- 지하드(jihad): 이슬람의 종교 전쟁. 군사력을 동원하여 이슬람의 메시지 전파를 촉진시킴.
- 진(jinn): 낮은 계급의 영적 존재. 연기 없는 불꽃으로 만들어진 존재로 인간과 마찬가지로 구원 또는 저주를 받음.
- 타스비(tasbih): 예배의 보조 수단으로 묵주를 사용함.
- 탄질(tanzil): 무함마드에게 하나님의 말씀이 계시됨.
- 토라(Tawrat): 구약의 율법.
- 파키르(faqir): 자선을 구하는 무슬림의 성자.

- 하디스(Hadith): 무함마드의 말과 행동을 기록한 전래 신화. 좀 더 권위가 있는 꾸란을 보충하여 설명하고 있음.
- 하지(hajj): 아라비아 메카로의 순례 여행. 모든 무슬림에게 의무임.
- 후리(houris): 낙원에 있는 여인들. 무슬림 남자들을 즐겁게 하기 위해 하나님 이 준비해 놓으심.

# 참고 도서

별표(*)는 적극 추천하는 책이다.

"A Martyr's Last Statement." *Arabia* June 1985.

Ajijola, Alhaj A.D. *The Myth of the Cross.* Lahore, Pakistan: Islamic Publications, 1975.

Ali, Syed Nawab. *Some Moral and Religious Teachings of al-Ghazzali.* Lahore, Pakistan: Sh. Muhammad Ashraf, 1920.

Anderson, Norman. *Christianity and World Religions.* Downers Grove, Ill.: InterVarsity, 1984.

Andrae, Tor. *Mohammed, The Man and His Faith.* Translated by Theophil Menzel. New York: Harper & Row, 1960.

Ansari, F. R. *Islam and Christianity in the Modern World.* Karachi, Pakistan: World Federation of Islamic Missions, 1944.

Archer, Gleason L. *Encyclopedia of Bible Difficulties.* Grand Rapids: Zondervan, 1982. 「성경 난제 백과사전」(생명의말씀사 역간).

Arsalan, Amir Shakib. *Our Decline and Its Causes.* Translated by M. A. Shakoor. Lahore, Pakistan: Sh. Muhammad Ashraf, 1944.

Badr, Camilia. "I Wonder." *Friday Times* (Manila) 1 (1985): 1.

Bahay, Maria. "Birthday Offering to the Blessed Mother." *Panorama* (Manila), 18 August 1985.

Bell, Richard, and W. Montgomery Watt. *Introduction to the Quran.* Edinburgh: University Press, 1970.

Benoist, Ali Selman. Testimony In *Islam Our Choice.* Singapore: Muslim Converts' Association, n.d.

Bucaille, Maurice. *The Bible, The Quran and Science.* Translated by Alastair D. Pannell and the author. Indianapolis: North American Trust Publication, 1979.

_____. *The Qur'an and Modern Science.* Singapore: Muslim Converts' Association of Singapore, n.d.

* al-Bukhari. *The Translation of the Meanings of Sahih al-Bukhari.* Translated by Muhammad Muhsin Khan. Vols. 1-9. Beirut: Dar Al Arabia, n.d.

Chase, J. Richard. "The Campaign for Wheaton and AIDS." *InForm* (bulletin of Wheaton College). Vol. 64, no. 3 (1987).

Chittick, William C. *The Sufi Path of Love.* Albany: State University of New York Press, 1983.

Clayton, Thomas Muhammad. Testimony in *Islam Our Choice.* Edited by Ebrahim Ahmed Bawany. Karachi, Pakistan: Begum Aisha Bawany Wakf, 1976.

* Colson, Charles W. *Loving God.* Basingstoke, England: Marshall Morgan & Scott, 1983.

Cornford, F. M. *Poems from the Russian.* Translated by E. P. Salaman. London: 1943.

Cragg, Kenneth. *The Call of the Minaret.* New York: Oxford University Press, 1964.

* _____. *Jesus and the Muslim.* London: George Allen & Unwin, 1985.

* _____. *Muhammad and the Christian.* Maryknoll, New York: Orbis, 1984.

_____. *The Wisdom of the Sufis.* New York: New Directions, 1976.

Deedat, Ahmed. *Is the Bible God's Word?* Ann Arbor: Crescent Imports and Publications, n.d.

Dehqani-Tafti, H. B. *Design of My World.* London: Lutterworth, 1959.

* _____. *The Hard Awakening.* London: SPCK, 1981.

Donaldson, Bess Allen. "The Koran as Magic." *Moslem World* 27 (1937): 254-266.

십자가와 초승달

Donovan, Vincent J. *Christianity Rediscovered.* Maryknoll: Orbis, 1978.

Doyo, Ceres P. "The Dairy of Fr. Peter Geremia." *Panorama* (Manila), 18 August 1985.

Durrell, Lawrence. *Mountolive.* London: Faber and Faber, 1958.

* Elliot, Elisabeth, *These Strange Ashes.* New York: Harper & Row, 1975.

Esther, Gulshan, and Thelma Sangster. *The Torn Veil.* Basingstoke, England: Marshalls Paperbacks, 1984.

Falaturi, Abdoldjavad. "How Can a Muslim Experience God, Given Islam's Radical Monotheism?" In *We Believe in One God.* Edited by Annemarie Schimmel and Abdoldjavad Falaturi. New York: Seabury, 1979.

Feinberg, P. D. "Inerrancy and Infallibility of the Bible." In *Evangelical Dictionary of Theology.* Edited by Walter A. Elwell. Grand Rapids: Baker, 1984.

* Ford, Leighton. *Sandy, A Heart For God.* Homebush West, Australia: Anzea, 1985.

* Foster, Richard J. *Celebration of Discipline: The Path to Spiritual Growth.* San Francisco: Harper & Row, 1978. 「영적 훈련과 성장」(생명의말씀사 역간).

* _____. *Money, Sex and Power.* San Francisco: Harper & Row, 1985. 「돈, 섹스, 권력」(두란노 역간).

"The Four Cardinal Attributes of God." In *The Muslim Reader* Singapore: Muslim Converts Association. June 1985.

Gandhi, Mohandas K. *An Autobiography: The Story of My Experiments with Truth.* Translated by Mahadev Desai. Boston: Beacon, 1957.

Germanus, Abdul Karim. Testimony in *Islam Our Choice.* Edited by Ebrahim Ahmed Bawany. Karachi, Pakistan: Begum Aisha Bawany Wakf, 1976.

al-Ghazali, Abu Hamid. *Inner Dimensions of Islamic Worship.* Translated by Muhtar Holland. Leicester, England: The Islamic Foundation, 1983.

* Gilchrist, John. *Muhammad and the Religion of Islam.* Benoni, South Africa:

Jesus to the Muslims, 1986.

Glubb, John Bagot. *The Life and Times of Muhammad.* New York: Stein and
Day Publishers, 1971.

* Goforth, Rosalind. *Goforth of China.* Minneapolis: Dimension, 1937.

Gramlich, Richard. "Mystical Dimensions of Islamic Monotheism." In *We Be-
lieve in One God.* Edited by Annemarie Schimmel and Abdoldjavad
Falaturi. New York: Seabury, 1979.

Gustafson, Kim. "Middle East Paradigm." Unpublished paper. April 1985.

Guyon, Jeanne (Madame). *Spiritual Torrents.* Augusta, Maine: Christian
Books, 1984.

Hannah, Mark. *The True Path.* Colorado Springs: International Doorways, 1975.

Haq, Muhammad Enamul. *A History of Sufi-ism in Bengal.* Dacca Bangladesh:
Asiatic Society of Bangladesh, 1975.

Harkness, Georgia. *Mysticism: Its Meaning and Message.* Nashville: Abingdon,
1973.

Henry, Marie. *The Secret Life of Hannah Whitall Smith.* Grand Rapids: Chosen,
1984.

* Hession, Roy and Revel. *The Calvary Road.* Fort Washington, Pa.: Christian
Literature Crusade, 1950.

Hick, John. *The Myth of God Incarnate.* Philadelphia: Westminster, 1977.

Holmes, Urban T., III. *A History of Christian Spirituality.* New York: Seabury,
1981.

Honey, Ayesha Bridget. Testimony in *Islam Our Choice.* Singapore: Muslim
Converts' Association, n.d.

Houston, J. M. "Spirituality." In *Evangelical Dictionary of Theology*, edited by
Walter A. Elwell. Grand Rapids: Baker, 1984.

al-Hujwiri, Ali Bin Uthman. *The Kashf al-Mahjub.* Translated by Reynold A.
Nicholson. New Delhi, India: Taj, 1982.

*Islam Our Choice.* Singapore: The Muslim Converts' Association, n.d.

Ismail, Ustaz Iljas. *Islamic Ethics and Morality.* Manila: Convislam, 1980.

Jansen, G. H. *Militant Islam.* New York: Harper & Row, 1979.

Joaquin, Francoise. "Is This Being Christian?" *Mr. & Ms.* (Manila), 5-11 July 1985.

Jolly, Mavis B. Testimony in *Islam Our Choice.* Singapore: Muslim Converts' Association, n.d.

\* Jones, E. Stanley. *Christ and Human Suffering.* New York: Abingdon, 1933.

\* _____. *The Divine Yes.* Nashville: Abingdon, 1975.

\* Kateregga, Badru D., and David W. Shenk. *Islam and Christianity.* Nairobi, Kenya: Uzima, 1980.

Kelen, Betty. Morton. *Muhammad the Messenger of God.* Nashville: Thomas Nelson, 1975.

\* Kelsey, Morton. *Healing and Christianity.* New York: Harper & Row, 1973.

_____. *The Other Side of Silence.* London: SPCK, 1976.

Kempis, Thomas à. *The Imitation of Christ.* New York: Grosset and Dunlap, n.d. 「그리스도를 본받아」(크리스챤다이제스트사 역간).

Khan, Muhammad Zafrulla. *Muhammad: Seal of the Prophets.* London: Routledge & Kegan Paul, 1980.

Khomeini, Ayatollah. *Sayings of the Ayatollah Khomeini.* Translated by Harold J. Salemson. New Yok: Bantam, 1979.

*The Kneeling Christian.* Grand Rapids: Zondervan, 1971. 「무릎으로 사는 그리스도인」(생명의말씀사 역간).

Kushner, Harold S. *When Bad Things Happen to Good People.* New York: Avon, 1981.

Laubach, Frank C. *Thirty Years with the Silent Billion.* Westwood, N. J.: Revell, 1960.

\* Lewis, C. S. *The Problem of Pain.* Landon: Centenary, 1940. 「고통의 문제」(홍성사 역간).

MacDonald, Duncan Black. *The Religious Attitude and Life in Islam.* 1909; reprint. New York: AMS, 1970.

McDowell, Josh, and John Gilchrist. *The Islam Debate*. San Bernardino, Cal.: Here's Life, 1983.

* McKinley, Jim. *Death to Life: Bangladesh*. Louisville: Highview Baptist Church, 1978.

* McQuilkin, J. Robertson. *Understanding and Applying the Bible*. Chicago: Moody, 1983.

* Mahmoody, Betty. *Not Without My Daughter*. New York: St. Martin's, 1987.

Mansur, Husain Ibn. *Tawasin*. Translated by Aisha Abd al-Rahman al-Tarjumana. London: 1974.

Marshall, Catherine. *Something More*. New York: McGraw-Hill, 1974.

* Merton, Thomas. *The Seven Storey Mountain*. New York: Harcourt-Brace, 1948. 「칠층산」(성바오로출판사 역간).

* Miller, Calvin. *The Table of Inwardness*. Downers Grove, Ill.: InterVarsity, 1984. *Mr. & Ms.* (Manila), 24 August 1984.

* _____. *A Thirst for Meaning*. Grand Rapids: Zondervan, 1973.

Muck, Terry C. "Ten Questions about the Devotional Life." *Leadership* 3 (1982): 30-39.

Myra, Harold L. "A Message from the Publisher." *Christianity Today* 9 August 1985.

* Nasr, Seyyed Hossein. *Ideals and Realities of Islam*. Boston: Beacon, 1966.

_____. *Islamic Spirituality*. Vol. 19 of *World Spirituality*. New York: Crossroad, 1987.

_____. *Living Sufism*. London: Mandala, 1972.

* Nehls, Gerhard. *Christians Ask Muslims*. Capetown, South Africa: Life Challenge, n.d.

Neill, Stephen. *Christian Faith and Other Faiths*. London: Oxford University Press, 1970.

_____. *Crises of Belief*. London: Hodder and Stoughton, 1984.

Newbigin, Lesslie. *The Open Secret*. London: SPCK, 1978.

_____. *Studies in Islamic Mysticism*. Delhi, India: Idarah-i Adabiyat-i Delli, 1921.

Nicholson, Reynold Alleyne. *The Mystics of Islam*. London: Routledge and Kegan Paul, 1975.

"Nigerian Religionists Rethink," *Mission News,* no. 4. Ilorin, Nigeria: Missions Nigeria Limited, 1985.

Nurbakhsh, Javad. *In the Tavern of Ruin*. New York: Khaniqahi-Nimatullahi, 1978.

* Packer, J. I. *Beyond the Battle for the Bible*. Westchester, Ill.: Cornerstone, 1980.

Padwick, Constance E. *Muslim Devotions*. London: SPCK, 1961.

Parrinder, Geoffrey. *Mysticism in the World's Religions*. London: Sheldon, 1976.

Parshall, Phil. *Beyond the Mosque*. Grand Rapids: Baker, 1985.

_____. *Bridges to Islam*. Grand Rapids: Baker, 1983.

_____. *New Paths in Muslim Evangelism*. Grand Rapids: Baker, 1980.

* Phillips, J. B. *The Price of Success*. Wheaton, Ill.: Harold Shaw, 1984.

* _____. *Ring of Truth*. London: Hodder and Stoughton, 1967.

* Pickthall, Mohammed Marmaduke. *The Meaning of the Glorious Quran*. New York: New American Library, 1953.

Pinnock, Clark H. *Biblical Revelation: The Foundation of Christian of Theology*. Chicago: Moody, 1971.

_____. *The Scripture Principle*. San Francisco: Harper & Row, 1984.

Punt, Neal. *Unconditional Good News*. Grand Rapids: Eerdmans, 1980.

Qasimi, Ja'far. "The Life of the Prophet." In *Islamic Spirituality*. Edited by Seyyed H. Nasr. Vol. 19 of *World Spirituality*. New York: Crossroad, 1987.

Rahman, Afzalur. *Muhammad, Blessing for Mankind*. London: The Muslim Schools Trust, 1979a.

_____. *Prayer: Its Significance and Benefits*. London: The Muslim Schools Trust, 1979b.

Rahman, Fazlur. *Islam*. Chicago: University of Chicago Press, 1966.

_____. *Islam and Modernity.* Chicago: University of Chicago Press, 1982.

* Randi, James. *The Faith Healers.* Buffalo: Prometheus, 1987.

Rogers, Jack, ed. *Biblical Authority.* Waco: Word, 1977.

Roman, Isidro M. "Mecca Pilgrimage Smuggle Coverup?" *Bulletin Today* (Manila), 7 October 1985: 1.

Rosenblatt, Roger. "The Atomic Age." *Time,* 29 July 1985a.

_____. "A Christmas Story." *Time,* 30 December 1985c.

_____. "The Quality of Mercy Killing." *Time,* 26 August 1985b.

Russell, Bertrand, *The Autobiography of Bertrand Russell.* 1951; reprint. New York: Bantam, 1967.

Ryle, J. C. *Holiness.* 1883; reprint. Grand Rapids: Baker 1979.

* Schaeffer, Francis A. *True Spirituality.* Wheaton, Ill.: Tyndale, 1971. 「진정한 영적 생활」(생명의말씀사 역간).

Schilling, S. Paul. *God and Human Anguish.* Nashville: Abingdon, 1977.

* Schimmel, Annemarie. *As Through a Veil.* New York: Columbia University Press, 1982.

* _____. *And Muhammad Is His Messenger.* Chapel Hill: The University of North Carolina Press, 1985.

_____. "Creation and Judgment in the Koran and in Mystico-Poetical Interpretation." In *We Believe in One God.* Edited by Annemarie Schimmel and Abdoldjavad Falaturi. New York Seabury, 1979, 149-177.

* _____. *Mystical Dimensions of Islam.* Chapel Hill: University of North Carolina Press, 1975.

Schimmel, Annemarie, and Abdoldjavad Falaturi, eds. *We Believe in One God.* New York: Seabury, 1979.

Schuon, Frithjof. "The Spiritual Significance of the Substance of the Prophet." In *Islamic Spirituality.* Edited by Seyyed H. Nasr. Vol 19 of *World Spirituality.* New York: Crossroad, 1987, 48-63.

십자가와 초승달

Scott, Waldron. *Bring Forth Justice.* Grand Rapids: Eerdmans, 1980.

* Sheikh, Bilquis. *I Dared to Call Him Father.* Eastbourne, England: Kingsway, 1978. 「어느 이슬람 여인의 회심」(좋은씨앗 역간).

Skilton, John H. "The Transmission of the Scripture." In *The Infallible Word.* Edited by N. B. Stonehouse and Paul Wooley. Philadelphia: Presbyterian and Reformed, 1946.

* Smedes, Lewis B. *Forgive and Forget.* San Francisco: Harper & Row, 1984.

_____. *Sex for Christians.* Grand Rapids: Eerdmans, 1976.

Smith, Jane Idleman, and Yvonne Yazbeck Haddad. *The Islamic Understanding of Death and Resurrection.* Albany: State University of New York, 1981.

Smith, Margaret. *An Introduction to Mysticism.* London: Sheldon, 1931.

_____. *Readings from the Mystics of Islam.* London: Sheldon, 1950.

* _____. *The Way of the Mystics.* London: Sheldon, 1976.

* Solzhenitsyn, Alexander. *One Day in the life of Ivan Denisovich.* Translated by Ralph Parker. New York: New American Library, 1963.

* _____. *A World Split Apart.* New York: Harper & Row, 1978.

Sproul, R. C. "Hath God Said?" In *Can We Trust the Bible?* Edited by Earl D. Radmacher. Wheaton III.: Tyndale, 1979.

Stafford, Tim. "Great Sex: Reclaiming a Christian Sexual Ethic." *Christianity Today* 2 October 1987.

Stott, John R. W. "God on the Gallows." *Christianity Today* 27 January 1987.

* Stowell, Joseph M. *Through the Fire.* Wheaton, III.: Victor, 1985.

Subhan, John A. *How a Sufi Found His Lord.* 3rd ed. Lucknow, India: Lucknow Publishing House, 1950.

Swindoll, Charles. "The Temptation of Ministry: Improving Your Reserve." *Leadership* 3 (1985): 16-27.

Syrjanen, Seppo. *In Search of Meaning and Identity.* Helsinki, Finland: The Finnish Society for Missiology and Ecumenics, 1984.

Tari, Mel, as told to Cliff Dudley. *Like a Mighty Wind.* Carol Stream, III.: Creation House, 1971.

Tippett, Alan R. "Probing Missionary Inadequacies at the Popular Level." *International Review of Missions,* October 1960.

* Tozer, A. W. *The Pursuit of God.* Harrisburg, Pa.: Christian Publication, n.d. 「하나님을 추구함」(생명의말씀사 역간).

Trimingham, J. Spencer. *The Sufi Orders in Islam.* London: Oxford University Press, 1971.

Valiuddin, Mir, *Contemplative Disciplines in Sufism.* London: East-West, 1980.

Van Dooren, L. A. T. *Prayer: The Christian's Vital Breath.* Carnforth, England: Caperwray Hall, n.d.

* Vanauken, Sheldon. *A Severe Mercy.* New York: Bantam, 1977.

_____. *Under the Mercy.* Nashville: Nelson, 1985.

Villiers, Alan. *Sons of Sinbad.* New York: Scribner's, 1940.

Waddy, Charis. *The Muslim Mind.* London: Longman, 1976, (second edition, 1982).

"The War Within: An Anatomy of Lust." *Leadership* 3 (1985): 30-48.

* Watson, David. *Fear No Evil.* Wheaton, Ill.: Harold Shaw, 1984.

Watt, W. Montgomery. *Muhammad, Prophet and Statesman.* London: Oxford University Press, 1961.

Webber, Robert E. *Worship Is a Verb.* Waco: Word, 1985.

* Wiesel, Elie. *Night.* New York: Avon, 1958. 「나이트」(예담 역간).

_____. *One Generation After.* New York: Avon, 1970.

Williamson, Benedict. *Supernatural Mysticism.* London: Kegan Paul, Trench, Trubner, 1921.

* Wimber, John, with Kevin Springer. *Power Evangelism.* San Francisco: Harper & Row, 1986. 「능력 전도」(나단 역간).

Woodbridge, John D. "Why Did Thomas Howard Become a Roman Catholic: Interview with Thomas Howard." *Christianity Today* 17 May 1985.

* Yancey, Philip. *Disappointment with God.* Grand Rapids: Zondervan, 1988. 「하나님, 당신께 실망했습니다」(IVP 역간).

*_____. *Where Is God When It Hurts?* Grand Rapids: Zondervan, 1977. 「내가 고통당할 때 하나님 어디 계십니까?」(생명의말씀사 역간).

Zwemer, Samuel M. *Christianity the Final Religion.* Grand Rapids: Eerdmans, 1920a.

_____. *The Glory of the Cross.* London: Marshall, Morgan and Scott, n.d.

*_____. *The Influence of Animism on Islam.* New York: Macmillan, 1920c.

_____. *Islam, A Challenge to Faith.* New York: Student Volunteer Movement for Foreign Missions, 1907.

_____. *The Moslem Doctrine of God.* New York: American Tract Society, 1905.

*_____. *A Moslem Seeker after God.* New York: Revell, 1920b. 「하나님을 추구한 무슬림」(기독교문서선교회 역간).

1865년 허드슨 테일러가 창설한 중국내지선교회(China Inland Mission, CIM)는 1951년 중국 공산화로 인해 중국에서 철수하면서 동아시아로 선교지를 확장하고 1964년 명칭을 OMF International로 바꿨다. OMF는 초교파 국제선교단체로 불교, 이슬람, 애니미즘, 샤머니즘 등이 가득한 동아시아에서 각 지역 교회, 복음적인 기독 단체와 연합하여 모든 문화와 종족을 대상으로 예수 그리스도가 구세주이심을 선포하고 있다. 세계 30개국에서 파송된 1,400여 명의 OMF 선교사들이 동아시아 18개국의 신속한 복음화를 위해 사역 중이다.

**VISION**

우리는 하나님의 은혜로 동아시아의 각 종족 안에 자기 종족을 전도하며 타종족을 선교하는 토착화된 성경적 교회 개척 운동이 일어나는 것을 소망한다.

**MISSION**

우리는 그리스도의 온전한 복음을 동아시아인들과 함께 나눔으로 하나님을 영화롭게 한다.

## OMF 사역 중점

- 우리는 미전도 종족을 찾아간다.

- 우리는 소외된 사람들에게 관심을 갖는다.

- 우리는 복음을 전하는 일에 주력한다.

- 우리는 현지 지역교회와 더불어 일한다.

- 우리는 국제적인 팀을 이루어 사역한다.

## OMF International-Korea

**한국본부** (06554) 서울시 서초구 방배중앙로 29길 21 호언빌딩 2층

**전 화** 02-455-0261, 0271          **팩 스** 02-455-0278

**홈페이지** www.omf.or.kr          **이메일** omfkr@omf.net

# 십자가와 초승달

초판 발행   1994년

2판 1쇄   2023년 8월 25일

지은이   필 파샬

옮긴이   이숙희

발행인   손창남

발행처   (주)죠이북스(등록 2022. 12. 27. 제2022-000070호)

주소   02576 서울시 동대문구 왕산로19바길 33, 1층

전화   (02) 925-0451 (대표 전화)

   (02) 929-3655 (영업팀)

팩스   (02) 923-3016

인쇄소   시난기획

판권소유   ⓒ(주)죠이북스

ISBN   979-11-983839-4-5  03230